# 知的財産戦略
## 技術で事業を強くするために

元キヤノン専務・弁理士
**丸島儀一**●著

ダイヤモンド社

## はじめに──本質は変わったか

丸島儀一

「時代は移り変わっても、企業経営の本質は変わらず、事業で勝つことにある」
　この考えに対し、時折、異論が出る世の中になったことに驚いている。
　日本国内の市場縮小により、企業買収の重要性が高まっていることには同意するし、エネルギー、通貨、ＩＴを梃子とするグローバル経済の進展により、企業経営がかつてないほど金融サービスに依存しているという現状は、私も承知している。しかし、「事業で勝つ」という本分を主眼としない企業にどれほどの価値があるだろうか。
　「事業で勝つ」とは、技術力で勝負する企業であれば、顧客獲得力のある製品の開発に果敢にチャレンジし、自社の強みを生かし、弱みを解消しながら、その製品を他社に先駆けて世に問い、市場を獲得し、維持・発展させることである。そのためには、事業開始前から参入障壁を形成しつつ、事業開始後も製品の延命化対策を講じ、並行してさらに先読みした新たな製品を開発する。企業経営は、その繰り返しである。
　グローバルに競争する時代に突入したいま、ライバルは国内企業にとどまらない。そして事業で勝たなければならない相手がボーダーレスに存在するようになった分、競争だけでなく協調も必要となった。これをとらえて、「必ずしも勝つ必要はない」「知的財産（知財）の排他権を財産権に変えるべきだ」「知的財産はないほうがよい」という意見（オープン・イノベーションの議論を背景とする場合が多い）も現れるようになった。私はこれらの見解には反対である。協調関係のなかにあっても、自社の事業は勝たなければならない。
　欧米のみならず世界の勝ち組の企業は知的財産の排他権を活用して事業競争力を増しており、市場が大きく、将来ますます市場の拡大が予想されるアジア諸国等の知的財産制度、運用は急速に進展しており、知財活動も

積極的に行われている。

　本書は、キヤノンでの私の40年にわたる知財担当者、知財担当の経営者としての経験と、現在に至る知的財産関係の諸機関等での活動、弁理士としての専門的知識を土台に、日本企業が事業で勝つための実践的な知的財産戦略（知財戦略）のあらましを伝えようとするものである。

　知的財産戦略とは、事業を強くする知的財産の創造、保護（権利化）、活用の戦略である。

　技術力を土台とする企業が、事業で勝つには、経営方針の下で、技術の目利き、事業の目利き、知財の目利きが、それぞれ先読みしてみずから意思決定し、知恵を絞って戦略を描き、研究開発部門、事業部門および知財部門が「三位一体」となって戦略を遂行するように活動しなければならない。本書では、そのために知的財産の何を知り、何を実践すべきかについて説明していく。

　したがって読者は、企業の経営者、マネジャー、研究開発部門担当者、事業部門担当者、そして知財部門担当者の方々を想定している。弁理士の方々も読者の中心となる。また、日本が技術立国であり続けるために国や自治体の産業政策、知的財産政策を推進する方々、大学や研究機関の技術研究者や知財担当者にも読んでいただけるよう腐心したつもりである（これら企業の外の方々と企業との協力なくして、日本の未来はなく、協力の方法についても多くのページを割いている）。そのために、知的財産戦略の実践について、前提とする専門知識なしに理解できるよう努めた（ただし、本書を通じて記憶にとどめていただく必要がある最低限の専門知識は多分に含まれる）。

　その意味で、本書は、知的財産に関連する法律や手続きの詳細については述べていないものの、知財部門担当者や弁理士、そして知的財産制度にかかわる専門家で知的財産戦略に関心を持つ方々にとっては、他に類を見ない本として参考になるはずだと信じている。

　さらに、本書は中小企業やベンチャー企業の経営者にぜひ読んでいただきたい。事業規模が大きい企業は知的財産の重要性を認識していることも多いが、技術に力を注ぐ中小企業やベンチャー企業は、大企業と競争する

際の知的財産戦略の有無がまさに生死を分けるからだ。中小企業やベンチャーの経営者は研究開発、知財、事業を一手に引き受けることが可能であり、その学習効果はてきめんである。私が勤務したキヤノンも昔は中小企業であった。知的財産は企業の活路を開き、企業生命をも延命化させるものである。

　企業は、研究開発部門、知財部門、事業部門の三位一体の知的財産戦略を実行し、互いの部門がその活動を評価する。開発部門の責任は、事業のシーズとなる技術開発にある。知財部門の責任は、事業開始前の自社の弱みの合法的な解消および参入障壁の形成にあり、事業開始後は製品延命化対策等にある。そして事業部門の責任は、研究開発部門および知財部門と協働して、（顧客を獲得することを通じて）事業に勝つことにある。明確な責任の下、3つの組織の連携が密であればあるほど、企業活動は活性化し、成果もおのずと生まれてくる。
　知財部門の活動の背景には関連する法律が存在するが、知的財産の実務家のうち管理職や専門家ほど、みずからの知識、経験に基づいて、適否を法的に判断することが責務となる。しかし、短期的に見て法的に否定的判断をする時でも、中・長期的に見て合法的に「No」を「Yes」に変える知恵や戦略的解決策を提示しなければならない。これが一般の法律実務家と違うところで、最も重要な視点である。「No」と言っているだけの実務家は研究開発部門、事業部門の活動を制約するだけで将来に向けて何も生み出さない。知的財産の実務家としては失格である。
　三位一体の知的財産戦略が、一時のブームで終わらず、中・長期的な戦略であり続けることは、日本の技術系企業の生き残りにとって必須であり、その組織のあり方と人材育成はカギとなる。個人任せの目標管理や成果主義は、短期的には成功しても、達成しやすい目標や成果を求めるばかりの作業に終始し、知恵が生まれない。ましてや人や組織の連携も生まれない。責任者は、書面上の人的管理ではなく、人の考え方をチェックし、人の日常の行動を評価しなければ、人材も組織も育たない。
　私は「管理」という言葉が嫌いである。人の仕事を他人が管理すること

には限界があるし、仕事の中身はやった本人が最もよく知っている。中途半端な管理は、むしろ重視すべき活動の弊害となる。活動の元になる考え方を十分に議論し、その考え方に従った活動を促進し、その活動のプロセスを評価すべきである。

　欧米とは異なる日本企業特有の組織内の人の連携・協調は、日本人の特性に合致した日本企業固有の強みである。中・長期的に見てその強みが発揮できる組織と評価体制が必要である。

　法律や制度は時代や地域によって移り変わっていくものだが、本書では、できうる限り不変の本質に焦点を絞った。たとえば、知的財産に関する法律も、時代と共に変遷するとはいえ、「排他権として保護する」という本質は変わらない。よって、排他権の強みを生かし、排他権の限界による弱みを解消する知的財産戦略の本質も変わらないのである（詳細は本文をご覧いただきたい）。

　ただし、技術の変化は著しく激しい。たとえば、21世紀初頭の最大のイノベーションともみられるクラウド・コンピューティングの技術が及ぼす影響はあまりに大きく、既存の知的財産制度が想定している範囲を大きく超えている。クラウドのリーダー企業たちは、他社の知的財産を踏みにじるかのようなチャレンジも始めているが、それは法律を含む制度が追いついていないことと、表裏一体でもある。クラウドのような日々刻々の変化に対し、企業の実務家としては一線を退いた私の戦略が有効かどうか、いまや現場で試す術は持たないが、その根幹にある思想の多くは有効であると信じている。

　企業は、こうした常時の変化への対応が重要である。不況のなかでの変化は好機にもなるし、好況のなかで見落としがちな変化はリスクの火種となる。常時の変化への対応はスピードが命である。一部門に直結する変化が他部門に早期に伝達される社内環境を整え、全社一体となって常時への変化に対応すべきである。好機は自社の強みにし、リスクは予防的に未然に解消すべきである。「人間万事塞翁が馬」のことわざどおり、好況の時にはリスクに備え、不況な時こそ好機を逃さない。

この視点から言えば、常時の仕事は尽きないほどあふれており、その視点から仕事はみずから見出すことができる。それに気がつかない企業は先が危うい。これも不変であろう。

　私はみずからの考え方に従い、現在も弁理士としての知的財産関係の幅広い場で活動を継続しており、大学での教育者として人材育成にも情熱を燃やしている。そんななか、知財部門、事業部門および研究開発部門の各責任者を体験した企業時代の後輩や、大学や研修の場を通じて育った多くの教え子たちに、背中を後押しされて、本書の発刊に至った。
　人生の集大成として記した本書が、読者の今後の活動の一助となることを祈念する。特に、本書から得た考え方を読者がさらに発展させ、共に知恵を出し合い、国力を高め、国際競争力のある日本企業を復活させる活動を率先して実行されることを、心から祈念するものである。

2011年9月吉日

『知的財産戦略』━━━━●目次

はじめに━━━1

# 第1章　知的財産経営とは何か

## 1　事業を強くする知的財産経営━━━18
知的財産を事業競争力として活用する経営━━━18
全社戦略と各事業戦略の調和のとれた経営━━━19
事業、研究開発、知財の三位一体の戦略━━━21

## 2　経営者の課題━━━22
知的財産の本質を理解できているか━━━22
　column　特許権の本質は排他権である━━━23
知的財産経営には長期的視点が必要である━━━28
知的財産は事業と連動してこそ価値がある━━━29
知財部門の予算をどう考えるか━━━30
　column　知財部門はブレない仕事をすべし━━━31
国際標準を重視する経営━━━33

## 3　事業部門、研究開発部門、知財部門の先読み━━━34
事業部門は、技術の変化を含めた事業の先読みを行う━━━34
研究開発部門は、基盤技術の変化の先読みを行う━━━35
知財部門は、事業を実行する国の制度、
運用の先読みを行う━━━35

## 4　ベンチャー、中小企業における知的財産経営━━━36
ベンチャービジネスの二つの知的財産戦略━━━36
　column　アメリカの技術系ベンチャーにおける知的財産の形成━━━37
中小企業は、経営者が知的財産意識を
強くする必要がある━━━38
　column　複写機開発にみる三位一体の事業創出事例
　　　　━━知財センスと知財マインドの獲得━━━39

## 第2章 事業競争力を高める知財活動環境の構築

### 1 知的財産経営の環境づくり——50
- 三位一体を確立できる環境づくりとは——50
- column 知的財産経営に至る道のり——52
- 源流に入り、源流から下流を、下流から源流を見る——54
- 各研究開発部門を横串で見る——55

### 2 知財部門の環境づくり——57
- 知財部門の仕事と評価は見えづらい——57
- やる気をおこさせる環境、組織、担当、評価をつくる——58
- 知財担当者のローテーションは不要である——60

### 3 知財人材の育成——61
- 「No」を「Yes」にできる新人を育成する——61
- column 技術を理解し、発明を権利として表現する基礎スキルのトレーニング事例——62
- 知財部員を事業の全サイクルにかかわらせる——63
- column 知的財産の意識が薄いために事業の継続的優位性を確保できなかった事例——65

## 第3章 研究開発における知的財産戦略

### 1 事業目的に沿った技術の創造——70
- 全事業に共通する「基盤技術」を創造する——70
- 事業競争力を高める「コア技術」を創造する——71
- コア技術の延命を考慮した技術を創造する——71
- 各事業サイクルにおいて活用できる技術を創造する——72

## 2 | 事業と知的財産戦略を意識した研究開発——75
- 権利形成、訴訟を意識した研究開発を行う——75
- 先使用権による保護範囲を正しく理解する——77
- 営業秘密を保護し、技術流出を防止する——78
- ノウハウとして秘匿するか、公開して特許とするか選択する——82

## 3 | 研究者の知財マインド、知財センス——83
- 研究開発は知財形成で完結するという意識を植え付ける——83
- 権利情報を技術情報に転換する能力を向上させる——84
- 有効な権利を形成する能力を向上させる——85

## 4 | 第三者の特許権を認識した研究開発活動——86
- 技術動向調査とともに権利情報調査を欠かさない——86
- 特許マップは時間軸で自社の技術開発力を検討する——87
- 権利の実態を検討する——88
- 問題特許の認識と解決方法を明確にする——89

## 5 | 研究開発を補完する共同研究——91
- 共同研究の成果の取り決めは事前に行う——91
- 事業展開を考慮した成果の取り決めをする——92
  - column プリンター・メーカーAとモーター・メーカーBのプリンター用新規モーターの共同研究開発例——94
- 海外研究所との連携で注意すべき点——96
- 目的に適った秘密保持契約の取り決めをする——98

## 6 | 産学連携による共同研究開発——99
- 早期に連携することが重要である——99
- 大学の秘密情報の取り扱い体制は十分か——100
- 成果の取り決めは事前契約で明確に、不実施補償は柔軟にする——101
- 権利の承継を確実に行う——102
- 学内研究における権利侵害のリスク——103

## 7 研究開発と国際標準化活動の連動——104
研究開発成果と標準技術の整合性を保つ——104
WTO加盟国とTBT協定——105
競争と協調の二つの視点で研究開発活動を行う——106
**column** デジタルカメラのファイルフォーマットの統一——107

# 第4章 事業戦略に適った知的財産権の形成戦略

## 1 事業競争力を高める知的財産権の形成——110
勝つための要素、要件を明確化する——110
「黒を白にする活動」とは何か——111
知財力（知的財産に基づく事業競争力）の強化活動——112

## 2 「守りの権利」の形成——113
「守りの権利」とは何か——113
コア技術の思想化を徹底した権利を形成する——114
コア技術の延命化を図る守りの権利を形成する——116
参入障壁を形成する——118
事業の全サイクルで参入障壁を形成する
守りの権利を形成する——120

## 3 「攻めの権利」の形成——123
「攻めの権利」とは何か——123
コア技術以外の技術についての攻めの権利形成——124
相手の実施技術・実施したがる
技術を攻める権利を形成する——125
相対的知財力を増大する質と量の権利を形成する——126

## 4 知財評価——128
　定量評価よりも定性評価を重視する——128
　企業の知財活動の評価は自社が主体的に行う——129
　　column　第三者機関での知的財産の定性評価の促進——130

## 5 グローバル知的財産戦略——132
　活用しやすい、効果の大きい国で権利を形成する——132
　海外研究開発拠点で権利形成——133
　グローバル展開をにらんだ商標権の形成——134
　　column　商標の使用範囲を限定したために
　　　　　　「Canon」が使えなかった事例——136

# 第5章　事業を強くする知的財産活用

## 1 研究開発力強化の知財活動——140
　研究開発に自由度を与え創造力を高めるための活用——140
　事業の弱みを解消し、強みを増すための活用——141
　　column　先読みにより弱みを解消したレメルソンの事例——143

## 2 販売力、生産力を強化する知財活用——145
　販売力を維持するための知的財産の活用法——145
　生産委託に伴う知的財産の活用——146

## 3 知的財産を活用した共同事業——147
　知的財産の強みの結合で新規事業を行う——147
　事業化に必要な技術開発を共同で行う——148
　　column　既存の知財力と新技術の活用を意識した
　　　　　　新商品創出事例——149
　LLP（有限責任事業組合）を利用して共同研究を行う——151
　技術研究組合（研究開発パートナーシップ）を活用して
　共同事業を行う——153

4 | **知財信託の活用**──154
　知財信託の適切な利用法──154

# 第6章　技術の国際標準化戦略

1 | **企業競争力を高め、持続させる標準化戦略**──158
　技術標準化戦略は必須のものである──158
　標準化戦略は事業に勝つ戦略である──159
　ビジネスモデルと技術標準化戦略の関係──161
　標準化活動を活性化させる環境をつくる──162
　標準化技術の権利化による事業参入機会の拡大──162

2 | **国際競争力強化と国際標準化活動**──163
　国際競争力を強化するための標準化活動とは何か──163
　標準化活動の3つのタイプ──165
　国際標準戦略強化をめぐる各国の動き──167
　国際標準化にPCT出願を利用する──170

3 | **技術標準の問題点**──170
　RANDとパテントプールが抱える問題──170
　必須特許調査が十分になされない現状──172
　必須特許許諾の宣言に強制力、法的拘束力がない──174
　標準化技術を使っても、第三者から訴えられる──175
　技術標準の連鎖によるライセンス料高騰の可能性──175
　　column　国際標準化センター──178

# 第7章 アライアンス(提携)戦略

## 1 アライアンスと共同開発 ——184
アライアンス戦略の重要性について ——184
垂直アライアンスとその成果の取り扱い ——185
垂直型共同開発の成果における共有特許を
どう取り扱うか ——188
水平型共同研究開発の成果を流出させないために ——189
垂直・水平混合型共同研究開発の登場 ——191
混合型共同研究開発で重要なこと ——191

## 2 秘密保持契約 ——192
秘密保持契約締結のリスク ——192
2条項の問題点(負の効果) ——193
2条項に関する具体的問題点と対応策 ——194
「法令の除外」とプロテクティブ・オーダーの注意点 ——197
秘密保持の期間や契約前の情報漏えいに注意する ——198
開示を受けた技術はみな公知か ——199
輸出管理法の問題(負の効果) ——200
不用意に秘密保持の義務を負わないこと ——200

## 3 知的財産のライセンス戦略 ——201
なぜ知的財産をライセンスするのか ——201
戦略的、予防的にライセンスする ——202
ライセンスで事業の競争力強化を図る ——203
事業部内の最適化と同時に全社の最適化を図る ——204
協調と競争の使い分けを実現する ——205

## 4 ライセンス契約 ——206
ライセンス契約では、案件ごとに変化する条項に注意する ——206
契約当事者の状況の変化に留意する ——207

目的に適ったラインセンス許諾形式を考える——208
　　　許諾製品の範囲を長期的に考える——210
　　　許諾技術・許諾特許の契約上の注意——210
　　　実施料を考える5つのポイント——212
　　　契約履行の確保を重視する——214

## 5 ノウハウライセンス——215
　　　ノウハウライセンスの5つのポイント——215

## 6 ライセンス交渉——217
　　　ライセンス交渉では、中・長期の戦略と経験が求められる——217
　　　交渉を行うタイミングを見極める——218
　　　相対的知財力の確認と脅威の与え方——219
　　　交渉は交渉相手を選ぶ交渉から始める——220
　　　相手から言わせる交渉ストーリーをつくる——221
　　　一貫性を持つこと、即断できること——222
　　　交渉の基本は「損をしない妥協」——223

## 7 取引契約——224
　　　取引契約における知的財産の視点とは——224

## 8 事業提携契約——226
　　　事業提携におけるクロスライセンスの諸形態——226
　　　クロスライセンスにおける子会社の取り扱い——228
　　　クロスライセンスとジョイント・ベンチャーによる事業参入例——229

## 9 契約の一括管理と運用の一貫性を保つ——233
　　　知財契約の一括管理の必要性——233
　　　契約相互間の影響——233
　　　グローバルな契約ルールの取り決め——234
　　　運用の一貫性を確保する——234

# 第8章　紛争の予防と解決の活動

## 1　事業競争力を高め、持続する長期的、戦略的、予防的、臨戦的活動——236
　長期的視点——236
　訴訟は戦略に組み込めない——236
　交渉力と契約力で解決する——237

## 2　妥協のない訴訟での解決——238
　訴訟対応力の必要性——238
　訴訟対応の基本——239
　デポジションでは一貫性を保つ——241
　専門家に鑑定を依頼する真の理由——243

## 3　妥協のない訴訟——244
　国内での訴訟：訴えられた例——244
　アメリカでの訴訟：訴えた例——247
　香港での訴訟：訴えた例——249
　外国での訴訟：訴えられた例——252

## 4　知的財産経営におけるリスク・マネジメント——260
　技術の先読みによってリスクを軽減する——260
　強いビジネスを活用してリスクを軽減する——261

## 5　国際法務、情報ネットワークの構築と活用——262
　攻撃、防御に適った信頼できる国際法務ネットワークを構築する——262
　専門能力に優れた法律専門家の助言を得る——263
　法律事務所の第一顧客の立場を得る——264
　各国の代理人同士のネットワークを築く——266

6 │「知財の先読み」機能を果たす
　　情報ネットワークの構築──266
　　先読み情報収集のためのネットワーク──266
　　　column　製品法務委員会──267
　　　column　「提案」は秘密情報として扱う──269

# 第9章　知的財産立国、技術立国への論点

1 │産官学の三位一体の実現へ──274
　　　column　勝ち組の戦略──275
　　　column　オープン・イノベーション（垂直・水平混合型共同研究開発）──278
　　　column　共同研究開発者の事業競争力強化が優先──280
2 │法学者の合意形成の加速──281
　　　column　ライセンシー（通常実施権者）の当然保護の立法化に10年も要した──282
3 │行政庁には、連携と長期的視点が必要──286
　　　column　アメリカのスリートラック制と日本の特許庁──291
4 │政府は、知的財産戦略の単年度主義の再考を──292
5 │中小企業・ベンチャーは、大企業と賢く連携を──293
　　　column　技術の目利き──295
6 │職務発明の課題──296
　　　column　個人でなく、グループを評価する制度──299
　　　column　従業員の評価・処遇を大切に──301
7 │日本の大学関係者はみずからの役割の認識を──302
8 │弁理士、弁護士は日本企業の
　　国際競争力強化へ貢献を──304
　　　column　グローバルに働く韓国の弁理士──304
　　　column　登録率を上げるより、勝てる権利の形成を──305

著者あとがき──308
解説（西口泰夫）───313
索引──317

# 第1章 知的財産経営とは何か

# 1 事業を強くする知的財産経営

### ●───知的財産を事業競争力として活用する経営

「知的資産」とは、人材、技術、組織力、顧客とのネットワーク、ブランドなど目に見えない資産のことであり、企業の競争力の源泉である。

知的資産と似た言葉に「知的財産」（知財）がある。知的財産とは、知的資産のうち、発明、意匠、著作物など人間の創造的活動により生み出されるもの、商標、商号等、事業活動に用いられる商品または役務を表すもの、および営業秘密その他の事業活動に有用な技術上あるいは営業上の情報のことである。

そして「知的財産経営」（知財経営）とは、知的財産を創造し、それを活用することにより事業を強くする経営である。知的財産経営においては、経営資源として知的財産を取り込む仕組みを持つこと、および技術力と知財力（知的財産に基づく事業競争力）に基づく競争力の高い事業の創出が重要になる。一部には、とりわけアメリカのベンチャー企業のなかには、「研究開発成果たる知的財産を売却するのが事業目的だ」という企業もあるが、これは特殊な例であり、企業においては知的財産が本来の事業活動と遊離すべきではない。

知的財産経営は大半の企業で実践可能ではあるが、最もふさわしいのは技術力をベースに商品をつくっている企業である。そこで本書では、そのような技術系企業を想定して話を進める。

技術系企業にとって最大の脅威は、技術の変化や進歩により事業が根底から覆されることである。同業のなかで技術の変動が起こり、一時的に競争に勝ったり負けたりするのは、どの業界でもしばしば起こるもので、恐れるほどのことではない。しかし、根本となる技術が別のものに取って代わられると同業者すべてが負けになる。企業にとってこれが最も警戒すべ

きことである。技術の高度化、複雑化、技術のデジタル化、ネットワーク化に伴い、このような事態が起こる確率が高まっており、実際にさまざまな業界で異業種参入が増加している。そして、いわゆる勝ち組の企業は技術力と知財力を事業戦略に有効に活用している。

また、これまで国内における何らかの保護規制の恩恵を受け、競争せずに事業を運営していた業界でも、グローバル化の波にさらされ、保護領域の外で競争しなければならない状況に追い込まれつつある。競争をしてこなかった企業は、競争のやり方もわからず、競争するマインドにもなりにくいことから、国際社会においては、いわゆる負け組になりがちだ。国内の産業に対する規制や保護は、企業が安住できる世界をつくる一方、産業を弱くする原因にもなっている。

知的財産経営は、このような変革の時期に企業の競争力を強化するための一つの手法でもある。

## ● 全社戦略と各事業戦略の調和のとれた経営

企業の戦略には全社戦略と事業戦略がある。事業戦略は他企業と事業において競争するための戦略であり、競争戦略と言い換えることもできる。事業戦略を支えるのが全社戦略である。全社戦略には、戦うべき事業の選択、新規事業の創出や各事業に対する資源配分などが含まれる。

全社戦略と事業戦略の二つが存在するなかで、二つの戦略を有機的に機能させる、調和のとれた企業経営が必要になる。知財部門における戦略も全社を対象とするものと、事業に対するものの二つが必要になる。そして二つの知的財産戦略を有機的に結びつけて実行するためには、知的財産戦略全体を1カ所で統括しつつ、全社のための知的財産戦略機能と事業部のための知的財産戦略機能の両方を持つ組織形態にすることが望ましい。

企業によっては、事業部ごとに知財部門を持つ。いわゆる分散型である。これは事業から見ると最適であるが、全社戦略を司る人がいないという欠点がある。この欠点を補うために、事業部ごとの知財部門に加え、本社機構に全社戦略を担当する知財部門を置いている企業もある。しかし、これ

らの組織形態で本当に全社の状況を把握し、全社のための活動ができるかどうかには疑問が残る。

　知財経営の目的は、有効な権利を戦略的に形成、活用し、事業で勝つことにある。知的財産の活用の場とは、すなわち交渉の場である。会社対会社の交渉になった時に、知財部門が一事業部のことしか知らず、一事業部のことしか考えていなかったらどのような結果を招くだろうか。

　担当する事業のためによかれと契約したとしよう。しかし、その内容が、他の事業にマイナスの影響を与えることもある。全社の動きが見えていないと、本当の意味で自社に有利な交渉、契約ができないのである。また、自社の事業全体が持つ強み、弱みを認識していないと、交渉における妥協のポイントもわからず、交渉の鉄則である「損をしない妥協」ができない。

　分散型組織、あるいは本社に全社戦略担当の知財部門を置いた組織構造では、形式的には交渉の権限を持つ人はいるだろうが、実質的に会社を代表した交渉ができる人はいないはずだ。分散型の知財担当者では個々の事業のことはわかるが、ほかの事業を含む全社からの視点を持てないし、全社の知的財産戦略の担当者では、全社の状況はわかるものの個々の事業の視点に欠けるからである。

　知財の勝負は交渉ができるか否かで決まる要素が大きい。したがって、交渉に耐える人材がいない組織をつくっても意味がない。知財部門が全社戦略機能と事業戦略機能の両方を備えなければならないのは、この人材を確保するためなのである。

　ただし、これは必ずしもすべての企業に当てはまるわけではない。企業内に複数の事業部があっても、たとえば自動車事業と食品事業というように、技術的な関連性がなければ、各事業部を独立した会社と見なせるので、事業部直轄の知財部門のみの組織構成でも問題はない。知財部門が全社戦略と事業戦略の両方を行うべきなのは、事業部が異なっていても技術的に共通の要素を持っている企業の場合である。

## ●──── 事業、研究開発、知財の三位一体の戦略

　全社戦略、事業戦略の両戦略において重要なのは、部門の壁にとらわれずに連携して動くことである。研究開発部門、事業部門、知財部門の3つの部門における常時の連携、融合活動を本書では「三位一体」と呼ぶ。三位一体は戦略を実行するうえで不可欠なだけでなく、知財経営のためにも必須の要件である（図表1-1を参照）。

　全社戦略における三位一体は、社長をはじめとした経営トップと各部門の責任者による全社の視点を持つ部門連携である。

　これに対し、事業戦略の三位一体は、事業の責任者をトップとし、事業単位でそれに関連する研究開発部門の担当者、知財部門の担当者、事業部の担当者による連携である。より具体的には、事業の先読み、技術の先読み、知財の先読みの連携、融合活動である。

　研究開発部門、事業部門、知財部門の三者の役割は異なるが、その活動の目標は事業の優位性を創造、維持、強化することにある。研究開発部門

**図表1-1　三位一体の戦略**

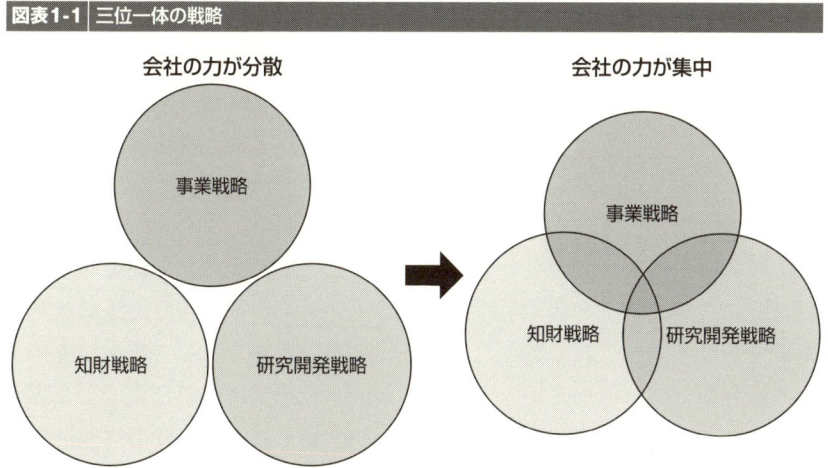

事業で勝つためには、事業戦略と研究開発戦略と知財戦略が一体となった三位一体の戦略が重要である。

では、事業のために技術を研究、開発すべきであるし、事業部門は技術力と知財力を基に勝つための戦略を構築すべきである。そして、知財部門は事業戦略を優位に実行せしめる知財力の形成と知財活用活動を行うべきなのである。

　技術系企業にとって「技術力で勝つ」ことは企業経営ひいては企業の存続にもかかわる大きな目標である。しかし、技術力で優位に立ったとしても、長期には持続しにくい。長期にわたる競争に一歩先んじるための要となるのが知財力である。知的財産による事業の強みを事業戦略、事業の運営において、常に技術力と同じレベルで重視していくことが「勝ち」につながるのである。

## 2 経営者の課題

● 知的財産の本質を理解できているか

　知財経営によって他社との競争に勝つには、まず知的財産の本質を知らなければならない。

　知的財産には、特許権、営業秘密、商標権、意匠権、著作権などがあるが、このなかで知財力にとって、最も重要なのが特許権である。したがって特許権の本質を正しくとらえることが大切である。

　特許権は正当な権原のない第三者に特許発明を実施させない排他権である。ところが、特許発明（特許された発明）をみずからが当然実施できる実施権であると誤解されていることが多い。経営者がこうした間違いをすると、特許さえ取れば事業ができると考え、それを基に戦略を立ててしまうことがある。これでは知財経営にならない。第三者の特許権の排他権に影響される特許発明は、その排他権の影響を取り除かない限り実施できないのである。知財経営を実践するには、まず経営者自身が特許権の正しい認

識を持つ必要がある。

　知的財産の本質として、もう一つ知っておかなければならないのは、知的財産は常に強みと弱みの両面を持つことである。このため、いかに多くの知的財産を所有しても、一方的に強くなるということはほとんどありえない。知的財産における強みとは自社が持っている知的財産による裏づけである。そして、弱みとは他社の知的財産から受ける影響である。

　知的財産における弱みの最大の特徴は、強みをどれだけ増しても解消できない点にある。知的財産上の弱みは相手が持っている特許権であり、特許権は国が与えた権利であるため、それを消すには権利を無効化するか、契約で無力化するか、ライセンスを受けるか、相対的知財力（第4章参照）の強さによる交渉などで自分が使えるような立場をつくるかしかないのである。しかし、相手にとって特許権が大切な財産であればあるほど、相手は排他権として行使したいと考えるはずであるから、都合よく取引が成立してこちらの弱みを安易に解消できるとは限らない。これが知的財産経営の難しいところで、勝つためには三位一体の総合的な知的財産戦略が必要となる。

　三位一体の活動において、各部門は次のような働きをする。

　事業部門は技術力と知財力で勝つための事業戦略の構築に際して、強みと弱みの適正な認識と、強みを増し弱みを解消する戦略を明確にする。

　研究開発部門は強みを増す技術の創造のみならず、弱みを解消する技術を創造する。

　知財部門は相手の排他権による弱みを適正に判断し、法的に「No」と言う勇気を持ち、知恵と、戦略的知的財産形成・活用活動で、強みを減じることなく、合法的に弱みを解消する（「No」を「Yes」にする）。

## 特許権の本質は排他権である

　日本の特許法でいう発明は自然法則を利用した技術的思想の創作の

うち高度のものであり、特許権として認められるには発明の新規性と進歩性が要件とされている。新規性は新しいことで特許出願以前の公知、公用の発明と同じでないこと、進歩性は、特許出願前に、その発明が属する技術分野の通常の知識を持った者が公知、公用、刊行物記載の発明から容易に考えられないこと、とされている。そして特許権の効力は、特許権者は業として特許発明（特許になった発明）の実施をする権利を専有する、となっている。この規定から、特許権は独占実施権であり、特許権を取得したら無条件に特許発明を事業として実施できると思いがちであるが、これは間違いである。

　特許発明の実施が他者の特許権の効力の影響を受ける場合には他者の同意を得なければ実施できないのである。

　したがって、事業を営む者にとっては、特許権の本質は他者の実施を排除する権利、すなわち排他権と理解すべきである。

　技術分野における発明は、製薬、化学などの一部の技術分野は別として、これまでに蓄積されてきた技術とまったく無関係に生まれてくるものではない。旧来の技術と連続性を持って進化しているため、ある技術の特許権を得てそれを実施しようとすると、多くの場合事業化に際し他者の先願の権利の効力の影響を受ける。また、特許権は技術（発明）の公開を代償に保護、利用を図ることにより産業の発展に貢献するという考え方により付与される権利であるため、企業などが基本発明の特許権を取得した後に、まったく別の第三者がその改良技術を生み出し、権利化することもできる。そのため事業化に際し後願の権利の効力の影響も受ける。

　図表1-2をご覧いただきたい。仮にA社が、いくつかの発明の実施例の開示のもとに、発明の技術思想「A」の特許権を取得したとしよう。A社は特許権がAだけならば実施することはできる。ところが実際にはB社がAの改良発明をして「B」という特許権を取り、C社も「C」という特許権を取り……という具合に、特許発明Aのなかに他者の改良

**図表1-2　排他権の考え方**

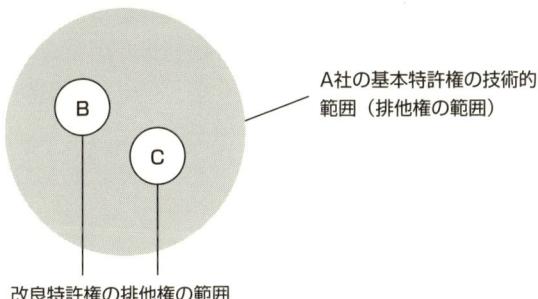

　A社が「転がらない鉛筆」という発明をし、実施形態として「断面形状が三角形」「断面形状が四角形」を含む技術的範囲「A」の特許権を持っていたとする。その改良特許としてB社が「断面形状が楕円」の技術的範囲「B」、C社が「断面形状が六角形」の術的範囲「C」という権利を持つと、A社は楕円や六角形の鉛筆の事業は、B社、C社の許可なくしてはできない。B社、C社のほうもA社の基本特許権の技術的範囲「A」に含まれる「転がらない鉛筆」の事業を、A社の許可なくしては行うことはできない。

　発明による改良特許権がいくつも含まれるようになるのが一般的である（B、Cの改良特許権も含まれる）。こうなると、A社は第三者の権利を避けながらAを実施しなければならない。第三者の権利が多数含まれてしまうとAが事業として成り立たなくなることもある。特許権AはA社の強みであるが、特許権B、CがA社の特許権Aの弱みともなる（もし特許権Aが先行特許Xの改良特許であれば特許権Xも特許権Aの弱みとなる）。一方、B社、C社のほうは特許権は持っているものの、すべてAの改良特許権であるからA社の許可がなければ実施できない。特許権Aが特許権B、Cの弱みとなる。

　見方を変えれば、B社やC社の特許権はA社の実施を排除する権利となり、A社の権利もまた、B社、C社の実施を排除する権利として働くことになる。すなわち特許権は第三者に実施をさせない排他権になるのである。

　特許権が持つこの特質はどこの国でも基本的には同じである。

第三者の権利が自分の権利の実施を阻む場合には、それを避ければよいという考え方もあるが、発明を権利化し事業をしようとする企業は、第三者の特許権を迂回するよりも、最もよい製品がつくれるベストモードを選びたい。そこで特許権を持つ者同士が妥協し、契約をして互いの特許権を使えるようにするクロスライセンスの考えが出てくるのである（図表1-3を参照）。
　しかし、ただ単に互いにクロスライセンスで実施を可能にしたのではA社の事業競争力はなくなってしまう。そこでA社としてはベストモードで事業化に必要な改良特許を継続して取り続け、他社の改良特許による弱みをつくらないようにする努力と戦略的知財活動で強みを減ずることなく弱みを解消する必要がある。これに対し、事業を行わない大学などでは、特許権を得て資産として活用することを目的にしている場合は、基本的には事業化の障壁となる第三者の特許権を考慮することはない。
　一方、製薬や化学の技術分野では物理現象とは異なるので、技術思想で技術的範囲の広い特許権を得るのは一般的には困難である。新規物質「A1」の薬効を見出したとしても、新規物質の骨格Aが共通の他の物質「A2」がA1と同じ薬効があるとは限らない。このため新規物質の骨格Aで特許を得るのは難しい。そこで新規物質A1で特許を取得するのである。新規合成化学物質なども同様である。
　製薬や化学の技術分野では、極端に言えば発明の実施例単位での特許権が認められるのである。したがって、技術的範囲は狭いが強い特許権となり、事業化に際し先願、後願の特許権の効力の影響を受けにくい特徴を持つ。第三者の特許権の効力による弱みを受けにくい特許権なのである。この意味で独占実施権であり、独占排他権と見ることができる。
　事業強化の知的財産戦略においては、このように技術分野の特許権の特徴も考慮することが重要である。

### 図表1-3 | 時間の経過による排他権の出現

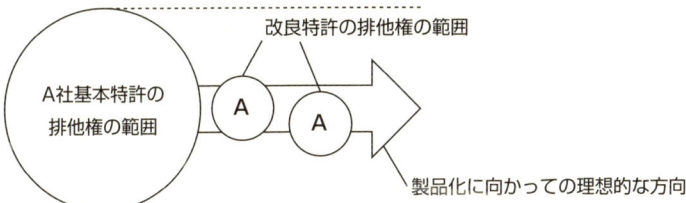

A社はコア技術の基本特許権、改良技術、事業化に必要な技術「A」を開発し、権利を得て事業を始める。この時点ではA社の事業を阻害する他者の権利はなく、A社の事業競争力は強い。

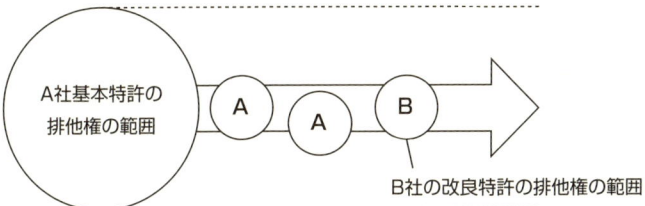

B社が改良技術「B」を発明して特許権を取ると、A社が事業を続けるには、攻めの権利を使って「B」を使えるように交渉するか、「B」を迂回しなければならない。「B」はA社の事業に対する排他権となる。

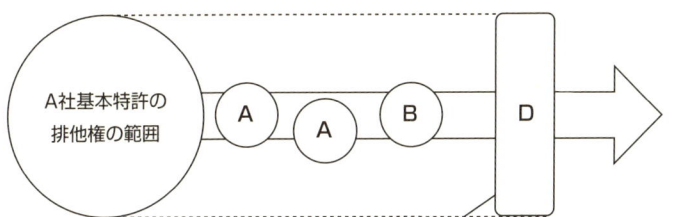

A社の基本特許権の範囲すべてに影響を与えるような改良特許権「D」をD社に取られてしまうと、迂回できない。「D」はA社の事業に対する排他権であり、A社は事業を継続のために、D社と交渉して「D」を使えるようにする必要に迫られる。

### ● 知的財産経営には長期的視点が必要である

　他社の特許権が自社の事業における弱みとなった場合、これを解消するには、何らかの武器が必要になる。ここで言う武器とは相手との交渉に使うための知的財産である。

　とはいえ知的財産は一朝一夕に生み出せるものではない。長い時間をかけて研究開発し、その権利を形成してようやく自社のものとなる。したがって、知的財産戦略を立てるにあたっては、権利を手に入れるまでに要する時間を常に念頭に置かなければならない。いつ、どのような武器が入り用になるかを先読みし、そこから逆算して武器をつくり始める必要があるということだ。戦略的な弱みの解消の陰にはそれに先立つ長い準備期間が存在し、いきおい長期的な戦略が必要になるのである。

　弱みの解消のための知的財産の形成に長期的な戦略が求められる一方で、現代の企業は、予想外のライバルが現れる危険に日々さらされ、既存の事業者をすべて打ち負かすような技術がいつ出現しても不思議ではない状況に置かれている。このなかで生き残っていくためにも、長期的な視点による防備が欠かせない。すなわち複数の方向性について議論し、長期的なシナリオを複数用意し、技術の変化に即応できる態勢を整えておくということである。長期的視点でのシナリオの基盤となるのが技術の先読みである。技術の先読みは、現場の担当者のみではなく経営者もみずから行う。

　昨今、「スピード経営」を礼賛する向きもあるが、これはあくまでも事業経営に関してのことである。事業経営においては、昨日とは違う意思決定を今日求められることもあるし、あえて朝令暮改することもある。しかし、研究開発、知的財産戦略においては、常に長期的視点に立たなければならない。

　また、製品ライフサイクルが次第に短くなっていくことから、短期戦略がふさわしいという意見もあるかもしれないが、勝者による短い製品ライフサイクルの裏には長期戦略に基づく調査や研究開発も含め事前に深く潜行した時間があるはずだ。長期戦略の上に短期の各製品ライフサイクルに

適応する強い技術、知的財産が成り立っているのである。そして強い技術、知的財産は製品サイクルごとに消えるのではなく継続的に製品の強みとして活用されているのである。

　このように長期的視点が求められているなか、近頃の経営者は、利益重視の企業評価に影響されているためか、ともすれば自分の在任中は利益重視で無事に過ごせればいいと考える傾向にあるようだ。しかし2〜3年程度の短期視点の戦略のみでは、在任期間は大過がなくても、その先に起こることに対応できないため企業としての競争力が落ちてしまうであろう。

## ●────知的財産は事業と連動してこそ価値がある

　知財経営とは「知的財産を生かして事業活動を盛り立てる企業経営」という意味であり、知財経営の本質は事業の強化にある。
　ところが、知財経営は「知的財産自体のマネジメントである」と受け取られることが多い。換言すれば「いかに知的財産で儲けるか」に関心が集まり、知的財産から直接的な収益を得ることこそが知財経営だと考えられ

**図表1-4　知財創造サイクルと事業サイクルの連動**

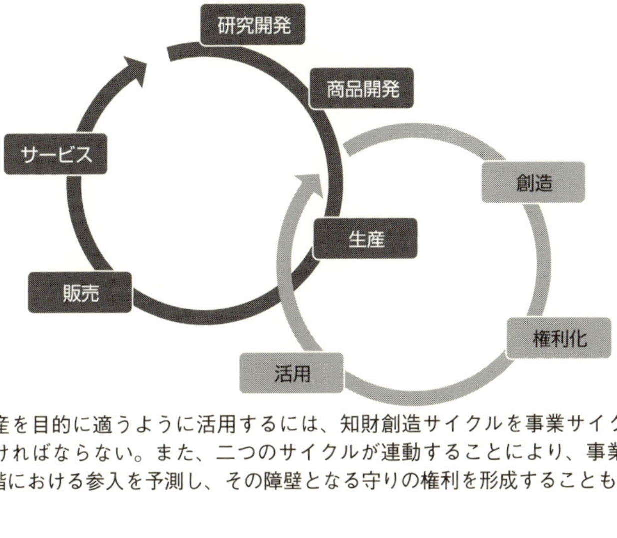

知的財産を目的に適うように活用するには、知財創造サイクルを事業サイクルと連動させなければならない。また、二つのサイクルが連動することにより、事業サイクルの各段階における参入を予測し、その障壁となる守りの権利を形成することもできる。

がちなのである。たしかに、活用は知財創造サイクルの中で重要な位置を占めている。しかし、それはあくまで「創造 → 権利化 → 活用」というサイクルの一要素としてである。この活用の主眼は事業戦略を実行させること、すなわち事業サイクル「研究開発→商品開発→生産→販売→サービス」に連動しての活用を意味するものである（図表1-4を参照）。

　知的財産とは無体物であり、それだけではほとんど価値を持たない。商品あるいは事業という実体を伴って、初めて大きな価値が生まれる。加えて、知的財産の価値は相対的なものであって、たとえば、知的財産同士の組み合わせ方や「だれが、どのように、権利を持っているか」といった条件によって、その価値は大きく変わる。事業に必要な基本特許と改良特許がある場合、片方だけしか持っていないと、その価値は両方を持っている場合と大きく異なるものなのである。

　知的財産の価値は本質的には事業の価値である。ライセンスを実施する場合であっても、財務的に査定する場合であっても、基本的に事業収益が評価のベースとなる。事業を考えずして知的財産だけを考えることは無意味なのである。

　事業収益こそが自社のみならず関連企業を含めた雇用を増進し、国力の増強につながるのである。

● ———— 知財部門の予算をどう考えるか

　日本経済が長期低迷しているなか、経費節減はどの企業においても避けられない措置である。限られた予算のなかで知財部門がどのように活動すべきか、そして知財部門の予算を削ることの良し悪しについて考えてみることにする。

　予算が削減された時に何よりも避けなければならないのは、仕事全体のレベルを均一に下げることである。これでは、どこをとっても強い部分がなくなるので競争に勝てない。予算の範囲でまんべんなく質を落とすような仕事はやらないほうがよいのである。予算内で漫然と行う活動ほど無駄なことはない。

また、予算が少なくなったからといって、出願件数を減らして経費を削るのも稚拙な策である。出願を減らしても数年間は特に大きな問題は起きないだろう。支出がないにもかかわらずロイヤルティ収入を得られれば、知財部門の評価が一時上がるかもしれない。しかしこれでは企業の知財力はすべり落ちる一方であり、将来苦しむことになるのは目に見えている。
　予算の制約があるなかで知財部門が行うべきなのは、予算の範囲で達成できる目標を設定することである。すなわち一極で勝つことを目標とするのである。全方位で勝つのが理想ではあるが、予算に限りがある場合には、ある1点に絞り込んで、そこで知的財産上のナンバーワンになることを考える。一つだけでも強い部分をつくり、後の交渉ではその強さを利用して弱みの解消につなげていくのである。
　このように、予算が削られた場合の知財部門としての対応策はあるのだが、そもそも、企業が知財部門の予算を削減するのは賛成できない。予算は景気と連動し、景気が悪いと予算は削られていく傾向がある。予算削減というと、全部門の予算を同じように削ることが多い。しかし、長い目で見てこれでは企業は勝てない。いま、手を打たなければ後で成果が出ないようなところの予算は削るべきではないのである。これに当てはまるのが研究開発部門と知財部門である。このような部門には不景気の時ほど予算を割り当て、景気が回復した時に、いち早く新しい商品を出したり、新規事業を起こせるように準備をしておく。そうしなければ企業は勝てないし、生き残れない。

## 知財部門はブレない仕事をすべし

　私は「ブレない人だ」と言われることがあるが、たしかに仕事について言えば、「事業で勝つ」という目的がブレたことはない。目的がブレないから、やるべきことがやれたと思っている。
　私がこう言うと、事情によってはブレざるをえないこともあるので

はないかと言う人もいる。たとえば自社が経費節減を打ち出した時に、将来の事業を見据えて知的財産を形成をしているのだから経費は減らせない、という立場を貫くのは難しいだろうというのである。

そう考える人は、そもそもが「ブレやすい」のではないか。ブレない仕事をするためには、会社の持続的発展のため、社内の説得、交渉は必須である。予算削減の例で言えば、キヤノンでは知財部門が全社の知財予算を運用していたが、事業部が自身の知財予算を持っており、前年度までの出願の継続費用に今年度の出願費用を加えたものが基本的な予算となっていた。今年度の出願費用とは、すなわち知財部門が今年度新たにどれくらい仕事をするかということである。予算が減らされた時には、私は事業部の責任者のところに行って「知財部門がこれだけしか仕事をしないで、どうやって勝とうと思っているのですか」と言ったものである。「何の技術で勝とうとしているのか」「あなたは勝とうと思っていないのですか」などと言うと、だんだん予算が増えたのである。

本当に資金繰りに困っての予算削減なら別だが、現在は豊富な資金があるにもかかわらず、単純に短期的な利益改善が目的で予算が削減されることが多い。企業は投資して利益が出ればよいので、事業部門に、中・長期の視点で勝つための事業戦略の立案を促す必要もあるはずだ。知財部門の仕事は、事業部門が立案した事業戦略の実行を、先を読みつつ知的財産の面から支えるものである。そして、知財部門が長期の視点を持ってブレずに仕事をすることが、結局は事業を勝ちに導く。知財の担当者は、「事業で勝つ」という目的を見失わずに、予算削減だ、残業規制だといった社内の動きに惑わされることなく、ブレない仕事をしていただきたい。

さて、私が「ブレない人」になれたのは、明治生まれの二人の大先輩に負うところが大きい。その二人とは、谷山内外特許事務所（当時）の所長弁理士であった故谷山輝雄先生、湯浅坂本法律事務所（当時）

> の弁護士であった（最高裁判事も務められた）故坂本吉勝先生だ。両先生には公私にわたってお世話になっただけでなく、「仕事に対する人生観」を教えていただいた。いまもって感謝する次第である。

## ● 国際標準を重視する経営

　技術系企業において、いまや技術標準を無視することはできない。標準化ありきではないが、標準化は市場における優位性を確保するための重要な要素である。

　事業戦略として自社の技術で必要な標準化を獲得できれば、グローバル市場において市場拡大の事業化や改良技術の開発における優位を保てる。加えて自社が開発した技術をそのまま使えるので、標準化技術に合わせるための再開発も不要となる。標準化技術に特許権を取得してあれば、副産物としてロイヤルティ収入も期待できる。これに対し、他社の技術が標準化されてしまうと、自社の技術が使えず、いっきに競争力を失う。

　現在、企業の標準化戦略の立案に重要な影響を与えているのがWTO（World Trade Organization：世界貿易機関）のTBT協定（Agreement on Technical Barriers to Trade：貿易の技術的障害に関する協定）である。

　2001年までは、アメリカがフォーラム（コンソーシアム）標準（複数の企業や団体などがグループを組んで一つの技術をつくり上げ、それを標準とするもの）で事実上世界を制覇しており、日本の企業も標準技術を使ってものづくりをするのに、それほど不便はなかった。ところが、2001年に転機が訪れた。巨大市場である中国がWTOに加盟し、積極的に標準化戦略を取るようになったからである。

　WTOのTBT協定により、自国の技術で国際標準を取得していれば、WTO加盟国のどこにおいても事業展開できることになっている。逆に言うと、どれだけよい技術を開発しても国際標準でなければ、市場に参入できなくなる恐れがあるということだ。たとえば、中国のWTO加盟により、

国際標準以外の技術を使っていては、中国市場において事業ができなくなる可能性が出てきたわけである。

　この意味から国際標準は事業戦略のなかで重要な位置を占めるようになってきている。国際標準化戦略の絡まない事業戦略はありえないと言ってもよい。そして国際標準化戦略には技術の先読みに基づいた長期的な視野での知的財産経営が必須であり、経営者はこの国際標準化戦略の上に勝つ長期の事業戦略を描いていかなければならない。国際標準化戦略の詳細は第6章で述べる。

# 3 事業部門、研究開発部門、知財部門の先読み

### ● 事業部門は、技術の変化を含めた事業の先読みを行う

　事業部門では、現時点での自社の技術力、および今後の研究開発投資からどれくらいの技術が生まれるかという予想を基に事業計画・事業戦略を立てる。

　事業を展開するなかで、最も怖いのは技術の根本的な変化である。従来とはまったく異なる技術で事業参入が起こることが一番の脅威であり、そのような変化の兆しをいち早く察知して対応することこそが事業の継続のために重要になる。

　変化の兆候を見極める調査を継続的に行い、同時に、変化が見えた場合の対応策も絶えず練り上げる。これが事業の先読みである。

　技術の変化も含めた事業の先読みは、事業の責任者一人で行えるものではない。そこで、研究開発部門と知財部門に協力を求めて事業の継続的な優位性の保持を図る。メインとなるのはあくまでも事業であり、3部門が連携して事業を強くするために活動するのである。

### ●———研究開発部門は、基盤技術の変化の先読みを行う

　研究開発部門の役割は、事業競争力を高める研究開発をすることである。企業内の研究開発であるからには、その企業が勝つための研究をすべきであるし、経営者は研究開発部門にこのようなマインドを形成させなければならない。

　事業競争力を高める研究には、一つに基盤技術を強化、向上させるものがある。企業のなかに複数の事業部があったとしても、企業としてこの技術を基盤に事業を展開しているという基盤技術が必ずあるはずだ。ITならITの基盤があるだろうし、化学メーカーなら特定の化学の基盤があるだろう。この基盤技術を高めていくのが、研究開発部門の役割の一つである。

　それと同時に研究開発部門は、基盤技術について、その動向、変化の気配などを調査し、変化への対応を考える。これが技術の先読みであり、技術系企業の存亡を決定づける重大な役目でもある。自社の強みである基盤技術に大きな変化が起こって、それに対応できずに負けてしまったら、企業そのものが生き残っていけない事態もありうるからである。

### ●———知財部門は、事業を実行する国の制度、運用の先読みを行う

　知財部門の役割は事業戦略を実行できるようにすることである。そのためには事業を知らなければならない。技術系企業では技術の知識も必要となる。事業と技術を知り、そのうえで事業を強くするにはどのような権利を取るべきか、どのように活用するかを考えるのが知財部門の仕事である。

　事業部門の先読みが、市場を予測し、研究開発投資からどれくらいの技術が生まれるかという予想を行うものであり、研究開発部門の先読みが、技術の変化や動向を予想しつつ新しい技術を開発するのに対して、知財部門の先読みは、事業を実行しようとする時点で、事業を実行する国の知的財産制度やその運用がどのようになっているかを予測することである。知

財制度は産業政策に影響を受けるため、その国の政策の予測も知財部門の先読みに含まれる。たとえば、著しい変化を遂げつつある中国の市場に関する知財部門の先読みでは、市場の変遷を読むのではなく、自社がどのような事業を何年頃に中国で実行しようとしているのかという前提に立って、その時の中国の産業政策および、知的財産制度を含め事業に関係する制度や規制がどのようになっているかを読むのである。

　このような先読みの結果に応じて、知財部門は早めに対策を立てる。事業の実施時期に間に合うように、必要となる権利を形成し、交渉や契約で権利を有効に活用するのである。この意味からも知財部門がいち早く先を読むことが事業戦略を遂行するうえで重要となる。

## 4　ベンチャー、中小企業における知的財産経営

### ●──ベンチャービジネスの二つの知的財産戦略

　技術系ベンチャーには二つのタイプがある。一つは、研究成果を事業には結びつけずに、そのまま売ってしまうタイプ。このタイプのベンチャーでは、研究成果の知財力強化を行うことが重要であり、事業化に必要な知的財産とは関係ない。

　もう一つは、研究成果を事業にまで結びつけようとするタイプ。ベンチャーは、自力で事業化に必要な研究開発をする資源を持たないので、この場合は研究成果の知財力（強み）を活用し、他人の力を借りて弱みを解消することになる。したがって、そのための最適な方策を考えることが重要となる。たとえば、日本ではLLP（Limited Liability Partnership：有限責任事業組合）や技術研究組合（研究開発パートナーシップ）を活用することで、第三者の力を得て事業化に向けた有意な研究開発ができる。事業を見据えて好ましい第三者の力を利用し、事業化に必要な技術力と知財力を強化し

事業化するのである。この場合、事業を独自で行うか第三者と共同で行うかも考慮しつつ、研究開発成果の配分、実施の取り決めをあらかじめきちんと決める必要がある。LLP、技術研究組合の活用の詳細については第3章、第5章で述べる。

　私の知る範囲では、アメリカのベンチャーの社長は、発明者であり、特許の取り方も活用の仕方も日本のベンチャーと比べて巧みである。特許制度の要点と特許の本質を知悉し、研究成果の知財力を強め、LLP、LLC（Limited Liability Company：合同会社または有限責任会社）の活用によって第三者の力を利用して、事業化段階で必要な技術力と事業目的に適った知財力強化の知的財産戦略に長けている。事業化の情熱と執念と目的達成の交渉力、契約力もきわめて高い。

　日本のベンチャーも技術力のみならず、事業化の目的を達成する知的財産戦略、アライアンス、交渉、契約戦略の力をもっとつけるべきである。アライアンス、交渉、契約については第7章で述べる。

　ベンチャーが行ってはならないのは、資金調達などのために、研究成果の技術、知的財産（強み）をライセンスして事業化の強みの基をなくしてしまうことである。

## アメリカの技術系ベンチャーにおける知的財産の形成

　私の経験では、アメリカの技術系ベンチャー企業はアメリカの特許法のCIP（Continuation In Part）を最大限に活用しながら権利を形成していた。
　CIPは当初の出願内容に新しい発明を追加していくことができる制度である。たとえば、ベンチャーがテープレコーダーの出願をする場合、まずはテープレコーダーの発明を特許として取る。そして分割して残したテープレコーダーの出願を技術動向に合わせ磁気記録に変化させる。さらに広げるとメモリになり、磁気テープから磁気メモリになり、次は半導体メモリとなる。メモリという点で最新記録技術のす

べてをカバーしていくのである。

　このように、技術動向、商品動向を先読みし、新しいものを付加して特許を取っていくことに熱心に取り組みつつ、特許と事業を結びつけ、自社の事業と技術に関する意識もはっきりしている人が多い点が、アメリカのベンチャーの特徴であったと言える。

## ●────中小企業は、経営者が知的財産意識を強くする必要がある

　知財経営における中小企業の弱点は、経営者の知的財産意識が薄いことである。一方、大企業の弱みは、組織が大きすぎて研究開発部門、事業部門、知財部門の連携を図るのが難しいことにある。中小企業は社長が知的財産の戦略的意識さえ強く持てば、大企業が持つこの弱点を容易に克服できるはずだ。多くの中小企業では社長自身が研究開発、事業、知財の3役を一人で担っているからである。社長に知的財産戦略の意識が備われば、中小企業は大企業に勝るとも劣らぬ事業競争力を持つはずである。

　中小企業がつまずきがちなのは、画期的な技術が生まれた時に、事業を意識した権利化と事業を優位に展開する交渉、契約を行うところである。

　たとえば部品をつくっている中小企業では、新しい部品を開発し、特許を出願して公開になる前に顧客である装置メーカーに見せることがある。それを見た装置メーカーから改良要求が出て、改良して無事に納品したとしても、気づいた時には、その装置メーカーに用途特許を全部登録されてしまい、その部品は他の装置メーカーに売れなくなるというような失敗が多いのである。

　この例では、部品を発明した企業が、自分の事業を部品事業だと考え、部品の特許しか取っていないことに失敗の原因がある。部品の事業を強くするには装置メーカーに操られないようにしなければならない。つまり自社の部品を使うことによって効果が出る装置まで特許を取り、部品事業が優位に展開できるようにすべきなのである。さらに、取引事業者への開示

に先立ち、ユーザーの視点で考えられる改良点についても特許を取るようにし、開示に際して事業展開上で不利にならないような交渉と契約をすべきである。

　部品メーカーである中小企業に足りなかったのは、自社の事業をより優位に強くすることを目的に据え、どのような特許を取るべきかを踏み込んで考える知恵と、知的財産を有効に活用する交渉、契約の知恵である。

　そして、事業を強くするために、自社に有利な特許を取る知恵、知的財産を活用する知恵を働かせなければならない点は、大企業であろうと中小企業であろうと変わりはない。知財経営は基本的に企業の規模を問わず同じように行えるということである。中小企業において経営者だけでは知的財産戦略活動にまで手が回らない場合は、社内に知的財産戦略を担う人材を育成するか社外に優秀な参謀を求めるとよいだろう。交渉、契約の詳細は第7章で述べる。

## 複写機開発にみる三位一体の事業創出事例
### ——知財センスと知財マインドの獲得

　1962年、カメラ・メーカーのキヤノンカメラ株式会社（現キヤノン株式会社、以下キヤノン）は、事業の多角化を目指して技術部に鈴川溥部長（後に常務、キヤノンUSA会長）の意向で将来の事業に適した技術を創造するため製品研究課を新設した。山路敬三課長（後にキヤノン社長）の元に優秀な技術者が結集した。そこでの研究テーマの一つが電子写真方式の複写機技術であった。

　この当時、複写機の技術は大きく分けて二つあり、一つが、アメリカのRCAが開発したエレクトロ・ファックス方式、もう一つがゼロックス方式であった。両方式とも電気的潜像を形成するプロセスはチェスター・カールソン氏の発明によるカールソン・プロセスを採用していた。RCAは、エレクトロ・ファックス方式の技術をライセンス

しており、使用料を支払えば誰でも使えた。しかし、酸化亜鉛を塗った感光紙を使わなければならず、この紙が重く、画像もあまりよくないという欠点を抱えていた。

これに対し、ゼロックス方式は普通紙に複写できるという画期的なものであった。ゼロックスはこの技術を特許で守って事業を独占し、その特許網は20年間は破られないだろうとまで言われていた。

キヤノンは、RCA方式の複写機では、ゼロックス方式の普通紙複写機に対して事業競争力がないと判断し、1962年に製品研究課内に電子写真方式の普通紙複写機の研究開発プロジェクトを発足させた。後に陣容を拡大し複写機技術専門の研究開発部門として独立のEプロジェクトとなった。複写機は機械本体のほかに、現像剤や複写用紙などの販売にもつながるため、経営陣の期待も大きかった。

複写機のプロジェクト・チームは、この研究開発のために社外から採用された電子写真技術者の田中宏氏（後に事務機事業の総責任者、キヤノン副会長）をリーダーとして、ゼロックスの特許網を突破して電子写真方式の普通紙複写機をつくることを目指すことになった。しかし、電子写真普通紙複写機の技術分野の特許の取得状況を調査しグラフで示す（これを「特許マップ」という）と、特許マップはすべてゼロックスの特許群で埋め尽くされており「黒」の状態であった。どうしたらこの多くの特許を乗り越えられるかを探るため、まず、知財担当としてチームに参加した私と技術者が連携してゼロックスの特許を検討した。開発の源流に入り、技術者と真剣な議論を交したことから、私は技術を深く知り、事業を知ることができた。そして技術陣は特許の本質、権利の見方、特許される発明など開発者が知るべき知的財産の要を知ることとなったのである。

いまでこそ、研究開発は第三者の特許の検討から始めているが、開発陣と知財担当者が最初から一緒になって先行技術と先行特許の認識、およびそれを超越するための方策を検討したのは、キヤノンでもこの

時が初めてだった。

　プロジェクト・チームのなかには、RCAからライセンスを受けて複写機を作った経験がある人もおり、事業的な感覚を持った人も多かった。そのおかげで、単に研究するのではなく、事業として普通紙複写機をつくるという明確な目的を共有できた。そして、研究開発と事業、知財が一体となった活動（三位一体の活動）の基礎もここで生まれたのである。

　ゼロックスの特許の数は約600件。それをすべて検討し、基本となる特許を探った。ゼロックス方式は、セレンという感光体でドラムをつくり、その上に潜像を形成して現像剤を振りかけて現像し、感光体上に可視画像をつくる。そして、それを普通紙に転写して熱で定着させ、同時に感光体を再利用できるようにクリーニングするものだった。

　感光体（感光ドラム、感光紙）を帯電し、露光して電気的に画像を描き（潜像）、それを現像して目に見えるようにするプロセスは、RCA方式もゼロックス方式も同じカールソン・プロセスである。ゼロックス方式がRCA方式（感光紙の画像を定着し、感光紙がコピー紙となる）と異なるのは、感光ドラムの画像を普通紙に転写し、感光ドラムをクリーニングして繰り返し使用するというシステムである。ここがゼロックスの基本的な特許であった。

　ゼロックスの特許に触れない、超越したプロセスの開発を目指して、複写機のプロジェクト・チームが最初に手がけたのは、繰り返し使える感光ドラムをつくることだった。この頃、キヤノンではカメラの露出計のために硫化カドミウム（CdS）の研究をしており、この感度が素晴らしいので、アルミのドラムの上に硫化カドミウムを塗って感光ドラムをつくってみた。しかし、画像は形成できたが感光体が柔らかいため繰り返し使うことができない。そこで硫化カドミウムを塗った上に絶縁層をかぶせたところ、絶縁層そのものが硬いおかげで、硫化カドミウムが進化して硬くなったのと同じ効果を得られた。こうして

繰り返し使用できる感光ドラムが完成したのである。

　ところが、そのドラムをカールソン・プロセスで帯電させ、露光しても潜像ができない。これでは失敗だと考えたが、もし、この感光体に像が出るプロセスを見つけたらゼロックス方式とは根本的に異なるものになることに気づいた。そこで、この部分に焦点を当てて研究を続けたところ、5通りくらいのプロセスを発明できた。そのうち、最も事業に適しているものを選んで開発を進めたのである。このプロセスを「NPプロセス」と呼んだ。

　次に難航したのは感光ドラムのクリーニングだった。ゼロックスはアンゴラウサギの毛を円筒状にし、高速で回転して感光ドラムの表面に柔らかく接触させて、トナーを吹き飛ばしていた。

　同じようにウサギの毛でクリーニングしては、ゼロックスの特許に触れてしまう。しかもキヤノンが採用したプロセスでは静電吸着力が強く、ウサギの毛で表面をなでてもクリーニングがよくできない。さまざまな材料を試したあげく、ようやく見つけたのがゴム板であった。ゴム板をある角度でドラムに接触させるとクリーニングができたのである。このゴム板のことをキヤノンでは「ゴムブレード」と呼ぶ。「ゴムブレード」の技術そのものについて言えば、スペースをとらず、固定で動力を必要とせず、雑音も出ず、安価でしかもクリーニング効果が抜群であることに加え、家庭用の小型複写機に必要となるプロセスカートリッジの開発に不可欠の技術であり、世界初の液乾式普通紙複写機の開発にも必須の技術であるなど、電子写真複写機やプリンターの発展にも大きく貢献した。クリーニング手段でこれに勝る手段はいまだに実現していない。もちろん、ゴム材料の改良、形状の改良はなされているが基本は同じである。

　このようにして、一つひとつ発明を積み重ねて、ゼロックスの特許網を破って装置は完成した。キヤノンが普通紙複写機を発売したのは、1970年のことだった。

キヤノンがゼロックスの特許網を突破できた理由は二つある。

一つは、数多くの先行特許の検討から特許発明の技術思想を見抜く力がついたことである。特許発明は技術思想である。それを文章で表現して、これを権利として取りたいという特許請求の範囲を書く。技術思想を文章に表現するのは非常に難しいため、技術思想はオープンにして、実施形態だけの権利を取っているものも少なくない。そのような特許を読んで、技術の本質を見抜き、その思想を理解したおかげで、それを乗り越える技術が開発できたのである。

二つ目は、技術の絶え間ない進歩である。いかに漏れのない特許網をつくったとしても、技術が進化すると、同じ思想を別の手段で実現できるようになる。これが特許網の突破につながる。ゼロックスの例で言えば、感光体に使われていたセレンは、まだ完成度が低く、表面が柔らかかった。そのため装置全体が物理的な衝撃を避けるようにつくられていた。いわば「いたわりの技術」でつくられたものであった。これに対して、キヤノンは、硫化カドミウムを塗布した上に絶縁層を巻いたため、感光体が完成した状態と同じになり、いたわる技術が不要となったことから、ゴムブレードによるクリーニング手段が使えたのである。プロセス、装置の開発に「いたわりの技術」以外の技術を採用できたことが、特許を突破する一つの要因だった。

特許の思想の理解と技術の進歩がそろい、研究者が知財センスと知財マインドを持っていれば、特許網は突破できるものである。

複写機のプロジェクトでは、先行技術と先行特許を最初に認識し、それをどのように突破するかという知恵を出し合ったことから、技術者が知財センスを習得した。また、苦労して他社の特許を突破した体験は、自分の成果を他人に破られたくないという気持ちも生んだ。他人に突破されないためには技術思想で特許を取るべきであると、技術者自身が認識したのである。

さらに、自分たちは複写機の事業に参入するが、自社の方式の複写

機に他社の参入は拒みたい。このため、事業の視点から見て必要とされる技術を開発し、事業参入障壁となる特許も取るようになった。それだけでなく、代替技術による事業参入障壁を築く目的で、実施しないプロセスの特許、感光体の特許、クリーニング手段の特許、装置の特許なども数多く取得したのである。

　ほかにも、このプロジェクトを通して得た知的財産戦略上で重要な事項、経験には、次のようなものがある。
①経済効果の高い発明が重要であることの認識
　当時は「価値ある発明」とは技術的に高度のものと認識されていたが、クリーニング手段としての「ゴムブレード」の発明以来、技術的に高度でなくとも事業に活用して経済効果の高い発明も価値ある発明であるという認識が高まった。

**図表1-5** 攻めの権利、守りの権利

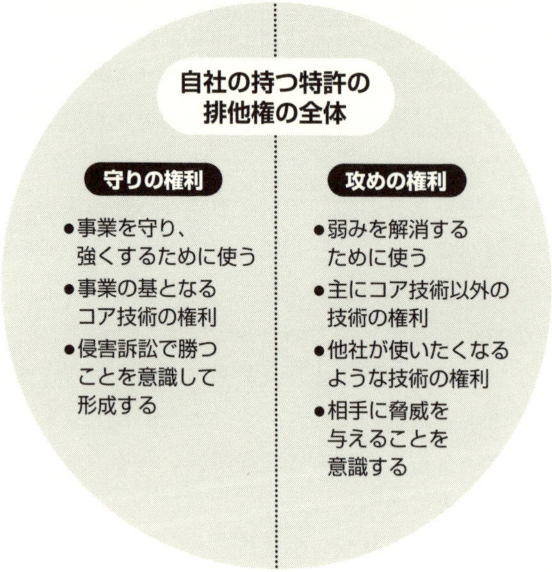

**自社の持つ特許の排他権の全体**

**守りの権利**
- 事業を守り、強くするために使う
- 事業の基となるコア技術の権利
- 侵害訴訟で勝つことを意識して形成する

**攻めの権利**
- 弱みを解消するために使う
- 主にコア技術以外の技術の権利
- 他社が使いたくなるような技術の権利
- 相手に脅威を与えることを意識する

②守りの特許群の形成

　プロジェクトで開発された重要な技術は多数あるが、NPプロセスを実行する複写機のコア技術に関する特許であるNPプロセス特許、感光体特許、ゴムブレード特許、プロセスカートリッジ特許などを事業競争力の源泉となるコア技術の特許（守りの特許）と位置づけ、強固な特許群を形成した（図表1-5を参照）。

　プロジェクトの発足からNPプロセスと関連技術が完成するまでの権利形成活動は私が行ったので、技術の全体を十分に把握したうえで、グローバルの事業を見据えた活用目的に適った各国の権利形成が可能となり、知財活動のベースとなる能力も身についた。

③特許網の継続的形成の必要性の認識

　特許網は継続的に形成していくことが必要であることを認識し、実施化技術、周辺技術の改良に努めるとともに、技術の先読みによる将来技術の開発に努め、実施化技術の延命を図るとともに、事業参入障壁の知財形成を継続的に行った。

④共同開発における成果の配分、契約の重要性の認識

　事業化に至るまでに感光材料、現像剤、普通紙等の開発で多くの会社と共同開発を行った。電子写真技術は静電気、温度、湿度の影響を受けるので現像、転写、クリーニングを良好にするには感光材料、現像剤、転写紙の開発を含めマッチングの技術が必要となるためである。当時はエアコンのない環境で複写機が使用されていたのでなおさらである。

　このような共同開発において、知財担当が交渉、契約を行い、グローバルの視点で、権利の形成、活用を意識しつつ事業目的に適う秘密保持契約、共同開発成果の技術、知的財産の配分、実施の条件などについて双方の立場で考えたうえで損しない妥協を試み、事業化に貢献できた。

⑤アメリカ企業との交渉・契約の経験

当時のキヤノンは、電子写真複写機を外国で販売する十分な販売網、サービス網を有していなかった。そこで、早期に技術を普及するために、1972年にアメリカの事務機メーカー2社とNPプロセスを採用した複写機技術の実施許諾を含む技術援助契約を締結した。この頃、日本の技術をアメリカに技術輸出するのはきわめて稀であり、ライセンス料も相当な額であった。

2社とも社長が直接交渉に来た。私も交渉に参加したがアメリカ人とのライセンス交渉は初めてであったので、アメリカ流の高圧的でタフな交渉術と勝つための対応策と将来の事業を見据えたライセンス契約の検討・作成が参考になった。続く2社目の企業との技術援助契約でもアメリカ流の詳細な契約の検討・作成が参考になった。そしてアメリカの弁護士の協力を得て、自社の将来の事業に支障のない条項をはっきり入れて締結したこともよい経験となった。

⑥ゼロックスの攻撃への対応、クロスライセンス交渉、契約の経験

NPプロセスの原理特許が1967年に公告になり、1968年にNPプロセスの原理発表（もちろん肝心な技術の開示は除いた）があった。

そのせいか、ゼロックスから秘密保持契約を条件に、NPプロセス技術の開示の申し出があった。契約の内容は合意されたが、実際は秘密保持契約なしの範囲での開示を条件に技術者が来社した。

当方としては原理発表した程度の内容の開示を予定していたが、相手の技術者の質問が巧みで、予定以上の技術を開示する結果となってしまった。

ライバルが技術を認めたという技術者の心の奢りもあったかもしれないが、相手の技術者の交渉術に交渉の原点を感じた。

その後、ゼロックスは、出願中の特許の内容を変えてNPプロセスをカバーする特許権の取得を狙ってきた。アメリカの特許はすでに確定していたので、イギリス、ドイツ、オーストラリアで試みたが要旨変更（発明の要旨を変えること）と判断され失敗した。

日本では翻訳のミスを巧みに利用し、特許庁の要旨変更での二度の拒絶審決を不服とする二度の東京高裁での訴訟で勝って、NPプロセスをカバーする特許出願が出願公告になった。

　当時、出願公開制度がなかったため、公衆審査のための出願公告になって初めて知ったのである。審査過程を詳細に検討し、拒絶査定されるべきとの異議の申し立てを行い、苦闘の末に勝つことができた。

　これとは別に、ゼロックスの所有する特許でクレームをつけてきた。ゼロックスの特許検討は十分していたので自信はあったが、ゼロックスの攻撃を絶えず意識していたので、1970年の発売に備え、アメリカはもちろんのことヨーロッパ各国の法律事務所に出向いて訴訟対応の準備活動も行った。結果として訴訟の提起はなかった。

　緊張状態が続いていた時、ゼロックスからクロスライセンスの申し出があった。技術の進歩により当方の所有する多数の特許群の価値を評価してのことであったと考えられ、当方も将来の事業展開を考慮してクロスライセンスに応じることにした。

　交渉と契約締結のためゼロックス本社に出向いた。交渉に先立ち信頼できるアメリカの弁護士からサゼスチョンを受けたアメリカ流の交渉の仕方も参考になった。私流の「損しない妥協」の交渉が成立し、長文の契約書を検討する段階に入り、いままで培った能力をフル回転して、規定された多くの「定義」の相互の関係を慎重に検討し頭に叩き込んで、長時間をかけて契約文の一貫性を重視して交渉内容との整合性をチェックした。こうして目的に適った契約を1978年に締結した。これは訴訟対応と交渉、契約の貴重な経験であった。

　複写機のプロジェクトの関係においては、このように非常に多くの経験や知識を得たが、最も大きな成果は、技術者が知財マインド、知財センスを身につけたことである。そして、このプロジェクトに参加した技術者が、後に社内のさまざまな開発部門に入り、知財経営の環境づくりと知財マインド、知財センスを持つ技術者育成に貢献したの

である。複写機のプロジェクトは、ゼロックスの特許網を突破し普通紙複写機の事業が成功した点にのみ注目されがちだが、実は、このプロジェクトの経験を通して、知的財産を重視する意識が社内に深く浸透し、その後のキヤノンの企業活動や組織に深い影響を与えたことのほうが貴重であった。

　この当時キヤノンはカメラを中心とした光学機器メーカーとして有力企業ではあったが、中規模であった。ワールドワイドに独占的に事業展開しているゼロックスとは比肩しうるべくもない状況であった。このような状況でも道は開けることを理解していただきたい。

＊本コラムに関連する資料としてDVD『プロジェクトX 挑戦者たち 第VI期 突破せよ 最強特許網 新コピー機 誕生』(NHKエンタープライズ、2003年)を参照いただきたい。

# 第2章 事業競争力を高める知財活動環境の構築

# 1 知的財産経営の環境づくり

● ──── 三位一体を確立できる環境づくりとは

　知的財産経営は、研究開発部門、事業部門、知財部門が三位一体となって行う事業運営である。この三位一体を確立するには、社内の意識をその方向に向け、知財活動環境も整える必要がある。知財活動とは、三位一体の知的財産経営を推進するための活動である（知財部門が中心となることが多い）。しかし、これは大企業であればあるほど難しく、また、知財部門が先頭に立っても行えるものではない。社内の意識を変えて知財経営の環境をつくるという大きな動きは、経営者から始めるのが最も望ましい。

　効果的な環境づくりの方法は、社長が先頭に立って号令をかけることである。たとえば、年頭あるいは年度の初めの挨拶で、重点テーマの一つとして必ず「知的財産」を入れる。この段階では、具体的な内容にまで落とし込む必要はない。全社員に「知的財産を重視する」というメッセージが伝わればよいのである。次に部門の責任者が自分の管轄に向かって、事業に合った形で少し具体性を持たせて知財重視を伝える。さらにその下の本部長、そして事業部長が同じように知財重視をアピールするというように、組織に沿って、次第に具体的かつ詳細にしながら知財重視の方針を伝えていく。このように全社に知財重視を伝えることにより、社内に知財マインドが形成されるはずである。

　しかし、社長や経営陣が知的財産に関心を持っていなかったらどうするか。ここは知財部門の出番である。経営者に対して、知財経営がどれだけ事業にメリットを与えるかを具体例をもって提言する。知財の担当者のなかには、自社のポートフォリオをつくり、半年ごとに経営者に報告しているにもかかわらず、経営者が知的財産を重視してくれないと不満をもらす人もいる。しかし、ポートフォリオだけで経営者の関心を知的財産に向け

ようというのは、土台無理な相談だ。経営者に理解させるには、自社の事業の利益と絡めて話さなければならない。

経営者に知的財産の大切さを伝える有効な手段の一つは、他社の失敗例を見せることである。他社が特許権侵害で事業を差し止められ、損害賠償を支払った事例を突きつけられれば、経営者は大変な脅威を感じると同時に、知財経営の重要性を痛感するはずだ。

日本企業、とりわけカメラ業界に、知財の重要性をたちまちのうちに知らしめた事例がある。1970年代に起こったコダックとポラロイドの係争である。

ポラロイドは、1940年代後半に撮影と同時に現像が行えるフィルムを使ったカメラ、いわゆるポラロイドカメラを開発。以来インスタントカメラの生産・販売を手広く行っていたところ、ここへコダックが参入してきたのである。これに対し、ポラロイドはコダックが特許権を侵害しているとして訴訟を起こし、勝訴した。

裁判で負けたコダックは、高額の損害賠償を支払うのみならず、事業を差し止められた。コダックとポラロイドのカメラでは、フィルムの互換性がなかったため、コダックのカメラを購入した消費者はカメラを使えなくなり、市場に出回っていたカメラはすべて回収となった。顧客にも甚大な被害を与える結果となったのである。

この事件は、知的財産に重きを置いていなかった日本の経営者を震撼させ、海外、とりわけアメリカで事業を行うためには知的財産は無視できないことを、研究開発部門、事業部門にも悟らせた。そして、これを契機に日本企業の知財部門の組織がワンランク大きくなったのである。

経営者への説得は硬軟両様の構えで当たる必要がある。脅威を与えるだけでなく、知財の効用も見せるのである。ここで言う効用とは、社内の成功事例の積み重ねである。

研究開発部門、事業部門のために知財担当者が活動し、研究開発部門や事業部門に感謝されれば、いずれ経営者の知るところとなる。知的財産を大切にすることで、研究や事業がよい方向に向かう事例を目の当たりにすれば、経営者も知的財産重視のメリットを肌で感じるはずである。

大企業に比べ、中小企業は知財経営の環境をつくりやすい。経営トップが全社の状況をつかんでいるため、研究開発部門、事業部門を一体とした活動を行いやすいからだ。しかし、残念なことに中小企業は知財部門が弱い傾向にある。ここを補強するには、なによりもまず、経営者自身が知財マインドを持たなければならない。優れた技術を持っていても、知財経営ができなければ、結局のところ大企業に合法的に技術や知的財産を取られてしまい、中小企業は強くなれない。経営者はこれを心に留めておくべきである。

　経営者に知財経営の意識があっても、中小企業では手が回らないという声もある。社内で行えなければ、積極的に外部（社外）の経営戦略に適った弁理士を活用すればよい。その際のポイントは、自社の事業を深く理解し、自社事業戦略に合わせた知的財産戦略の活動をしてくれる弁理士を探すことに尽きる。

## 知的財産経営に至る道のり

　読者のなかには、知財部門に属し、知財経営を実践したいと思いながらも一担当者の立場ではとても経営陣を動かせるものではないと感じている人も少なくないだろう。たしかに経営者に知財マインドがなければ、いっきに知財重視の経営に変わるというわけにはいかないかもしれない。しかし私はあえて、一担当者からボトムアップで知財経営を実現することも不可能ではないと言いたい。なぜなら私自身がそれを体験しているからである。

　私は、1960年にキヤノンカメラ株式会社（現キヤノン株式会社、以下キヤノン）に入社し、特許課へ配属された。先輩たちが退職した直後で、課員は翻訳担当の人、図書係の人と私。それに、この年の4月に設計課長から特許課長に就任した課長を加え、総勢4人の課であった。私は、知財についての知識もなかったし、特許課の仕事そのもの

もおもしろいものには感じられず、当初は技術部門に入りたい一心で異動願いを出し続けていた。

こうして2年が過ぎ、新人が一人配属されたのを機に、課長から技術部門への異動の許可が出た。しかし、当時の技術開発の最高責任者鈴川溥氏から、将来はデザインと特許が大事になるとの話があったことと、1962年に普通紙複写機の開発が始まり、ゼロックスの特許の検討を任されたことから特許の仕事にやりがいを感じるようになり、異動はせずに知財を一生の仕事にしようと決心したのである。

この当時、キヤノンには知財の仕事の何たるかを教えてくれる人はいなかった。知財活動の参考書もなく、外部の研修機関もない時代である。参考となるのは、せいぜい特許法逐条解説、特許公報、判例集と特許法解説書2冊ぐらいだった。特許の仕事をするからには専門性を高めようと思った私は、弁理士試験に挑戦することにして、独学で特許法および必要な法律の猛勉強を開始した。なにしろ残業後の勉強なので、睡眠時間が3時間という日も少なくなかった。こうして3年かけて弁理士の資格を得たのである。

当時合格率は2～3％であったと思うが、当時の試験では法文集を見ることが許されず、技術系の私には論文試験に特許法等の条文を記憶することしか術がなかった。これで記憶能力が増進し、後の仕事にとても役立った。

面接試験では実務に関し立て続けに奥深い質問を受けた。後に知ったのだが面接試験官は名著『特許法概説』の著者で有名な吉藤幸朔先生であった。これが先生との最初の出会いであった。

一方、社内での仕事は自分で考えてつくるしかない状況である。私は自分の仕事を構想するための指標を「事業のために役に立つ」ことに置いた。発明者に喜んでもらえる仕事、事業部門に喜んでもらえる仕事をしようと考えたのである。そのためには、発明者や事業部門の人たちと密に接触し、彼らのやりたいことを理解して、それをかなえ

られるような知的財産戦略を練らなければならない。そこで、研究開発部門、事業部門に足しげく通った。自分の席に座っていることはほんどなく、本籍は知財部門だが現住所はどこにあるのかわからないくらい他部門と交流した。これが、後に研究開発部門、事業部門、知財部門の三位一体の形成につながったのである。

このような活動を地道に続けているうちに、発明者や事業部門の人から、「ありがとう」と言われるようになった。研究開発部門、事業部門に「知財のおかげで」という気持ちを持ってもらえたのである。そして、研究開発部門、事業部門のこの気持ちが次第に全社に伝わり、知財マインドが形成され、経営者に知財経営の大切さを理解してもらう結果となった。

たしかにキヤノンは他社と比べると、危機意識が強く、常に新しいものに挑戦することで、勝ち抜こう、生き残ろうとしていた企業であり、電子写真方式の普通紙複写機での経験から知財経営と知的財産戦略の重要性を身をもって理解した特異な企業なのかもしれない。しかし、どのような企業でも一人の知財担当者が知財経営のきっかけを与えることは可能なはずであるし、それを実践してこそ知財担当者としての仕事のやりがいが生まれるはずである。

## ●───源流に入り、源流から下流を、下流から源流を見る

知財経営のためには、全社の技術の状態および、その強み、弱みを知財部門が把握できる体制をつくらなければならない。これには縦の連携と横の連携が必要になる。

まず、縦の連携だが、技術の大もとということで研究所を「源流」とし、事業部を「下流」として考える。このなかで知財部門が行うべきことは二つある。一つは「源流に入る」ことである。知財の担当者が研究者と一体になって、事業の展開も考慮しながら、どのような特許を取るべきかを考

える。こうすることで、よい権利を取れるようになる。

　もう一つは、源流に入って、源流と下流の交流の場をつくることだ。具体的には、研究所と事業部で、お互いどのような目的で何を行っているかを発表させる。研究所の研究成果は社内報に掲載され、事業部でもそれを読むはずだから、強いて交流の場をつくる必要はないと考える人もいるが、社内報に出てからでは遅いのである。研究所と事業部の交流は「先読み」につながるため、少しでも早いほうがよい。

　企業の研究所は、本来は、事業のための研究をする部門である。したがって、事業と関連性を持ちながら研究を進めなければならない。研究所は事業部と交流することで、事業が求めるものを知り、それに応じて研究の方向性を定めることができるようになる。また、研究成果を事業に適用する場合に起こりうる問題に関しても、研究者自身が早い時期に認識できるため、早期に適切な権利化が行えるのである。

　一方、事業部の開発担当者は研究所の研究を知ることで、それを事業に取り入れると商品がどのように変わるかを推し測れる。川上（源流）が成功したら、それをどう取り入れて、どのようなものを開発していくかを早い時期から検討できるのである。

## ●───各研究開発部門を横串で見る

　複数の事業部がある場合には、源流と下流を融合する縦の連携に加え、横方向にも全社を串刺しにして（横串で）見通す必要がある（図表2-1を参照）。現在は、標準化技術も含め、各種の技術がデジタル化されているため、事業部ごとに商品が異なっていても、技術そのものは関連していることが多い。そこで、知財部門では技術ごとに担当者あるいは担当グループを決め、たとえばA技術の担当者は、同じ技術が関係しているすべての事業部の研究開発部門に入り込むようにする。これにより、知財担当者は、Aという技術に関して会社全体の視点から把握できるようになる。ほかの技術についても同じようにすれば、知財部門が技術ごとに全社の動向をつかめるのである。

**図表2-1　事業の壁を越えて横串で実施する知財活動**

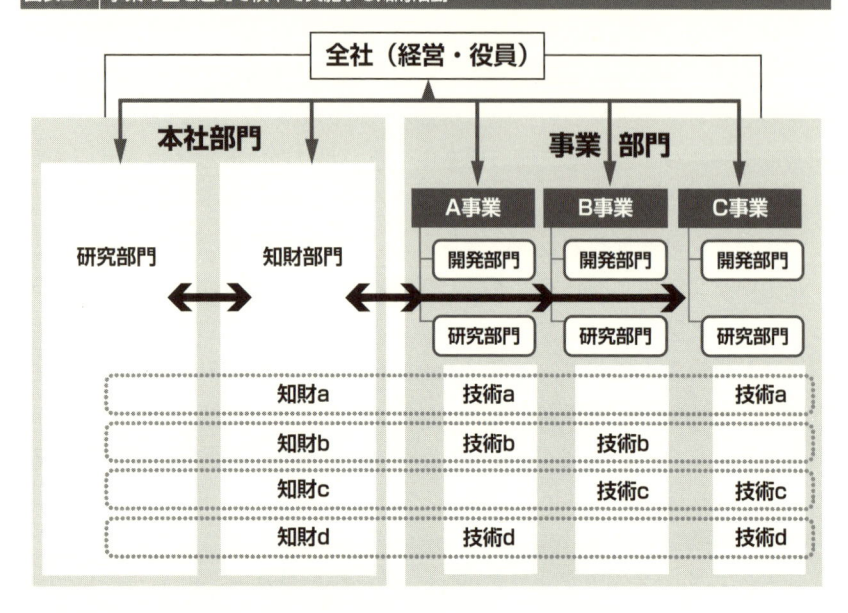

```
                    全社（経営・役員）
         ┌──────────────┼──────────┬──────────┬──────────┐
         ↓              ↓          ↓          ↓          ↓
    ┌──本社部門──────────────┐  ┌───────事業部門────────────┐
    │                        │  │  A事業     B事業     C事業 │
    │                        │  │  開発部門  開発部門  開発部門│
    │  研究部門 ←→ 知財部門  │←→│                            │
    │                        │  │  研究部門  研究部門  研究部門│
    │           知財a          │     技術a              技術a  │
    │           知財b          │     技術b    技術b            │
    │           知財c          │              技術c    技術c   │
    │           知財d          │     技術d              技術d  │
```

① 本社部門の知財部門が全社の知的財産を統括し、経営に資する知財活動をする。
② 知財部門は本社研究部門及び各事業部門と常時の密接な連係活動をする。
③ 知財部門は事業部門の壁を越えて横串で知財活動をする。
④ 知財部門は全社の重要な技術（例えばa、b、c、d……）担当別組織とし、担当する技術（例えばa）の担当者は、技術aが関係する本社研究部門、事業部門の研究開発部門の知的財産活動をする。技術b、c、dの担当者も同様な活動をする。
⑤ 知財部門の担当者は担当技術についての各研究開発部門の技術、知的財産の強み、弱みを十分に認識すると同時に担当技術について全社的な技術、知的財産の強み、弱みを把握することができる。
⑥ 知財部門は各技術の強み、弱みを統合することで全社の重要な技術について本社研究部門、各事業部門別の技術、知的財産の強み、弱みを十分に把握すると同時に全社的な技術、知財の強み、弱みを十分に把握できる。
⑦ 知財部門はこれらの技術、知的財産の強み、弱みの把握によって各部門の事業戦略及び全社経営戦略に適った戦略的な知財活動が可能となる。

　縦の連携を強めつつ、知財部門が全社の技術を横串で見る活動体制を構築することで、知財部門は全社の技術、事業の動きを常にとらえられ、全社の技術、知財の強み、弱みを常に把握して、その情報を基に経営者に提言できるようになる。また、事業ごとの強み、弱みの把握に加え、全社の強み、弱みを把握することは権利形成のみならず知財交渉、契約の締結においてもきわめて重要である。

知財担当者が技術を一つの単位として、全事業部、研究所に入り込めるようにするには、組織上での知財部門の位置づけが肝心である。事業部ごとに知財部門を置いている形の組織では、事業部の壁があって横串を通した情報を手に入れにくい。知財担当者が個々の事業にサービスすると同時に、全社に対して活動を展開し、知財経営に資することができるようにするには、知財部門は本社機構に属していたほうがよいのである。

## 2 知財部門の環境づくり

### ●──知財部門の仕事と評価は見えづらい

　社内で縦横の連携を深め、知財マインドも育ち、知財経営が軌道に乗ったとしよう。この時に外から見えるものは事業の成功であり、そこまでの過程において事業の持つ弱みを解消してきた知財部門は何もしていないように映る。場合によっては存在すら見えないかもしれない。知財部門の活動は部外者からは見えにくく、評価もされづらいものなのである。
　しかし、事業部門自身がその事業の持つ弱みを当初から認識していれば、それを解消した知財部門の貢献の大きさは理解できるはずだ。事業部門が強みと弱みを認識し、弱みの解消の責任を持ったうえで、知財部門が弱みの解消を実行する。この役割分担がしっかりできていれば、事業部門から知財部門の働きはおのずと評価されよう。
　評価にあたっては、事業における儲けのように知財部門の働きが金銭的にいくらの価値があるかという考え方をする必要はない。弱みが解消できなければ事業は実行できなかったはずであるし、事業が実行できなければ、事業部の利益計画は達成できない。事業部の目論見どおりの利益を達成できたのなら、知財部門の貢献がたしかに存在したのである。
　事業部門が弱みを認識し、それを解消してくれたのが知財部門であると

理解していれば、事業部門は「知財が稼いでくれた」、「知財のおかげで事業ができた」と評価するはずであり、知財部門としてはそれで十分なのである。社内のいたるところで「知財のおかげで」という言葉が出るようになることが、知財部門への評価である。

これを知財担当者の働き方のほうから考えてみよう。知財担当者は評価されることを目的として働くのではなく、「事業計画の達成」という事業部の目標をかなえるために働くべきである。「この事業が成功するか否かは自分の仕事にかかっている」くらいの気概を持てば、仕事の張り合いも出てくるはずだ。

では、事業を成功させ、計画を達成させる知財の仕事のやり方はというと、これには決まった方法はない。知財の仕事にはマニュアルがないのである。日々状況が変化するなかで、知財担当者が行うべきことも刻々と変わる。明細書一件をとってみても発明ごとに違う。知財の仕事は、自分で考えて、戦略を練り、長期的にそれを実行していくしかない。もちろんこれをたった一人で行うわけではなく、知財部門のなかで協力して進めるのだが、この過程で大事なのは、部門の長が、長期的な戦略を持ち、これを継続的に実行するという確固たる考えを持ち、方向を見誤らずに決定を下していくことである。

そして、その決定に従って、知財担当者が動ける環境をつくる、すなわち担当者が研究開発部門や事業部門に入れるような環境をつくるのもまた、知財部門の責任者の仕事である。

● ──やる気を起こさせる環境、組織、担当、評価をつくる

知財の仕事では、組織による力よりも個人の力がものを言う。このため、知財部門の組織は、縦で固めるよりもフラットなほうがよい。もちろん新人を教育したり、プロジェクトで取り組む際のリーダーは必要なので、まったくのフラットにはならないが、経験を積んで仕事ができるようになった担当者が、それぞれに独立して活躍するというのが知財部門の望ましい形である。

担当者の一人ひとりが自分で考えて行動できる組織にするには、担当者の知財マインド、知財センスのスキルアップが必須であり、それには各人の「やる気」が欠かせない。

　やる気を起こさせる環境づくりの一つが、自分が担当する技術がかかわる事業のワンサイクル（研究開発 → 商品開発 → 生産 → 販売 → サービス）すべてに関与させることである。ある担当者（グループ）には、Aという技術を任せて、全社とやり取りをさせる。そうすれば、その担当者は、全社の状況を把握でき、A技術が複数の事業部で使われているかどうかもわかるし、どの事業部がA技術に対して強み、弱みを持っているかも見える。そのうえで権利化作業をさせる。さらに担当者を交渉、および契約や訴訟の場にも参加させる。こうすることで、担当者は自分が権利化した知的財産がどのように活用されるかを体験できるのである。さらに、知財創造のワンサイクル（創造 → 権利化 → 活用）と事業のワンサイクルのなかに入らせることで、発明が生まれた時に両サイクルを連動して頭に描きながら、どのような権利を取ればよいかという知恵が湧くようになる。こういうチャンスを与えて、全体像をつかめるようにする教育と訓練を行うことは非常に大切である。

　また、知財の担当者は研究所、各事業部に入り込んで仕事をすることになるので、他の部署に入りやすい環境も必要になる。たとえば、知財担当者は契約にかかわることもあるが、契約の対象となる重要な情報は、ほとんどの場合、事業部のなかの職位が上の人が持っている。そこへ知財の若い担当者が一人で行っても受け入れられ、必要な情報を入手できる体制になっていなければならない。

　こうした知財担当者を評価する際には、成果を短期で見るべきではない。短期で評価しようとすると、出願件数など数値化されたデータを見がちになる。しかし、知財で本来行うべき仕事、すなわち将来に向かって戦略的によい権利を取得する作業には長い時間がかかり、このような特許は大量に出願できない。件数を基準とした評価では、長期の視点を持った仕事は評価が低くなってしまう。評価が低いとなれば、時間も手間もかかる仕事を避けようとする動きが出てきて悪循環に陥る。

知財担当者の評価は、出願件数ではなく、長期的展望に立った戦略を考えているか、それに沿って行動しているかを基準とすべきである。長い目で見た評価が結果として長期的な知的財産戦略を可能にし、企業の成長を支えることとなる。

　研究開発部門、事業部門、知財部門が三位一体となった活動をするには、3部門それぞれにインセンティブを与える制度も必要である。現在、法律で対価を払うことが定められているのは発明、考案、意匠のハードウエア系だけであり、ソフトウエアの開発や知財活動については何ら考慮されていない。法律に従っているだけでは、ハードウエア系は職務発明として対価を得やすいものの、ソフトウエア系や知財は評価されにくく、奨励制度として公平さに欠けることになる。

　三位一体の活動をするのであるから、評価も三部門に公平にすべきである。たとえば、ソフトウエアの開発者や知財活動に貢献した人のために、職務発明と同じような表彰制度を設けるのも一つの方法だ。その表彰制度は、あくまでも企業活動のなかでのすぐれた働きに報いるものとし、全社表彰と事業部表彰があってもよい。事業部表彰は事業部が求めていることを行ったかどうかという観点に立つ。副賞は金品でもかまわないが、海外の子会社や関連会社の見学に行かせるといったことも、特に若い人には大きなインセンティブになるものだ。

## ●───知財担当者のローテーションは不要である

　企業においては、当たり前のごとく人事のローテーションが行われている。しかし、知財部門がローテーションに組み込まれてしまうと、いずれ他部門に移ることを考え、短期間のうちに成果を出そうとする人が出てくる。本来、知財部門の活動として必須である長期的な戦略を練ったり、実行する人がいなくなる恐れさえある。知財担当者が十分に本領を発揮するには、知財部門に長期間在籍したほうがよく、知財部門内のローテーションはともかく、他部門へのローテーションはないほうが望ましい。

　企業によっては、研究開発部門や事業部門にローテーションをかけて、

3部門くらいを経験しないと昇格できないところもあるようだ。しかし、知財担当者にはローテーションは不要であろう。知財の視点で事業を理解し、知財の視点で研究開発を理解できればよく、自分自身が事業や研究開発に携わる必要はないからである。それどころか、研究開発部門に行って、一つのテーマを研究していたら、全社的な動きがわからなくなってしまう。

　事業部門に行っても、そこで何か一つの仕事をしているだけでは、全体が見えない。それよりは知財にいて、それぞれの担当者や責任者とコンタクトして情報を得るほうがはるかに事業も理解でき、研究開発も理解できる。新人を採用し、若い時から知財マインドと知財センスを得た知財担当者が知財の視点で技術と事業を理解したほうが、知財人材としての成長度が高い。

# 3　知財人材の育成

## ●───「No」を「Yes」にできる新人を育成する

　知財部門の役割は三位一体の活動を基に、事業戦略を優位に実行せしめる知財力の形成と知財活用活動を行うことにある。
　このためには知財担当者が「事業のために活動する」意識を持つことが基本となる。配属された新人の教育で大切なのは、この意識と知財マインドを植えつけることである。教育しても、この意識を持てない人は知財人材としては不適格であると言っても過言ではない。
　新人教育において気をつけなければならないのは、相談された案件に対して厳しい法律判断を基に「No」と言うだけで、それを合法的に「Yes」にする知恵と活動ができない知財担当者をつくらないようにすることである。
　知財部門の活動に必要とされる基本的知識は、技術、知財法、語学である。しかし、この3つを備えた人はめったにいない。技術系、法系、文系

にこだわる必要はないが、技術は知財のどの部門（事務管理などは別にして）に配属されても関係してくる。技術を避けていては、知財担当者は務まらないため、技術に親しむ教育は必須である。そして、学校で数年学んだ学科で技術系、法系、文系と分けるのではなく、会社で何をしたかによってその人の専門性が培われることを意識づける必要もある。

　3つの基礎知識を身につけるには、自己研鑽ないしは外部の研修機関を活用するのが好ましいが、自社に即した知財マインドと知財センスの育成、自社の技術・事業を知るための育成、目的に適った権利形成のスキルの育成のためには、社内研修とオンザジョブ・トレーニングが必要になる。

　知財部門に配属された人は、学校で学んだこと以外のことを学ぶことが多いので、仕事のおもしろさを感じられず、1年もすると挫折する人も出る可能性がある。このことを踏まえて、配属の時に、知財の仕事は3年間はあまりおもしろくなく、5年たつとおもしろくなり、10年たつと自分で仕事をつくれるようになりとてもおもしろくなるとはっきり伝え、将来に希望を持たせることも大事である。

## 技術を理解し、発明を権利として表現する基礎スキルのトレーニング事例

　技術に親しみ、知財の活動の原点となる権利形成の基礎スキルを身につけるため、新入部員全員に『特許からみた「特定の技術」の発展史』と題するレポートを6カ月の期間を与えて書かせた。「特定の技術」は会社の基盤技術のうち本人が担当する技術である。たとえばレンズ技術が担当であれば、レンズ技術に関する過去から現在までの特許公報を全部読ませる。読む視点として3点を指示する。1点は先行技術としてレンズ技術を理解する、2点はレンズ技術の発明を理解し特許明細書に表現する、3点はレンズ技術の発明を権利として特許請求範囲に表現することである。

配属部門の長の指導の下、特許公報の調査の仕方、技術情報としての見方、権利情報としての見方の基本知識を得たうえで、実際に特許公報を読み込んで基礎スキルを修得させるのである。
　発表会で発表させ、理解度を確認したうえで次のステップとして権利書としての「特許請求の範囲」の記載方法について徹底的に指導する。
　新入部員、先輩、上司が合宿し、新入部員全員に、同じ発明について説明させ、権利取得の目的を明確にして、目的に適った「特許請求の範囲」をつくらせ、互いに講評し合い、最後に先輩、上司が解説する。これを、発明を変え、目的を変え、何回も繰り返し、権利形成の基礎スキルを習得させるのである。
　先行技術を知り、発明を理解し、目的に適った権利形成のスキルは、発明者と協同しての権利形成活動には欠かせないのである。

## 知財部員を事業の全サイクルにかかわらせる

　知財部門の活動は組織の力で行うことも多いが、基本的には担当者の能力に依存する。担当者の仕事の結果の良し悪しの判断は上司でも事実上できないからである。
　担当者の能力を高めるには、まず知的財産の創造サイクルと事業の全サイクルに連動して活動できるようにする。知的財産形成を主な担当とする部員の場合、担当する技術範囲Aに関係する知的財産の創造サイクルのうち、創造（研究開発の成果）、権利化（権利形成）は得意であるものの、活用（交渉、契約、訴訟）の分野は不得意であることが多い。そこで技術範囲Aに関係する交渉・契約案件の際には、交渉・契約を主な担当とする部員とペアを組ませ、交渉・契約部門の上司からオンザジョブ・トレーニングを受けるようにする。訴訟についても同じような方法でオンザジョブ・トレーニングをする。
　このようなトレーニングにより、交渉・契約や訴訟の担当者のほうも、

権利形成を主担当とする部員を通じて技術範囲Aのアップデートの情報と連携による活動で能力が向上するという相乗効果もある。

　同じように、交渉・契約を主な担当とする部員もまた、オンザジョブ・トレーニングで育成する。たとえば、国内外での交渉の場に同席させ、発言は許さないが、交渉主体の立場に立って考えさせる。そして交渉終了後に、自分だったらこう交渉した、なぜあの時相手はあのように言ったのか、なぜこちらはこのように言ったのか、もっとこうしたらよかったのではないか等々、担当部員が現場で感じたことを基に、交渉主体である上司が理由を説明し、最善の方法をディスカッションする。これを交渉がまとまるまで毎回繰り返す。ただし、交渉そのものは交渉主体が行うのであって、担当部員にはけっして発言させてはならない。

　交渉のトレーニングの次は契約である。交渉がまとまったら、契約書の骨子を書かせ、そこでまたディスカッションしながら契約書の骨子をつくり上げるトレーニングをする（交渉、契約については第7章を参照）。

　このようなオンザジョブ・トレーニングは、一般にトレーニングする人の能力までが限界だと言われる。トレーニングする側の人材の能力に疑問を感じるような時には、実践経験が豊富な外部の専門家の助けを借りるのもよい。

　知財部門の担当者は知財の最新の情報、知財の先読み、担当する技術、事業に影響を与える法律、規制の動きを得るため、あるいは必要な情報を伝えて検討を促すため、製品に関連した法務全般を担当する部門（キヤノンにおける「製品法務委員会」のような機能を有する部門）と適時に連動させることも必要であろう（「製品法務委員会」については第8章を参照）。

　また、海外における権利形成、交渉、契約などのトレーニングにおいては、各国の特許法律事務所の信頼できる専門家に援助を求めるようにする。国ごとに特許制度、運用、慣習、文化などが違うからである。基本は日本でも習得できるが、実践方法は現地で学ぶのが好ましい。

　現地法人の知財のマネジャーを育成するには、現地に赴任させ、比較的長い期間をかけて、知財の仕事をしながら実践的に習得させるのもよいが、多くの部員に経験させるには、トレーニーとして1〜2年現地に派遣する

という方法もある。この場合は、慣習と文化の理解を中心に、専門家との交流のキモを習得させ、帰国後に現地の専門家と良好なコミュニケーションが図れるようにすることを主目的とするのがよいであろう（海外の専門家のとの連携については第8章を参照）。

## 知的財産の意識が薄いために事業の継続的優位性を確保できなかった事例

　技術や商品を知的財産で保護できないと何が起こるのか、一つの失敗例を紹介しよう。先に述べた電子写真普通紙複写機開発プロジェクト（第1章のコラム「複写機にみる三位一体の事業創出事例」を参照）が進行しているさなか、これに並行してもう一つプロジェクトが進んでいた。電子式卓上計算機「電卓」開発プロジェクトである。キヤノンでは事業の多角化の最初の試みとしてシンクロリーダーの開発を行った。事業そのものは失敗だったのだが、この開発に関与した電気技術者が中心になって、電卓の開発を自発的に進めていたのである。そのため、カメラ以外全部を一人で担当していた私もこのプロジェクトの存在を知らなかった。電卓のプロジェクトから発表が迫っているので至急特許を出願してほしいと依頼があって、初めてその存在を知ったようなありさまだった。

　いまでこそ「電卓」といえば誰でも使っている装置だが、1963年に、キヤノンで電卓の特許を申請することになった時には、比較対象もなく、どこに特許性があるのか見当もつかなかった。会社が頼んでいる外部の弁理士も同様だ。いっぽう、開発者は技術はわかるものの、知的財産のことをまったく知らないので、やはり特許を取るべきポイントがわからない。

　開発者と弁理士、それから知財担当の私の3人で、徹夜で知恵を絞っても、どのような特許にすべきか皆目見当がつかず、結局、計算方

法に特許性があると考えて、加算、減算、乗算、除算などの計算方法を全部明細書に書いて申請した。計算方法をまとめて思想化できれば、よい特許が取れたのかもしれないが、単に実施形態だけを記載した状態であった。電子写真で精一杯な状態であったので、基本的な特許は1件の出願で済ませてしまった。

　電卓は1964年に商品化し、同年、早川電機工業株式会社（現シャープ株式会社、以下シャープ）も電卓の販売を開始した。キヤノンの電卓の独自性に気づいたのは、シャープの商品を見た時であった。シャープとキヤノンとではまったく異なる数字キーのシステムを採用していたのである。シャープはフルキーシステム（各桁に0から9までのキーが並んでいるシステム）であったのに対し、キヤノンはテンキーシステム（0から9までのキーが1組だけのシステム）を使っていた。

　キヤノンの発明のポイントの一つは、紛れもなくこのテンキーシステムであった。フルキーに比べてキーボードの面積が少なく、圧倒的に有利である。ところが、特許は計算方法のみで、テンキーシステムについては取得していない。あわてて最初に出願したものから分割して、テンキー式電卓で特許を取ろうとしたが認められなかった。

　最初からテンキー方式の独自性に気がついていれば「テンキー式モバイル機器」の特許が取れたかもしれないと思うと残念でたまらない。実際にこんな広い特許が取れたかどうかはわからないが特許性のポイントに気がつかなかったこと自体は失敗である。

　この結果、またたく間にシャープもテンキーに変え、後から参入するメーカーにもテンキーが採用された。キヤノンが参入障壁を築けなかったのである。その後、電卓は価格競争へと向かい、特許だけの問題ではないが最終的に1位、2位をシャープとカシオが占めて、3位以下はほんのわずかな事業しかできない状態で落ち着いた。

　キヤノンは、技術力と商品開発の力で競争力のあるはずの製品を得たものの、その技術や商品を知財で十分に保護できなかったために優

位性を持続することができなかったのである。
　この失敗の原因は、開発時から知財が連動して戦略的権利形成ができなかったこと、研究者も知財マインドと知財センスに欠けていたことにある。知的財産の意識が薄いと、せっかくよい発明をしても事業の優位性を確保できないという例である。

# 第3章 研究開発における知的財産戦略

# 1 事業目的に沿った技術の創造

## ●——全事業に共通する「基盤技術」を創造する

　技術系企業においては、基盤技術、コア技術およびそれらを延命化するための技術という3種類の技術の創造が求められる。本書で述べる「基盤技術」とは、企業の全事業に共通する技術のことである。技術系企業には、どのような製品をつくろうと、その企業に共通の技術があるはずである。企業としての強みの元となる技術と言ってもよい。したがって、本書における基盤技術は、必ずしも技術のレベルにおける「基盤」とは限らない。

　3種類の技術が具体的にどのようなものか、キヤノンの例を挙げると、光学技術、精密技術、画像技術、制御技術が基盤技術であり、複写機におけるプロセス技術、感光ドラム技術、ゴムブレードクリーニング技術、プロセスカートリッジ技術、プロセスカートリッジを本体に結合するインターフェース技術、オンデマンド定着技術などがコア技術にあたる。このコア技術の改良技術、周辺技術が延命技術に相当する。これらの技術を開発し、事業競争力を高めることを目的に知財活動を行うのである。

　基盤技術の創造は企業を存続させるために重要であり、かつ、知財経営の源泉となる。研究開発の成果こそが知的資産だからである。基盤技術の創出は、自力で行う場合と、他社との協力体制すなわちアライアンスを構築して行う場合がある。

　また、基盤技術は、新規事業のための技術を創出するベースともなる。これは、事業部門が事業の方向を決め、それに向かって新しい技術をつくり出すという形で行うこともあるし、技術部門が将来の技術の方向性を検討した結果、どの技術に取り組むかを決めることもある。いずれにしても直接に現行製品とは関係しない将来に向かっての研究となる。

## ●──── 事業競争力を高める「コア技術」を創造する

　基盤技術が全社共通の技術であるのに対し、特定の製品の競争力の中心となる技術を「コア技術」と呼ぶ。コア技術は基盤技術に関係していることもあるが、それ以外の技術のこともある。
　一つの製品は複数のコア技術から成り立っているものである。コア技術のうちの一つを確保すれば、その製品を製造する企業群の一社となることができる。このためには、事業部による製品企画の段階から、コア技術の分析、把握を行い、自社の参入ポイントとなるコア技術を特定して、そのコア技術の確保を図る知的財産戦略を立てる必要がある。
　さらに、競業者の特許権を分析し、自社のコア技術に影響を与える特許権（弱み）を認識し、その特許権の無力化、あるいは影響を抑制する対策を立てる。そして、製品の上市時期を見定めるのである。ライバルを無視して（弱みを解消しないで）事業を開始すると、ライバルによる特許権の行使により、製造差し止めを受けたり、係争解決のためコア技術をライセンス供与せざるをえなくなる状況につながり、痩せ馬の先走りのごとくになるリスクがあることも忘れてはならない。
　このような技術創造の動きの基礎となるのは、先読みの力と研究開発部門、事業部門、知財部門が三位一体となった常時の連携、融合活動である。

## ●──── コア技術の延命を考慮した技術を創造する

　発明した技術が事業化されるまでには時間がかかるものである。それが製品のコアとなる技術であれば、競争力の長期維持をいかにして図るかが課題となる。特許権の存続期間は20年しかない。したがって、基本特許を1件だけ取り、これで事業をしようとしても、事業化の時には権利の存続期間が2、3年しか残っていないという事態が生じることもある。これでは持続的な競争力は得られない。
　発明した技術を最大限活用するには、事業化のタイミングをにらみつつ、

**図表3-1　コア技術の延命化のイメージ**

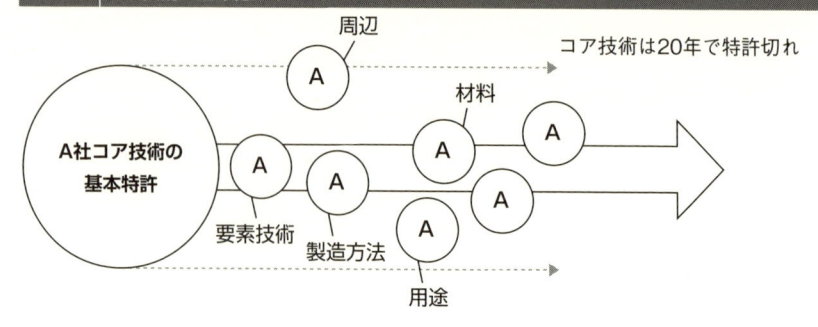

```
                周辺                    コア技術は20年で特許切れ
                 A ─────────────→
                        材料
   A社コア技術の    A    A       A
    基本特許      A   A       A
                要素 製造方法  A
                技術         用途
```

コア技術の基本特許は切れても、改良・周辺特許群によって、実質的な延命化が可能となる

技術そのものの延命化を図る。延命の方策としては、コア技術の事業化に必要な改良技術と周辺技術の確保がある。コア技術の改良技術や周辺技術の特許権を取ることで、事実上コア技術が延命され、事業化した後も排他権として十分に機能するようになるのである（図表3-1を参照）。

　これを複写機の例に当てはめると、感光ドラムそのものの改良を継続することやゴムブレードの改良がコア技術の延命であり、これらの改良が、プロセスカートリッジ技術自身の改良、周辺技術の改良によるプロセスカートリッジの延命の強化ともなる。もっとも、この例では、ドラムとブレードはセットでとらえることもでき、ドラムの改良とそれに適したブレードの開発、さらには、トナーの進歩に適したドラムやブレードの開発となる。そして、ドラムの開発スペックに合わせて、ブレードの要求仕様、トナーの特性を決めることで、ブレード・メーカー、トナー・メーカーの機先を制し、アライアンスを有利に進めることができる。ライバル・メーカーに対する供給制限も期待でき、改良品の先行期間を長くし、事業競争力の持続的強化につながるのである。

## 各事業サイクルにおいて活用できる技術を創造する

　発明が事業化できても、まだ安心はできない。事業開始後は第三者によ

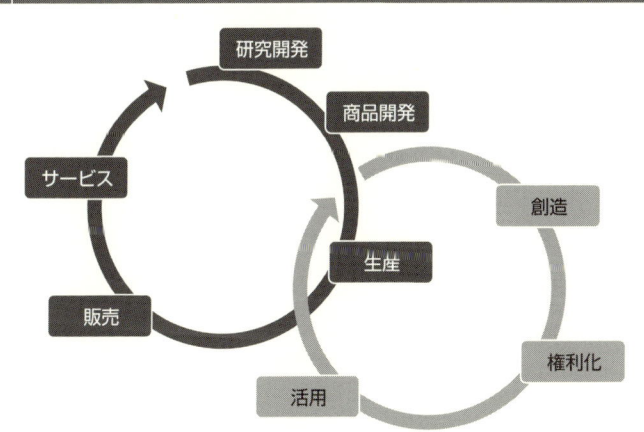

**図表3-2** 事業サイクルと知財創造サイクルの連動

知的財産を目的に適うように活用するには、知財創造サイクルを事業サイクルと連動させなければならない。また、二つのサイクルが連動することにより、事業サイクルの各段階における参入を予測し、その障壁となる守りの権利を形成することもできる。

る参入を警戒しなければならない。参入は事業サイクル（研究開発→商品開発→生産→販売→サービス）のどの段階でも起こる可能性があるため、各段階における参入を阻止するための技術開発も必要になるのである（図表3-2を参照）。

　開発から販売までの段階で参入が予想されるのは、主に同業他社なので、その技術や動向を見ながら、事業への参入を防ぐための技術を開発すればよく、これは比較的わかりやすい。

　ところが、サービス段階になると同業他社以外の思いがけない企業が参入するケースがある。この段階における第三者の参入を防ぐことの難しさは、相手を絞って対応できないところにある。サービス段階に関しては、相手がだれであろうとも、参入を阻止できる技術、すなわち参入しようとする相手が、自社の特許権を侵害していると主張できる技術を開発しなければならない。

　プリンターを例とすると、インクカートリッジがサービス段階にあたる。プリンターは本体の価格を下げざるをえない状況で、消耗品で利益を得ているので、ここを第三者に取られてしまうと、プリンター・メーカーは利

する領域を失い、プリンター事業そのもので負ける。そこでインクカートリッジ分野での第三者の参入を想定し、参入を許さないことを目的とした技術も開発するのである。

　この場合、プリンターのコア技術の一つであるプリンターとインクカートリッジを結合するインターフェース技術の開発と特許権の確保が要になる。インクの適正量を安定的にプリントヘッドに供給するためのきわめて重要な技術である。この技術の改良や新技術の採用による延命化を図る技術開発と特許権の確保により互換インクカートリッジの事業参入障壁を持続的に形成できるのである。

　互換インクカートリッジのほかに詰め替えインクカートリッジの参入障壁形成にも配慮する必要がある。この場合は目的に適ったインクカートリッジの適切な技術開発と特許権の確保が必要になる。

　キヤノンでサービス段階での参入阻止をした例として、プリンターの詰め替えインクカートリッジがある。使用済みのキヤノン製のインクタンクにインクを再充填して販売していた企業に対し、キヤノンは特許権を行使して製造販売の差し止めを行うことができた。この事例では、いったん売ったものは特許権が消尽するという消尽論や修理・補修には特許権は及ばないという抗弁に対して、キヤノンは新製品の製造行使であるとして勝訴したのである（「最高裁判例　平成18（受）826、平成19年11月8日最高裁判所第一小法廷判決（原審・知財高裁　平成17年（ネ）第10021号）」参照）。勝訴のもとになったのは、第三者の参入を予測して、インクカートリッジが置かれる状態（縦、横、斜めなど）に関係なくインク漏れを完全に防ぐ技術開発によりカートリッジの内部構成とインク充填状態そのものが、それを再生することは修理や補修の範中を超えていると主張できるようなものにしてあったこと、そして実際にその主張をしたことである。これは知財部門と研究開発部門が知恵を出した技術開発と権利形成の結果が勝訴を導いた典型的な例であると言える。

## 2 事業と知的財産戦略を意識した研究開発

### ●──権利形成、訴訟を意識した研究開発を行う

　基盤技術、コア技術、延命化のための技術のいずれにおいても、その創出過程においては、「権利形成や訴訟への意識」および「営業秘密の保護と技術流出の防止」に注意しなければならない。

　研究開発活動においては、研究や開発そのものが主な関心事であり、発明の権利形成については忘れられがちである。まして訴訟などは考えたこともない研究者が多いであろう。しかし、研究開発は、権利形成の最初のステップであり、その先には権利をめぐる訴訟の可能性もあることに研究者の意識を向けるよう、知財担当者は努めなければならない。とりわけ事業を守るために使う特許、すなわち「守りの権利」(第4章を参照)の形成を目的とした技術開発では、研究の時点からの訴訟への意識が欠かせない。

　守りの権利は、侵害を受けた際に徹底的にそれを排除するために裁判を覚悟し、しかも裁判で勝ち抜いて事業を守るための権利である(図表3-3を参照)。このため守りの権利の形成における、将来、起こるかもしれない訴訟への対応は、特許明細書の内容、特許請求範囲の記載など権利の実体的な内容にとどまらない。基礎資料の整備、心構え、研究開発にかかわる組織の構成およびその管理にまで及ぶ。たとえば、適切な先行技術の認識と開示、権利の承継の正当性、発明者の特定に関する条件や発明者が必ず明細書の内容を確認してサインするなど手続き的な要件にも十分注意することである。グローバル展開する企業では、アメリカでの係争も想定しておく必要がある。

　アメリカの訴訟では、審理の前に、原告、被告双方がその訴訟に関連した情報を開示する「ディスカバリー」と呼ばれる手続きが行われる。ディスカバリーでは、相手側が要求できるすべての情報を開示しなければなら

**図表3-3** 攻めの権利、守りの権利

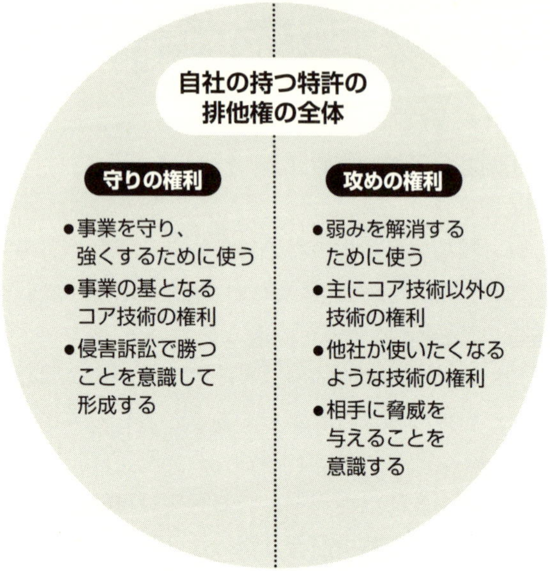

**自社の持つ特許の排他権の全体**

**守りの権利**
- 事業を守り、強くするために使う
- 事業の基となるコア技術の権利
- 侵害訴訟で勝つことを意識して形成する

**攻めの権利**
- 弱みを解消するために使う
- 主にコア技術以外の技術の権利
- 他社が使いたくなるような技術の権利
- 相手に脅威を与えることを意識する

ず、研究者のノート(ラボノート)、開発過程の資料も当然その対象となる可能性が高い。

　そこで、平素からラボノート、先行特許の検討の記録などは、いつ訴訟が起きても問題が出ないように配慮して記入する習慣をつける。日本の研究者は、ラボノートに問題点を列挙していることが多いが、これでは訴訟の際にマイナスになる。これに対しアメリカの研究者は、自分の発明がどれほど素晴らしいかを記載している。訴訟では、こちらのほうが有利に働くのである。

　研究者にとって、訴訟への備えという観点は理解しづらかったり、負担に感じられたりするかもしれない。知財担当者は訴訟を想定した記録をつくる意義、不利にならない資料のつくり方について研究者に助言し、研究者とともに十全の方法を探るべきである。係争になった場合、取りうる方策は、手持ちの資料に大きく制約される。事後処理を想定して、研究開発段階でも予防的対策を取ることができるよう、知財担当者、研究者、事業

部担当者が連携して動くことが大事である。

## ● 先使用権による保護範囲を正しく理解する

　特許権を行使された場合に抗弁の根拠とできる権利として、先使用権がある。特許となった権利が出願された時より前から実施していた、または実施のための準備をしていたことを理由として、特許権に抵触していたとしても一定の範囲で実施ができる権利である。近頃、出願公開による日本国外への技術流出防止のために、むやみに出願せずに先使用権を活用することが提案されている。しかし、この有効性については正確に理解する必要がある。

　まず、日本における先使用権は日本でしか効果がなく外国には何らの権利も発生しない。外国での先使用権は各国ごとに得なければならない。また、アメリカではビジネス方法以外は先使用権は認めていない。国によって制度が異なるので注意を要する。

　発明を公開しないで権利を得るのは、発明の公開を代償として権利を付与する特許制度の目的に反するものであり、先使用権は例外的救済処置である。

　先使用権は発明を保護するものではない。実施、あるいは実施の準備をしている実施形とその事業の範囲だけを保護するものである。

　たとえば、特許発明の技術的範囲がAまであったとする。そして、非特許権者である自分が実施の準備か実施している事業の実施形がa1とする。この場合、先使用権でどこまで保全されるだろうか。

　相手の特許発明の技術的範囲A全部が先使用権で保護されると考える人、あるいは自分の発明が保護されると考える人がいるかもしれないが、これは間違っている。現実に実施していたり、実施の準備をしているのがa1ならば、保護されるのはa1だけなのである。そのほかは先使用権では保護されない。それも相手の特許権者が出願する前に実施していた範囲a1に限る。相手が出願してからa2に拡張しても、これは対象にはならない（図表3-4を参照）。

もう一つは、a1をカメラの技術分野事業で使っていたとすると、これを事務機の分野で使おうとしても、相手の出願より後ならば先使用権にならない。事業が変わったら保護されないのである。

　特許が出願される前に実施していれば、発明は先使用権で保護されるという誤解を招く原因の一つに、1986年10月3日のウォーキングビーム最高裁判例（「昭和61（オ）454、昭和61年10月3日最高裁判所第二小法廷判決（原審・名古屋高裁昭和59（ネ）164）」を参照）がある（ウォーキングビームとはウォーキングビーム式加熱炉のことで、プラントの製造装置に使用される技術である）。この事例の特徴は、特許（A）の請求の範囲が狭く、実施形（a1）に近いことである。先使用権を主張した企業が実施していた形態（a1）が、たまたま特許の請求範囲とほぼ同じになったのである。

　この結果、特許発明（A）の技術的範囲のほぼ全部がたまたま先使用権で保護されることとなった。もともと権利の範囲が狭かったからこうなったのであって、図表3-4に示すように特許発明Aの技術的範囲が実施形態（a1）より広い場合の特許発明の技術的範囲の全部が先使用権で保護されるとは判示されていない。

　ただし、この最高裁判決で注目すべき点もある。実施している形（a1）に限定されるものではなく、実施した対象の思想範囲（具現化された発明と同一性を失わない範囲）を保護していることである。保護される境界が、実施した形態ではなく思想としての範囲となると、少し幅があることは間違いない。しかし、どれくらいの幅までを見るかについては、確かなことはわからないのが現状である。

## ●──営業秘密を保護し、技術流出を防止する

　発明が先使用権で保護されるというのが誤解であるのと同じように、営業秘密（技術情報、ノウハウ、営業情報）が無条件で不正競争防止法で守られるというのも誤解である。

　営業秘密は付与された権利ではない。秘密を保つことで価値があるので公知となると何の価値もなくなるのである。

### 図表3-4 先使用権概略図

#### ①先使用権の範囲

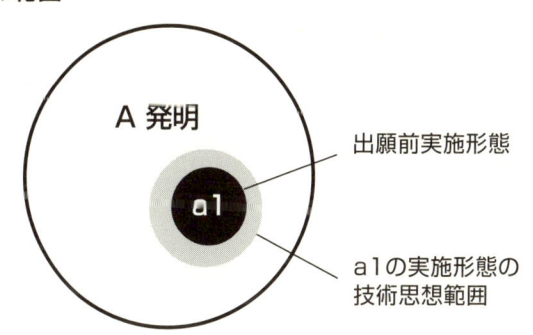

- A 発明
- a1
- 出願前実施形態
- a1の実施形態の技術思想範囲

発明「A」の特許が出願される前に実施されていた「a1」は、先使用権で保護される。a1の技術思想範囲については、どこまで保護されるかは明確ではない。

#### ②先使用権成立の時間関係

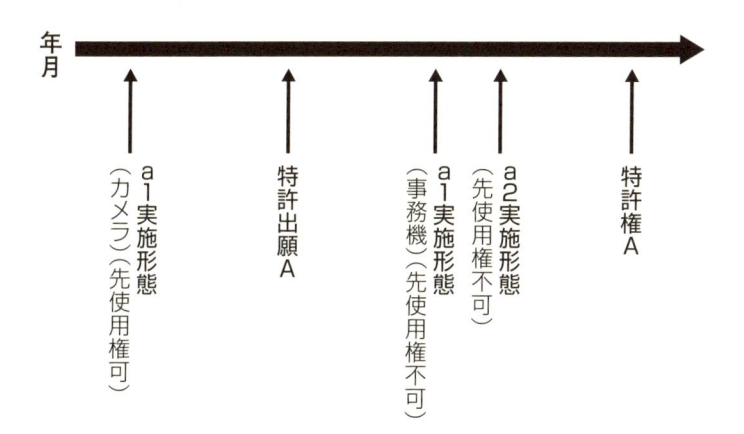

年月 →

- a1実施形態（カメラ）（先使用権可）
- 特許出願A
- a1実施形態（事務機）（先使用権不可）
- a2実施形態（先使用権不可）
- 特許権A

発明「A」の特許が出願される前に実施されていたカメラ分野での「a1」は先使用権で保護される。同じ「a1」でも相手の出願後に事務機分野で実施しても先使用権とは認められない。

　営業秘密の不法取得、不法開示、不法使用に対しては不正競争防止法で不法行為の差し止め、損害賠償の民事的な救済がなされ、不法行為者に刑

事罰が科される。

　営業秘密が不正競争防止法で保護されるには、「非公知性」「有用性」「秘密管理性」の3つの条件に適合していなければならない。これが予想外に難しいことなのである。

　まず、非公知性と有用性だが、これはほとんどの場合満足するはずだ。厄介なのは秘密管理性である。秘密管理性とは、営業秘密となる情報が特定され、特定した人のみが見られるように厳密に管理されていることを意味する。

　最初に営業秘密の特定の問題を考えてみよう。企業が、ある情報を営業秘密だと特定するのは研究者からレポートが出た時点である。研究部門の責任者なり経営者なりがレポートを読み、それを大切な技術であると認識した時に営業秘密と特定されるのが普通である。ところが、研究者は頭の中で日々新しい情報を生み出しており、その中には営業秘密となるものも含まれている。営業秘密の誕生と特定の間には、避けられないギャップが存在するのである。そして、不正競争防止法においては、特定されていなければ営業秘密と見なされない。事業にとってどれだけ重要な情報や技術であっても、特定されなければ不正競争防止法では守れないということである。社内のすべての営業秘密を特定するには、変化に即応した組織的、継続的な活動が必要とされる。

　情報の管理性にも困難が伴う。営業秘密は、それを見られる人を限定し、その人以外が見られないように管理しなければならない。ところが、日本の研究開発の現場は依然として大部屋であることが多く、秘密情報の管理には向いていない。大部屋で秘密情報のファイルを広げれば、周囲の人がその内容を見る機会が生じるだろう。また、ファイルの表紙に秘密であることを特記しても、大部屋のキャビネットに保存していたのでは、適切な管理がなされているとは見なされない。大部屋のキャビネット内に置かれた秘密情報のファイルから図面が盗まれたとしても、営業秘密ではなく、単に紙が盗まれたと判断され、損害賠償の対象にはならないのである。

　欧米のように研究者に個室を提供し、情報を見られる人を区別しやすくすれば管理性はよくなるのだが、そこまで徹底するのは予算的に難しいこ

とが多い。また、日本企業の強みの一つに、情報を共有しつつ一同が協力して目的を達成することがあるが、これは大部屋でのコミュニケーションが基になっている。そして、技術の高度性、複雑性から商品開発には複数開発部門の関与と部門間の連携が必須で情報共有は避けられない。情報の管理性を高めれば、日本の特長を失いかねず、研究開発活動を後退させる恐れもある。

　秘密情報の特定、管理性の問題に加えて、不正競争防止法そのものにも限界がある。営業秘密を盗んだ犯人を刑事告訴すると、裁判公開の原則の下、営業秘密が明らかになる恐れがあり、裁判で営業秘密を守り切れない制度になっているのである。これでは、営業秘密が盗まれても企業は告訴できない。犯人からすれば、不正競争防止法による脅威はまったくないわけである。制度改正の動きがあるが早期の改革が望まれる。

　さらに、営業秘密あるいは技術は、まったく合法的に流出することもある。従業員は入社時に秘密保持契約を結ぶが、これは在職中に秘密を保持する義務を持たせるものにすぎず、退職後には何の義務も負わない。在職中に正当に入手した営業秘密を退職後に使っても違法にはならないのである。このため、数人がまとまって退職して合法的に事業をそっくり持ち出すこともできるし、現実にそういう事件も起こっている。これを防ぐには退職時に改めて適切な秘密保持契約の締結が必要となるのだが、この契約は退職者の意志によるところであるので、締結を強制できるものではない。したがって、締結できるようにするために、日頃の努力が求められる。

　締結する秘密保持契約の内容にも注意が必要である。在職中に知りえたすべての秘密情報を対象にしたのでは法的有効性が疑われる。対象とする技術を適切に特定することが求められる。

　そして、刑罰は両罰規定になっているので、社員が自発的に不法に入手した第三者の営業秘密を社業のために活用したりしても本人のみならず社長も刑罰の対象になる。常時全社員に営業秘密の適正な入手と活用の意識を促す活動が重要となる。

　営業秘密の適切な管理には経済産業省知的財産政策室編著「営業秘密管理指針」2010年4月9日改訂版が参考になる。

結論として、日本の現状では営業秘密は法的保護を受けるのは容易ではないと言える。企業の研究者および知財担当者は、この点をしっかり認識しなければならない。悪意を持った漏洩や盗難に対する備えをどうするかは、社内環境や企業文化、ガバナンスに影響を与える課題である。経営者は自社の状況を認識し、問題の発生を防ぐ最大の努力と問題が発生した場合の適切な対応と取りうる事後処理方針を立てておくべきであろう。

## ●────ノウハウとして秘匿するか、公開して特許とするか選択する

　近年は、どの業界においても、それぞれの企業の着眼点が似ている傾向がある。だいたいトレンドが決まっているので、どの企業もそれに向かって研究開発をしている。こうなると、先行して開発をし、ノウハウを得てもあまり競争力を高めることにならない。相手も類似の技術開発をしているので、同じようなノウハウを持っているはずだからである。もし、相手に特許を取られてしまったら、先使用権での保護も難しく、自社にとってマイナスになるだけである。

　このような状況下で、自社のノウハウを営業秘密として守るべきか、あるいは出願して、ある程度オープンにし、その代わり権利として確保したほうがよいのかという論争が交わされることがある。一時の優位性でよいか、営業秘密の管理性の問題をどうするか、リバース・エンジニアリングにより開示される程度はどれくらいか、なども判断の対象になる。

　しかし、ノウハウは特許にならないものであるからノウハウとして守るべきものであり、ノウハウを権利化したければ、ノウハウを開示しないで出願すべきである。

　矛盾しているように聞こえるかもしれないが、もともとノウハウは特許にならない情報なので、ノウハウを特許にするかという問題提起そのものがおかしい。一般的にノウハウか特許かと議論されているのは、実はノウハウを含む技術情報のことを指しているのであろう。それならば、ノウハウを開示しないで、必要な思想を権利として取るのが最も安全な方法ではないだろうか。明細書の中には、守るべき技術情報、ノウハウに相当する

部分まで深く表現しなければならないという決まりはない。当業者が実施できる程度に書かれていればよいので、技術情報、ノウハウを詳しく開示する必要はないのである。

　よくある失敗に、設計図面、製法、製造工程とほぼ同じものを出願することがある。これでは、特許を見たら、どうつくっているかというのがわかってしまう。これは開示過剰、すなわち不必要な開示をしていると言える。特許を取る時には、開示の程度も考えないと、権利の取得のつもりが大事な技術の流出になってしまうのである。研究開発者、知財担当者はこれらの点を十分認識すべきである。

# 3　研究者の知財マインド、知財センス

● ──── 研究開発は知財形成で完結するという意識を植え付ける

　企業のなかの研究開発者は、モノをつくることを目標とする傾向がある。なかには論文を書くことをゴールだと考えている人さえいる。しかし、企業における研究開発の目的は、単にモノをつくることではない。いわんや、論文を書くことでもない。論文によって技術を世間にオープンにしたら、かえって企業にとっては不利になることが多いくらいである。

　企業の研究開発が完結するのは、その成果を知的財産として確保した時である。企業内の研究者としては、論文を書くより特許を書くことのほうが大切であり、知財担当者は、少なくとも研究者が論文を書く前に特許を出すように働きかけ続けなければならない。特許は研究開発者のモニュメントである。論文を書かなくても特許を書けば、発明者として名を残せる。知財担当者はこのことを研究者に説くべきである。

　研究成果を知的財産とすることによって、企業はその成果を事業や経営資源としてコントロールすることができるようになる。技術系企業におけ

る研究成果は知的財産に結びつくのである。そして知的財産が事業の競争力を高め、製品の製造差し止めを求めるなどライバルに対して脅威を与え、交渉のカードとして自社の研究や事業の自由度確保に貢献することができるようになる。これを一時的な優位に終わらせずに継続していくには、自社の技術をガードする知的財産もまた必要となる。知的財産で守られない事業では勝てない。研究と事業、知的財産の関連を研究者に教えることは、知財部門が行う重要な仕事である。

## ●———権利情報を技術情報に転換する能力を向上させる

　知財部門が行うべき仕事の一つに、研究開発部門の人たちに対し知財センスを身につけるよう働きかけることがある。本書で言う知財センスとは、権利情報を技術情報に転換する能力と発明を思想化する能力のことを指す。「権利情報を技術情報に転換する能力」というのは、特許を読み、そこに表されている発明の本質を見抜き、それを別の手段で置き換える力のことである。「第三者権利を超越する能力」と言うこともできる。

　世の中には膨大な数の第三者の権利があり、研究者はそのなかで研究していかなければならない。第三者の権利を大きな障壁であると感じ、研究が進められなくなることもあるだろう。しかし、権利情報を技術情報に転換する能力を備えれば、技術情報を参考資料とし、独自の技術を生み出すこともできるし、同じ思想を最新の技術に置き換えることもできるようになる。

　このような研究者を育てるには、新入社員教育の際に知財担当者がある技術に関連した特許公報を並べて見せ、次のように教える。
「先行特許がたくさんあるからといって、そのテーマをあきらめるのは、素直だが企業では役に立たない。先行特許の真似をして研究を進めれば、要領よく結果を出せるが、これでは事業はできない。企業が期待するのは、先行特許の壁を超越して開発することである」

　この時点では、本人たちはこれを聞いても理解できないかもしれないが、記憶の隅には残るはずだ。そして2、3年たったところで、オンザジョブ・

トレーニングで実際に特許公報を読ませ、技術情報に転換する訓練をしていく。これが習慣になれば研究者の創造能力が高まり、よい成果を出して知的財産の形成につながるようになる。

同時に、他者の権利を尊重する意識を持たせるよう働きかけることも大切である。他者の権利を尊重するとは、第三者の権利を正当に評価することである。ライバルの知的財産の本質を客観的に分析し、自分の発明（出願明細書に書くことができる内容、あるいは書いた内容）を対比して差異を認識し、必要な対策や攻め筋を見つけられるようになれば、研究開発の進め方やデータの取り方がおのずと身につき、知的財産形成能力がつくはずである。

## ●───有効な権利を形成する能力を向上させる

知財センスの二つ目の「発明を思想化する能力」とは、自分の発明をよりよい権利につなげていく能力のことである。

この能力をつけるのにもオンザジョブ・トレーニングを利用する。毎年、新入社員が研究開発部門に配属されるが、全員が知財センスを持っているとは限らない。特許の意味を知らない人もいるだろう。そういう人たちに早く知財センスを身につけてもらう最もよい方法は、本人が課題を与えられ、成果を出した時に、知財担当者がインタビューしつつ権利の取り方を教える方法である。「どのような成果が出たのか？」「その効果は？」「苦労した点は？」などの質問を投げて答えを聞けば、特許性のある発明かどうかはわかる。そして、特許性のある部分を取り上げて、発明を思想化することを促すのである。研究者は自分自身の発明に関することなので、水を向ければいろいろなアイデアを積極的に出してくる。それを適当な「ばらつき」を持たせ、すなわち実施形態にバリエーションを持たせ、思想化した権利とはどのようなものかを見せる。これを数回繰り返せば、研究者はほとんど一人で発明を思想化できるようになるものである。そして、自分の研究開発の成果のコンセプト化、事業に活かすポイントの掘り下げ、参入者への障壁の構築というような視点も持つようになる（思想化の詳細に

ついては第4章を参照)。
　このような形で、研究者の知財センス習得に貢献するのも知財担当者の役割である。

# 4 第三者の特許権を認識した研究開発活動

## ●――技術動向調査とともに権利情報調査を欠かさない

　研究開発のテーマを決める際には、先行技術の調査はもちろんだが、先行特許の調査も行う。第三者の権利を認識しておかなければ、本当の意味で強みのあるテーマかどうかの判断ができないからである。
　研究者は先行技術の調査は行うが、先行特許の調査は省きがちである。なかには自身が望むテーマの研究をしたいがために、関係する先行特許の存在を知りたくないという気持ちから権利の調査をしない研究者さえいる。しかし、そのテーマに関して、すでに第三者の権利が存在していたら、それを解消しておかなければ事業につながる権利を形成できない。そこで研究テーマの選定時には、研究者と知財担当者が連携して、どのような技術の権利がすでに取られているかを調査する。この時の調査のレベルは、先行技術、先行特許がどれくらいあるかを見る程度でよく、全件の精査は不要である。研究の方向は発散するものだからだ。しかし、その技術についての基本特許の有無は、最初にはっきりさせておかなければならない。
　たとえば、液晶ディスプレイを研究テーマに据えようとしたとする。同じ液晶ディスプレイでも技術的には強誘電液晶とTFT液晶に分かれる。このうち強誘電液晶に進むとしたら、TFT液晶の特許は関係ないと判断できる。ところが、強誘電液晶とTFT液晶の両方にかかわる特許があったとしたら、これは液晶ディスプレイの基本特許なので、この基本特許の「弱み」の存在を認識し、早期にこの「弱み」を解消する知的財産戦略を立

てる必要がある。

　具体的に先行特許の有無を調べるには、データベースの中から参照回数の多いものを見ていくという方法を取ることもある。基本特許は、それ以降に申請された特許に対する拒絶理由として引用されているため、参照回数が増えるからである。

　基本特許の検討には権利の実態、特に排他権の強さを適切に検討することが重要である。

## ●───特許マップは時間軸で自社の技術開発力を検討する

　先行特許を調べた結果、特許マップが黒だった（他者の権利や出願が多い）としよう。この時に、「そのテーマはやめるべきだ」と即座に提言をするのは間違っている。特許マップとは、自社の研究テーマのどの部分に第三者の特許や出願があるかを示したもので、他者の出願や特許が存在する部分を黒で表す。黒が多いほど、第三者の権利による障壁が大きく、一見すると「この研究は、第三者の特許が多すぎて無理だ」と判断しがちである。しかし、特許マップは時間の経過によって変わるものであり、その変化も考慮しつつ見るべきものである。

　たとえば、現時点で、ある技術の特許が独占され特許マップが黒だったとしても、特許を持っている相手が何もしなければ20年後には白に変わるはずだ。特許マップは事業化の時までに、どのように変化するかを先読みしながら見なければ意味がない。いまは黒でも、事業化する時に白になっていれば、何ら問題はないわけだ。肝心なのは、最後に残る黒あるいはグレーの特許、すなわち「弱み」をいち早く見つけて、早めにこの「弱み」を解消することである。最初から全部の特許の解消に努める必要はない。時間の経過とともに白になる特許、黒のまま残る特許の見極めが大事なのである。

　技術動向、権利情報の調査は、研究開発を開始する時点で一度調べて完了するわけではない。当初は過去のものをすべて調べ、その後は新しく出現したものを追加しつつ調べ続ける。研究が進行している間を通して、絶

えず競合技術の出現にも注意を払う。権利として関係しそうなものすべてを見守り続けるのである。これは事業化まで継続して行う。知財担当者は、このような調査の中から変化情報をいち早くつかみ、知財面から見て、研究を修正すべきかどうか、修正が必要であれば、どのようにすべきかを提案していく。

また、動向調査を継続していくことにより、ライバルの力点の軽重もある程度推測できるようになる。ライバルの動きが推測できれば、「弱み」を解消する交渉のシミュレーションも可能となり、万一の場合への備えもできる。

## ●————権利の実態を検討する

先行特許の調査という意味では、現在はデータベースが使いやすくなっているので、関係する特許を選び出したり、目的に沿って絞り込むのは難しくない。しかし先行特許の有無を調べただけでは意味がない。その特許が本当に自社の研究テーマに影響を与えるかの実態の判断こそが重要なのである。

この判断をするためには、特許請求範囲まで読み込み、その価値を測らなければならない。そのためには特許法的な解釈を基礎にした評価が求められる。

研究者は自分の知的財産を過大評価し、相手の知的財産を過小評価する傾向があり、知財部門がこれを信じると判断を誤る恐れがある。知財担当者は、自社の権利と第三者の権利を公平に評価して価値を見定め、それが研究の障害になるかどうかを判断するよう努めるべきである。

研究テーマの選定段階、つまり自社の技術が確定していない段階で、第三者の権利がそれに対して影響を与える特許かどうかを判断するための一つの基準は、特許請求範囲（これを「クレーム」という）の広さである。改良特許でクレームが狭いものは、ほとんどの場合無視できる。あるいは手段を変えることで避けることもできる。ここで重要なのは、本質的に基本特許なのかどうかを正しく評価することである。

知財担当者のなかには、先行特許の調査をコンピュータの出力の段階までしか行わない人もいる。先行特許の存在を確認すれば、調査が済んだと考えているのだろうが、これは間違っている。

　コンピュータが選び出した特許を熟読して、評価をし、権利の実態を検討することが調査における最も大切な作業であり、しかもコンピュータには任せられない仕事なのである。

## ●────問題特許の認識と解決方法を明確にする

　先行特許を検討して、研究に影響を及ぼす可能性のある特許の存在が明らかになったら、その特許が事業化されているか否か、その特許を持っている相手は、継続的に特許を活用していきそうか否かなどの実態を把握し、それが自社の研究にとって問題となるかどうかを確かめる。これを正しく行うには研究開発部門と知財部門の連携が必須であり、研究者、知財担当者の両者で問題の認識をする。

　第三者の特許が自社の研究に影響があると判明したら、知財部門ではその特許をどのように解決していくかを考える。ここが知財部門の活動のなかで、一つの大きなポイントとなる。適切な解決方法を見出して、研究部門が安心して研究を続行できる環境を整えることこそが、知財部門の重大な役目だからである。研究部門が、先行特許を心配しながら研究をするのか、安心して研究するのかでは、研究の難しさだけでなく、成果にも相当な違いが出てくるはずだ。知財担当者は、研究者のことを考え、研究者がよい成果を出せるように働くのである。

　研究所の研究テーマそのものに影響を与える基本特許は実施されていない場合が多い。

　権利者がだれであるかにもよるが、同業でない場合はライセンスを受けること（ライセンス・インという）も含めて早めに解決したほうがよい（その場合、一括払いにすべきである）。早い時期ならば安価で解決できる可能性があるからだ。自社の研究が進むにつれ特許出願公開などの情報から自社の研究開発動向を相手が知ることができる。その時になってからでは、基

本特許の評価が高まってしまい、安易には解決できない場合も生じるのである。

　研究の方向は発散するものなので、想定する発散範囲に存在する基本特許も検討して早めの解決を図る。結果として研究成果の実施に関係なくなる場合も生じるが、研究者に研究の自由度を与え、よい研究成果を得る意味から、これが必要なのである。

　研究成果の事業化率が低いことを理由に、事業化が決定されてから解決すればよいとの指摘もあるが、その時になってからでは解決が難しくなるため、この考えは間違いである。

　ただし、問題を認識したら、すべてをただちに解決しなければならないわけではない。事業化の時期までに解決すればいい問題もある。この時点で重要なのは、解決方法を明確にしておくことである。

　しかし、検討を重ねたにもかかわらず、解決の見通しがまったく立たないこともある。その時にはここで研究を止める提案も必要になる。先行特許の問題を解決する方策が見つからないまま研究を続け、事業化したら、企業としてはかえって大きな損害を引き起こすことになりかねないからである。この時に、よい技術であればあるほど研究者にとっては断念しがたく、知財が恨まれ役となることもある。知財担当者は自分の判断を信じ、この役を引き受けなければならない。

　また、先行特許の調査、検討を行うに際しては、その記録を研究者のラボノートと同様に訴訟を意識して残すことも大切である。「この特許は問題だ」とだけ書くのではなく、「このように解消する」という結論まで書いておくのである。問題を認識したことのみを記載したまま事業化すると、訴訟になった際に不利となるからである。特にアメリカでの訴訟では3倍賠償の対象となる。

　記録は、調査、検討した先行特許に関して、将来どのような訴訟が起こる可能性があるか、どこで訴訟されるか、訴訟の相手は誰かなどを想定して、状況に思いをめぐらせながら、整理しておく。いざ、訴訟という時に、この記録が切り札となることもある。

# 5 研究開発を補完する共同研究

## ●──共同研究の成果の取り決めは事前に行う

　ある技術について、自社の力だけでは研究開発が難しい場合には、それを補完するために共同研究開発を行うことがある。

　共同研究開発においては、最初に将来の事業化に支障がないように成果の取り決めをしておく。共同研究開発が進行している間は「仲間」であっても、完成後は利害が対立することが多いためである。

　特に、研究者は技術のことのみを考え、技術の完成だけを目指して共同研究をしようとすることもある。技術の完成も、もちろん大事だが、完成後に自社で事業ができなければ共同研究をする意味がない。研究者自身がこの意識を持つことと、自社の事業目的を達成するためには、知財担当者が研究者と連携して、事業を意識しながら知財の形成や研究成果（技術、知的財産）の取り決めを事前にしておかなければならない。

　成果の取り決めにおける要点の一つが、既存技術の扱いである。取り決めの如何によっては、既存技術を相手に持って行かれることもあるし、共同研究の成果を事業に使えないこともあるため、これには十分注意する必要がある。

　たとえば、A社が$\alpha$という技術を持っており、それにプラスする$\gamma$という技術をB社と共同で研究し、$\alpha+\gamma$という技術を開発したとする。この時に、開発した技術全体を研究成果と定義し、A社がB社に研究成果をエクスクルーシブ（独占的）で渡して、その対価を受け取る契約を結ぶと、A社の既存技術であった$\alpha$もB社に渡すことになる。A社は今後$\alpha$の研究ができなくなるということだ。

　では、共同開発した$\gamma$だけを研究成果と定義して、やはりA社がB社にエクスクルーシブで渡す契約をしたらどうなるか。A社の既存技術である

αが抜けるために、B社は完成したα＋γの技術を使った事業ができない結果となる。

いずれの契約でもA社、B社の一方が著しく不利になり、適切とは言えない。では、既存技術と成果物をどのように取り扱って契約すれば、双方が報われるようになるだろうか。

まず、αを除くγだけを共同開発の成果とし、A社はB社にエクスクルーシブで出す。そして、A社の既存技術であるαは、今回の共同開発の成果部分とともに使う目的に対してのみ、B社にノンエクスクルーシブで出す。このようにすれば、双方とも共同開発の結果としての利益を得られる。成果の扱いの決め方は案件ごとに事情が異なるので、知財担当者は研究者と協力しながら、自社が不利にならないように交渉していかなければならない。

## ●───事業展開を考慮した成果の取り決めをする

共同研究をした成果の取り扱いとして、研究者を含め、だれもが最初に思いつくのは「共有」であろう。共有と聞くと、平等であるかのように感じるためである。また、その語感のせいで、研究者同士が成果を共有するという取り決めをして、共同研究を開始してしまうこともある。

しかし、共有と平等は違う。特許の共有の特許法上の基本は以下である。
実施＝共有者それぞれが自由に行える
第三者への攻撃＝共有者それぞれが自由に行える
第三者へのライセンス＝共有の相手方の承諾がないと出せない

この法律の原則は、共有者間の契約によって変更できるが、何の条件も付けずに共同研究の成果を共有する契約を結ぶと、この原則が適用されてしまう。したがって、この条件で事業に差し支えが出ないかどうか、契約前に十分検討し、事業が実施できるよう契約内容を決めなければならない。このためにも、研究所と知財部門の連携は必須であり、研究所が成果の共有を条件として、独自に共同研究を開始するのは避けるべきである。

海外の研究所と共同研究する場合には、相手の国の「共有」の意味も知

## 図表3-5　アライアンスの成果である共有特許権の原則

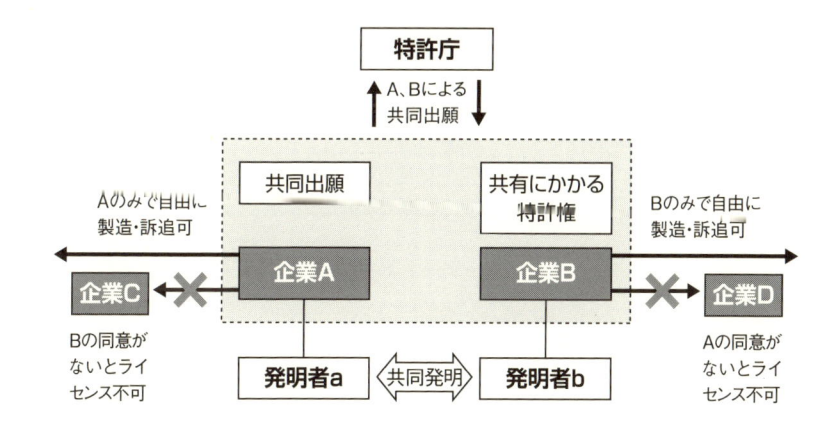

```
                    ┌──────┐
                    │ 特許庁 │
                    └──────┘
                    ↑ A、Bによる ↓
                      共同出願
    ┌─────────────────────────────────────┐
Aのみで自由に  │ ┌──────┐        ┌──────┐ │ Bのみで自由に
製造・訴追可   │ │共同出願│        │共有にかかる│ │ 製造・訴追可
←─────────  │ │      │        │  特許権 │ │  ─────────→
    │        │ └──────┘        └──────┘ │
┌────┐ ✕  │ ┌──────┐        ┌──────┐ │ ✕  ┌────┐
│企業C│ ←  │ │ 企業A │        │ 企業B │ │  → │企業D│
└────┘    │ └──────┘        └──────┘ │    └────┘
Bの同意が    │      ↓                ↓      │    Aの同意が
ないとライ   │  ┌──────┐  共同発明  ┌──────┐ │    ないとライ
センス不可   │  │発明者a│ ⇔ │発明者b│ │    センス不可
            │  └──────┘           └──────┘ │
            └─────────────────────────────────────┘
```

- A、B社の各発明者で発明が完成した時には、A、B社の共同出願としなければならない（特38条）
- A、B社の各々は、原則として、特許発明を実施できる（特73②、例外は契約での特定条項）
- A、B社のそれぞれは、第三者の侵害に対して単独で訴追できる
- A、B社のいずれか一方は、いずれか他方の同意がないと、第三者に実施権を与えることができない（特73③）

る必要がある。前記の原則はあくまでも日本のものである。これがアメリカでは、次のようになる。

　実施＝共有者それぞれが自由に行える
　第三者への攻撃＝共有の相手方の承認がないと行えない
　第三者へのライセンス＝共有者それぞれが自由に行える

　アメリカでは、共有者がそれぞれ自由にライセンスを行えるので、共有にするメリットはほとんどない。系列会社が特許を共有していることはあるが、ライバル会社が共同開発した場合には、事業の段階で利害が対立するため特許の共有はしないほうがよい。

　さらに、中国における「共有」は以下のようになる。
　実施＝共有者それぞれが自由に行える。
　第三者への攻撃＝共有の相手方の承認がないと行えない。
　第三者へのライセンス＝ライセンスは自由に行えるが、共有者の一方が

ライセンスによる収入を得たら、他方の共有者にも配分する。

このように、「共有」の意味は上記の3項目以外でも出願手続き、権利取得の手続き、共有持分の権利譲渡、職務発明の承継や対価なども国によって異なるので、海外の研究所との共同研究では、あらかじめ契約で共有の内容を定めるなど、各国の特許法などを確認して特に慎重に成果の取り決めをしなければならない。

### プリンター・メーカーAとモーター・メーカーBのプリンター用新規モーターの共同研究開発例

共同研究開発で取得した特許を共有にしつつ、共有者がそれぞれに事業ができるようにするには、どのような取り決めをすればよいか。プリンター・メーカーAとモーター・メーカーBの例で説明する。

プリンター・メーカーAとモーター・メーカーBが、Xという新しいモーターを使ったプリンターを共同で研究開発し、モーターXの特許を取得して共有にしたとしよう。共有であれば、それぞれ自由に実施できるので、プリンター・メーカーもモーター・メーカーもこの特許を使って事業ができるはずだ。ところが、プリンター・メーカーAはモーターをつくる能力がないので、実際には事業ができない。Aは第三者にライセンスしてモーターをつくらせることもできない。特許の共有者であるモーター・メーカーBは、競合の参入を招くようなライセンスを承諾しないためだ。成果を共有にしても、この方法ではプリンター・メーカーAには何のメリットもないのである。

では、特許の取り方を変えて、「共同研究開発したモーターを内蔵したプリンター」で特許を取って共有にしたらどうだろう。モーターの特許ではないため、モーター・メーカーは共同研究開発したモーターを別のプリンター・メーカーにも売ることができる。ところが、このモーターを購入したプリンター・メーカーは、特許の共有者である

Aから訴えられる。プリンター・メーカーAにしてみれば、新しく開発したモーターを内蔵したプリンターを競合他社から販売されれば、自社の事業が危うくなるので認めるわけにはいかないのだ。こうなると、モーター・メーカーBは事業をできない。

この場合のプリンター・メーカーAはというと、特許は新開発のモーター内蔵のプリンターで取っているので、事業をする権利はあるが、モーターをつくれないために、このままではやはり事業ができない。

このような状況を打開する方法を考えてみよう。プリンター・メーカーAは、一定期間はBから新しいモーターの独占供給を受けたいはずだ。モーター・メーカーBはそれを認めないと共同開発は成り立たない。その期間をどれくらいにするかは、それぞれの事業によって異なるので、競争優位を保てる期間がどれくらいになるかを計りつつ交渉する。

さらに、この一定期間が過ぎた後、互いが自由に事業を行えるようにすることも考えなければならない。

このような交渉でのポイントは、「相等しい」すなわち「イーブン」となる地点を見極めることだ。そしてイーブンより不利な契約をしてはいけない。

共同研究開発のモーターの例では、イーブンはどこにあるか。

まず、共同研究開発の成果の特許を取って、これを共有にする。その中でクレームを大きく二つ取る。モーターのクレームとモーター内蔵のプリンターのクレームである。そしてモーターのクレームを契約によって、モーター・メーカーのBが独占する。モーター内蔵のプリンターのクレームは、これもまた契約によってプリンター・メーカーのAの独占とする。特許は共有として登録されているが、契約によって、モーターとプリンターを切り分けるのである。

これで終わりではない。モーター・メーカーBは、自分の権利を行使してモーターを売ることはできるが、実際に事業をするためには、

そのモーターを使ったプリンターがプリンター・メーカーAから攻撃されないようにしておかなければならない。そこで、プリンター・メーカーAから「Bが売ったモーターを採用した企業を攻撃しない」という契約を取り付けておくのである。

　プリンター・メーカーAのほうは、モーターがつくれないので、自分の権利を行使して事業を行うには、B以外からもモーターの供給を受けたい。しかしライセンスするのはBが承諾しないから、Zという特定の一社にモーターをつくらせる権利（ハブメイド権という）をBから認めてもらう。そしてZが生産したモーターの全量をAが買い取る。これがあれば、Aは共同研究開発をしたBからもモーターの供給を受けられるし、Zからも供給が受けられる。Aとしては、モーターの生産拠点がBしかないと、生産量や価格までもBにコントロールされてしまう恐れがある。しかし、ハブメイド権の契約があれば安心して事業を行えるのである。

　以上の契約構造ができて、初めてプリンター・メーカーAとモーター・メーカーBは、共同開発の成果をイーブンに得られることになる。

　企業が共同研究開発をするのは、新しく開発する技術によって事業を有利にするためである。それには排他権の活用が欠かせない。成果の取り決めをする場合には、この点を忘れてはならないし、知財担当者は研究者と連携して自社が事業展開できるようなイーブン以上の取り決めをしなければならない。

　この例は、素材メーカーと部品メーカー、部品メーカーとセット・メーカー、あるいはこれら三者における共同研究開発を考える時の例にもなる。

## ●──海外研究所との連携で注意すべき点

　研究開発を行う場所は日本国内だけとは限らない。海外に研究所を設け

て、そこで研究をする場合には、成果の扱いはその国の法律や制度に従うことになる。

　たとえば、アメリカに研究所を置き、そこで成果が出たとする。ところが、その成果は許可を得ないと日本に持ってくることができない。さらに特許の出願に関しても、第一国出願はアメリカでなければならず、これに反するとアメリカの特許法に違反することになる。安全保障的な考えが下地にあるため、発明がなされた国を第一出願としなければならないとする国は、アメリカ以外にも多くある。なお、中国は届け出て不許可の通知がなければよいと緩和されている。

　このような状況に対応するためには、海外に研究所を設ける時には、少なくとも現地で知的財産関連の権利を出願できる体制も用意しておくべきだろう。

　海外に自社の研究所を設けるのとは別に、海外の企業と共同開発をすることもある。この場合の成果の取り扱いも、その国の法律、制度に大きく影響される。

　典型的な例はアメリカである。アメリカの企業Xと日本の企業Yが、それぞれの技術を提供して共同開発をし、その成果としてβという技術が完成したとする。ところが、YがβをⅠ本に持ち帰るには、アメリカ商務省の許可が必要になる。アメリカの輸出管理法では、前提としてアメリカ産技術を国外に出すことを禁じているためである。日本への持ち帰りが許可されなければ、共同開発をしても事業目的が達成できないことになる。

　たとえ許可が得られて共同開発の成果を日本に持ち帰れたとしても、まだ問題は残る。アメリカの企業と共同開発したβを日本から出そうとする場合にも、アメリカの輸出管理法の制約を受けるのである。制約には、技術のレベルによるものと用途によるものがある。用途による制約のほうには、たとえば日本から輸出しようとしている製品が、相手先の国で大量破壊兵器をつくる目的で使われるのならば、輸出してはいけないというものがある。用途による制約を回避するには、相手が購入する目的まで調べなければならないのである。

　このようなことから、海外の企業と共同開発する際には、事前に、成果

を日本に持ってこられるか、日本からの再輸出が可能かどうか、可能にするには何が必要なのかを調べておく必要がある。共同開発の成果を実際の事業に役立てるまでの道すじを考えておかないと、共同開発そのものがまったく徒労に終わる恐れすらある。

輸出管理法や技術、商品の輸出入に関するルールは日本をはじめ多くの国に存在するので、研究開発者や知財担当者は各国の制度、運用をよく調べておくことである。

## ● 目的に適った秘密保持契約の取り決めをする

共同研究では秘密情報を互いに交換するので、必ず秘密保持契約を締結する。秘密保持契約においては、「秘密情報の第三者への漏えい、開示の禁止」および「目的以外の使用の禁止」の二つの条項に注意しなければならない。

この二つの条項を安易に受け入れると、共同研究の成果を事業として成立させられない、あるいは目的の事業をまるごと奪われてしまう恐れもあるからだ。これらの条項は案件ごとに、どこで妥協できるかを十分に考慮する必要がある。基本的には、自社で何とかなるものは開示を拒否するか、自由度を確認して、導入や開示を受けるべきである。しかし、このような妥協点は知財部門だけで見出せるものではない。自社に不利にならない妥協点を探り当てるには、事業を理解していなければならず、事業部との連携も欠かせない。

この二つの条項は、取り扱いに慎重を要するものであるにもかかわらず、何の交渉もせずに契約してしまう企業も少なくない。とりわけ中小企業にその傾向があるので、くれぐれも気をつけていただきたい。秘密保持契約については第7章で詳しく扱う。

# 6 産学連携による共同研究開発

## ●――― 早期に連携することが重要である

　産学連携は、できるだけ早い時期、すなわち研究企画段階から行ったほうがよい。

　大学が基本特許を出願し、事業化の見通しが立った時点で企業にライセンスして、実用化を目指して共同開発をするという産学連携が行われることもあるが、これは知財面から見ると手遅れである。

　大学による特許の出願は、基本特許1件のみ、しかも国内のみの場合が多い。発明を事業化するには、周辺技術や改良技術も必要になるにもかかわらず、大学では事業化を意識した開発や権利化がなされていないのである。また、大学が基本特許を出願すると、その技術はオープンになる。よい技術であれば、世界中の研究者がそれに関する研究開発をすることは間違いない。

　この状況のなかで産学連携を始めても、企業が打てる手には限界がある。連携する企業側からすれば、技術をオープンにする前に戦略的な権利形成活動のための時間が欲しいのである。よい技術ほど、事業化に向けた綿密な出願戦略を練る必要があるからだ。

　事業化と密接に絡んだ権利形成は、スタッフの人数、予算などからみて、大学ではまず無理と考えられる。そこで、大学はできるだけ早い段階から企業と手を組み、企業側に知的財産戦略を任せたほうがよいのではないか。こうすることで、企業は事業化に向けた権利化活動を存分にできるようになり、大学としても産学連携のよい成果を上げられるはずである。

　企画段階からの連携ということでは、アメリカの教授と次のような連携をしたことがある。相手は基本特許を持っており、それを基に新しいコンセプトのものをつくるという企画があった。そして、その企画の実現に必

要とされる技術を持つ企業に参加を募っていたのである。参加料は1年単位で、継続するかどうかは研究の進行を見て判断してよいという。そして、参加企業には、それぞれの事業テリトリーでエクスクルーシブのライセンスを出すというのである。知的財産に関しては企業が自由に権利を取ってかまわないし、各自のテリトリーに関しては、その企業が100％権利行使をしてかまわない。ただし、ほかの参加者の事業テリトリーには無償で使わせてほしいという条件であった。これは企業にとって非常にやりやすい。自社が実施しようとする事業の分野では制限なく研究し、自分で権利が持てるからである。

　日本の大学もこのような産学連携ができるようになれば、企業側は喜ぶはずだ。実際には、よほど信頼のある先生が呼びかけなければ難しいかもしれないが、日本でも十分成り立つはずである。

## ●───大学の秘密情報の取り扱い体制は十分か

　企業間における共同研究では、「企業」という同類の環境のなかで、秘密保持契約や成果の取り決めなどを行っていく。これに対して産学連携では、企業と大学という、環境がまったく違う者同士が共同で研究を行うことになる。産学連携による共同研究を行う際には、最初にこの点を理解しておく必要がある。

　企業と大学とが大きく異なる点は、企業は情報の秘密性を保つ体制をつくれるが、大学は、本来、情報をオープンにする場所だということである。大学の先生の研究室には在校生のみならず、卒業生が頻繁にやってくる。しかも卒業生が互いにライバル企業で働いていることもある。そのなかで情報の秘密性は保てるだろうか。ここで情報の流出が起こったら、いっきに競合相手に届いてしまうのではないか。

　企業側としては、大学における情報の秘密保持に対する不安は常につきまとう。そこで、産学連携を始めるにあたっては、企業が大学に求める秘密性のレベルをはっきりさせ、大学の秘密保持体制、およびその運用を確認しておかなければならない。

このほかに、学生の成果と秘密保持の問題もある。産学連携の研究には学生も加わる。学生はいずれ卒業して企業に入るわけだが、秘密保持契約により、就職の面接で大学あるいは大学院での研究成果を述べられないことがある。これでは産学連携の研究にかかわった学生が報われない。産学連携に学生が参加するのならば、秘密保持契約の中に、就職活動においては、学校での研究内容をある程度明らかにすることを許容するような規定が必要であろう。これが許されない場合は学生の参加を受け入れないことである。

## ● 成果の取り決めは事前契約で明確に、不実施補償は柔軟にする

　大学、特に国立大学の共同研究から生まれた成果の取り扱いは、ほぼ全大学で共通化されている。各種の学内規程と契約書のひな形が存在し、どの大学もそれを使用しているのである。これは、大学には個別の事業戦略などに基づく内的要因がないため、ひな形を超える動機が生まれにくいためである。また、個別の事情にまで踏み込んで調整できる人材と組織を備えることも、大学職員の人数から見て難しい問題である。

　企業間の共同研究から生まれた成果の取り決めは、互いの事業展開を意識して決めるものである。しかし大学との共同研究では、そうはいかない。大学は、「企業と共同研究を行っても、大学は事業を実施しないため、企業が研究成果の利益を独占できる。したがって、企業は大学の貢献分を還元すべきである」という考え方を持っている。このため、多くの場合、共同所有の特許であっても、大学の貢献分として、不実施補償という名目で、実施料相当額を企業は大学に支払う契約条項が含まれる。不実施補償は「実施料×共有比率」として計算されることが多い。事業に成功すれば、それに比例して多額になるのである。不実施補償が大学の貢献に見合う合理的範囲になっていないと、企業側の営業努力やその後の研究開発努力までもが吸い取られ、企業活動が損なわれる恐れがある。これを防ぐためには、金額の上限を決めたりするなど、別の形態も検討すべきである。

　企業側も、実施時期との関係で判断が難しい場合はともかく、実施に際

し競争力の源泉となる「守りの」特許とすべきもの以外の特許は、第三者への実施許諾を認めて不実施補償の問題を回避すること、あるいは特許を受ける権利を最初から譲り受け、単独所有の特許権として保有することを考慮するのも一案であろう。

　要は、案件ごとに目的も異なり、発明ごとに実施化に対する評価も異なるので、双方ともが目的に応じ、発明に応じ、柔軟な対応をとるのが大切なのである。企業側としての対応の基本は、事業競争力を得ることを前提に、安心して事業を実施できる連携をすること、成果（技術、知的財産）の扱い方をあらかじめ決めておくことである。

## ●────権利の承継を確実に行う

　産学連携の研究成果が出ていよいよ出願という時には、権利の適正な承継にも気を配る。

　大学における職務発明は、学内の委員会にその発明を提出し、個人に帰属するのか、大学に帰属するのかを明らかにさせなければならない。ところが、その手続きを踏まずに企業に出願を許可する先生も多い。また、共同研究をしている企業の研究者のほうも、先生の許可があれば、出願してもよいと受け取り、先生が学校のルールに従っているかどうかを確認するのをいやがる傾向がある。

　産学連携における権利の承継の確認は、先生の側からも企業の研究者からも嫌われがちであるが、知財担当者は必ず確認しておくべきである。周囲に押されて、確認せずに出願してしまうと、権利を承継した事実が残っていないために、せっかく取得した権利の行使ができなくなることもあるからだ。

　産学連携では学部や大学院の学生も研究に加わる。学生は大学の職員ではないので、大学の職務発明規定の対象とはならない。このため、一般的には学生の発明は、大学に権利を譲渡するという契約が結ばれている。しかし、これが法律的に有効なのか否かは疑問が残るところである。学生は先生の下で勉強中の弱い立場にあり、先生に言われてしかたなく契約した

可能性が否定できないからである。

　素晴らしい発明が生まれて成果が実っても、その後に学生が訴訟を起こして契約が無効だとされると、大学には成果を譲渡する権限がないことになる。こうなると、大学からその成果の譲渡を受けている企業は事業を続けられなくなるのである。ある程度のリスクは残るものの、現実的対応手段としては、学生から譲渡証をもらっておくべきであろう。

　学生や院生を含む学会発表にも注意を要する。発表者に多数の名前を載せる例が多いが、学会発表した内容を発明として出願する場合には、発明者と発表者の整合を取る必要がある。発表者から発明者が漏れていると冒認（無断出願）として特許無効になるリスクがあるためだ。とりわけアメリカでは発明者が誰であるかは厳格なので、外国出願をする場合は特に発明者に問題はないか気をつける。

## ●──学内研究における権利侵害のリスク

　大学内で行われる研究開発では、第三者の権利に対してあまり注意が払われない傾向がある。この原因となっているのは、特許法第69条の「特許権の効力は、試験又は研究のためにする特許発明の実施には、及ばない」という規定である。

　しかし、これは、大学で行う研究すべてに関して特許権の効力が及ばないことを意味しているわけではない。たとえば、顕微鏡に特許権があったとする。この場合、顕微鏡のそのものの技術の進歩を目的として研究を行うこと自体は特許権の侵害にはならない。しかし、特許になっている顕微鏡を基にして特定企業のための製品開発を行うのは、特許法のいう「試験又は研究のためにする」実施にはあたらず、特許権を侵害することになる。

　大学のなかで研究している間は事業と結びつかないため、たとえ特許権の侵害があっても、目に見える問題は起こらないかもしれない。しかし、研究成果が大学から企業に移転され、事業が実施されるとなるとクレームがつく可能性がある。大学で研究している段階から、「この権利を使っているのかどうか」ということに注意を払っていないと、成果の移転を受け

ること自体が問題になる恐れもあるということだ。特許権を侵害していれば、権利者がいつ権利侵害だという訴えを起こすかわからないのである。

　実際に、アメリカでは大学のなかの実施に対して、権利侵害だという訴えが起こっている。大学側は事業を実施していないと主張したが、その特許を使用して研究することで学生を呼び込んでおり、それが事業にあたるという判決もある。このように、大学内の研究活動も、権利侵害だと訴えられるようになってきつつあるため、産学連携では、その点にも注意を払わなければならないのである。

　企業にとって重要なのは、第三者の権利の存在による弱みの認識である。弱みを認識して、早く解消するのが原則である。しかしながら、大学ではみずから事業として実施しないという安心感から第三者の権利を認識し、検討するという作業は行われていないことが多い。このため、後になって第三者の権利を侵害していることが発覚し、事業が差し止められる事態も起こりかねない。産学共同研究や成果の移転を受ける時には、大学が第三者の権利についてどのように対応しているかも確認しなければならない。

# 7 研究開発と国際標準化活動の連動

## ●——研究開発成果と標準技術の整合性を保つ

　アナログ技術の時代には、他者の技術に影響を受けることが少なかったため、研究開発は自社の技術のみに集中し、よい製品をつくれば事業で勝つことができた。ところが、技術がデジタルに変化した現在、自社の技術がいつ標準化と関係するかわからない。標準技術が策定されたことにより、自社の技術が使えなくなる事態も起こりうる。また、他社の技術が標準化されれば自社の競争力が著しく阻害される。これを防ぐには、研究所と知財部門が連携して標準化の動向を探り、自社の研究領域の技術に標準化の

動きが出たら、それに対応した対策を検討し事業目的に適った方向で研究を進める必要がある。

　そして、ほかの技術を標準化しようという動きに対しては、これを止めるか、他社と一体になって自社技術の標準化を有利に導くなど、何らかの手を素早く打つ。ある研究分野で標準化の動きが出た場合、研究者は何を標準化しようとしているのか予測がつくものである。標準化活動に参加できなくとも、その時点で、自社に技術力があれば、標準化の内容を推測し、標準で必ず使われるであろう特許を先に取得しておく。これが自社の弱みの解消には非常に有効に働く。とりわけ、新規参入しようとしている分野であれば、標準化に必須の特許を「攻め」の特許として活用し、事業に必要な特許「弱み」をクロスライセンスで解消することもできる。

　また、標準化の動きを検討した結果、自社の研究がそれに合わず事業競争力がないことが判明したら、この段階で研究を中止する提案をすることも選択肢の一つとなる。

## ●───WTO加盟国とTBT協定

　WTO（World Trade Organization：世界貿易機関）は、加盟各国の自由貿易の促進および貿易に関する国際紛争の解決を主な目的とする国際機関である。WTOの協定の一つにTBT協定（Agreement on Technical Barriers to Trade：貿易の技術的障害に関する協定）があり、WTOに加盟するには、この協定に合意しなければならない。

　この協定によって、国際標準を取得した技術はWTO加盟国間での参入障壁がなくなった。国際標準の技術を使っていれば、加盟国のどこにでも輸出できるからである。これを逆から見ると、日本企業が独自の技術で開発をしても、国際標準になっていなければ、事業のグローバル展開ができない事態が生じることになる。国際標準の技術を使っていなければ、ある国が自国の国内標準に反するものの輸入を禁じたとたん、日本からの輸出はできなくなるからである。これが、中国のように市場の大きい国で起こると、企業としてだけでなく国としても競争力が大きく後退することは明

らかである。
　このように、TBT協定の存在は、企業が国際標準を重視するようになった要因の一つともなっている（国際標準については第6章で述べる）。

## ●───競争と協調の二つの視点で研究開発活動を行う

　一般的な国内の標準では、その技術を使うかどうかは任意である。しかし、実際には標準技術を使わないと製品が売れないため、標準技術によって市場が支配された状態となっている。標準を取ると市場が広がるので、日本においては「標準」という名の下にパイ取り合戦が行われていると見ることもできる。
　しかし、国内の標準を取ることに各メーカーがしのぎを削っている間に、他国の技術で国際標準を取られてしまえば、日本全体がグローバル市場という巨大なパイの分け前を取り損なってしまう。
　企業は常に競争をしているため、「競争」の観点が先に出やすい。しかし、標準化においては、「協調」を優先すべきである。国内で協調して標準をつくり、さらにこれを国際標準とし、グローバル市場で世界と競争するというのが、企業にとって望ましいありようではないか。協調して強みをつくり、競争に勝つのである。
　さらに言えば、標準のパイを取ったなかで、どのようにして勝つかという戦略も同時に持つ必要がある。そこまで周到に用意していなければ事業の優位性は保てないからである。その代表的な例がDVDである。DVDはすべてを標準化し、モジュール化したおかげで、技術力のない開発途上国でも、モジュールを購入して組み立てれば製品がつくれるようになってしまった。競争する要素がモジュールしか残らなかったために、日本メーカーはこのDVD事業の優位性を失ったのである。
　これとは逆に、競争の余地を残しているのがデジタルカメラだ。デジタルカメラには各種の標準化技術が数多く使われているが、絶対に従わなければならないデジタルカメラの標準は、ファイルフォーマットだけである。それ以外は、センサーやメモリなど、それぞれの標準はあるものの、自社

開発品も含めどれを使ってもよい。各メーカーは、どのセンサー、どのメモリを使うかを選択して独自仕様の製品開発ができる。この結果、デジタルカメラの各メーカーは、本質的な機能においては独自の技術力、知財力で競争を繰り広げられるのである。

　競争力のある技術分野の商品は必要な標準化にとどめ、主要な技術、知財のクローズ戦略を取るべきである。日本メーカーがデジタルカメラ事業で国際市場において優位性を持続できているのはここに主因がある。

## デジタルカメラのファイルフォーマットの統一

　標準化活動の例として、デジタルカメラの画像ファイルシステム(Design rule for Camera File system、略称DCF)の標準化活動がある。キヤノンを中心とし、デジタルカメラ事業に関係する多くの企業が参加したグループとして行っていたフォーマットの標準化が「CIFF規格」であった。ところが富士写真フイルム(現富士フイルム)を中心したグループもファイルフォーマットの標準化活動を行っていた。「Exif/SFG細則」である。

　異なるフォーマットの標準が並立すると、カメラのユーザー同士での画像交換がしづらくなり、使い勝手が悪い。これではデジカメ市場の拡大も望めないと思い、私自身が共通の標準化を目指すよう働きかけ、1998年10月に日本電子工業振興協会(JEIDA)の規格「DCFv1.0」として統一された。その後、カメラ映像機器工業会(CIPA)で中身のバージョンアップもあったが、これを統合し(社)日本電子情報技術産業協会(JEITA)から2003年に「DCFv2.0」として発行されている。現在のデジカメの利便性と市場の拡大はこの規格統一によるところが大きいと確信している。

　協調領域としてはこの標準だけで、それ以外のデジカメの標準はつくらず、競争領域として技術開発の促進を期待したのである。

# 第4章
## 事業戦略に適った知的財産権の形成戦略

# 1 事業競争力を高める知的財産権の形成

● ─── 勝つための要素、要件を明確化する

　事業には必ず強みと弱みが存在する。新規事業を起こそうとする時には、最初にその事業の強みと弱みを把握し、弱みを消せるかどうかの見通しを立てなければならない。そして、弱みが消せるとなったら事業戦略を立てると同時に弱みを解決する具体的な方策を考える。

　弱みの解消に向けて働く実動部隊は知財部門である。しかし、事業部門もその事業のどこに、どのような弱みが存在し、それをどう解消していこうとしているのかを認識しておくべきである。というのは、知財上の問題も含めて、事業に関するすべての責任は事業部にあるからだ。弱みの解消のための個々の活動は知財部門の担当であり、知財部門の責任において行うものであるが、事業という大きな括りから見れば、知財も事業の一部であり、知財問題の責任も事業部にある。

　近頃は、「知財部門が事業の方向性を決める」という考えを持つ知財担当者もいるが、これは間違っている。主役はあくまでも事業である。知財部門は、事業部門が欲するであろう情報を提供して意見を述べるが、決定や決断は事業部門が行うべきものである。知財担当者の位置づけは「参謀」なのである。この役割を明確にしておかないと、事業を強くするという目的に適った連携はできない。

　参謀である知財担当者は、その事業で勝つ要素がどこにあるのか、どうやって勝つのか、どこにどれだけ力を入れるのかという点から事業戦略にかかわる。もちろん事業部門は事業計画を策定するが、知財担当者はその全貌を知る必要はない。知財担当者が知るべきなのは、どの技術で勝とうとしているのか、それが本当に同業他社と比べて強いのか、将来的に強さが保てるのかということである。

この前提となるのが、事業における強みと弱みの認識である。ある技術で勝とうとしているのならば、他社がそれに関連した特許をどれくらい持っているかを調べて、自社の持つ権利とのバランスを検討する。そのうえで自社の弱みをどのように消すかに知恵を働かせる。知財部門が絡むのはこの部分なのである。売上額や利益率のような事業計画は、事業部門が独自で行えばよいことで、ここは知財部門の範疇外である。

## ●────「黒を白にする活動」とは何か

　ある技術を事業化して勝とうとする時には、まず、他社がそれに関連した特許をどれくらい持っているかを調べ、自社の持つ権利とのバランスを検討するが、せっかくよい技術を発明しても、競合の知的財産を調査した結果、特許マップが「黒」だということもある。
　この時に、特許マップが「黒」だからという理由で事業を中止するよう勧告するようでは、知財担当者として失格である。知財部門は、事業を実行せしめるために、どうしたら相手の「黒」の特許を自社が使えるようになるかを考えるべきなのである。
　もちろん、この事業を実施する手段の一つとして相手の特許を使わないように設計を変更することも考えられる。しかし、設計変更は商品競争力の低下を招くこともあるため、できるだけ避けたい。知財部門としては、相手の特許を使える方向に活動の主体を置いて、交渉するのである。
　とはいえ交渉に臨むにあたっては、設計変更が可能かどうかは事業部門に確認しておく。最終的に設計変更ができるのとできないのとでは、交渉のやり方も、その厳しさもまったく異なるからだ。
　このように事業部門と連携を取りつつ、交渉によって「黒」の特許を「白」とし、安心して事業を実施できる環境を整えることが知財部門の重要な役目である。そして、これを行うことにより、事業部門からの信頼も得られるのである。
　キヤノンでの経験によれば、相手が「権利を行使されたら困る」と感じると、訴訟にまで至らず交渉で解決ができることが多い。相手にこのよう

に感じさせるには、その技術に関するある程度の質と量の特許を持っていなければならない。裏を返せば、1件の特許だけで解決しようとしても無理だということだ。相手に「これは敵わない」と思わせるだけのものを持って、初めて交渉による解決が可能となるのである。

しかし、海外企業はそれでも事業を止めず、訴訟を起こさざるをえないこともある。原告として訴訟を起こし事業を止めた経験もある。訴訟については、第8章で詳しく述べる。

## 知財力（知的財産に基づく事業競争力）の強化活動

事業戦略を実行するにあたり、事業の持つ強みを増して弱みを解消するために必要なのが知財力の強化である。一般的に自社の知財力は、業界平均に対してどれくらいの知的財産を有するかで計るが、実際に他社に勝つためには、単に知財の数を増やすだけでなく、相対的知財力を強化しなければならない。ライバル会社1社1社との関係で強くなるということである。

事業の持つ弱みの程度は相手に応じて変わる。弱みとは、相手が持つ知的財産がこちらの事業に与える影響から生じるものだからである。したがって、弱みを解消するための戦略は、相手ごとに立てる。そして、相手の弱みが高まったと見るや、すかさず自社の弱みを解消する行動に出るのである。相手の弱みが高まるタイミングは、相手の動向調査を継続的に行って、そこから判断する。たとえば相手が新製品を出したら、それを購入して分析し、相手が使っている技術からその傾向を予測したり、弱みを探ったりする。このような調査を行うかたわら、相手の日々変化する知財情報を基にして、自社の強みと弱みのレベルも更新する。そして強みと弱みのバランスを見ながら、攻めの時機を見計らって交渉で自社の弱みを解消するのである。

自社の強みと弱み、および相手の強みと弱みを知る活動は、部分と全体の両面から行う。部分とは、ある事業、ある技術に注目して強みと弱みを見ること。そして全体とは、企業全体が持つ強みと弱みを見ることである。

たとえば攻めを前提として交渉しようとしているとする。ところが自社が別の事業で大きなシェアを持っていると、攻めた相手が大きな事業のほうを突いて反撃してくるかもしれない。A事業で勝てても、B事業、C事業では逆に攻められて負けてしまうかもしれないのである。これは企業間の争いの中では常に起こりうることである。さりとて、別の事業への影響を恐れて攻めに出なければ何もできない。

このようなケースでは、自社の部分的および全体的な強みと弱みをつかんだうえで、達成すべき目標を定め、ある程度の反撃を覚悟して攻めに出る。反撃されても部分的にも成功するためのシナリオを攻めのなかで用意しておくのである。

# 2 「守りの権利」の形成

## ●───「守りの権利」とは何か

事業競争に勝つために必要な権利には、攻めの権利と守りの権利がある。知的財産権という点でこの二つは表裏一体であるが、活用する目的が異なるため、権利を形成する時点から意識的に区別して扱ったほうがよい。

守りの権利とは事業を守る権利であり、技術系企業の最も大切な権利である。この権利に対する侵害は許してはいけないし、ライセンスも許可すべきではない。守りの権利を侵害されたら、相手の事業をやめさせる。これは交渉で解決できればよいのだが、訴訟になることもある。訴訟では妥協せず絶対に勝たなければならない（**図表4-1**を参照）。

このため、守りの権利はそれを形成する段階から訴訟を意識し、手続き面で不備がないように十分に注意する。守りの権利は、有効性（無効にならないこと）、執行性（侵害品が守りの権利の技術的範囲に属することや権利取得プロセス上で不正がないこと等）、侵害発見容易性、非迂回性が高いもの

**図表4-1** 攻めの権利、守りの権利

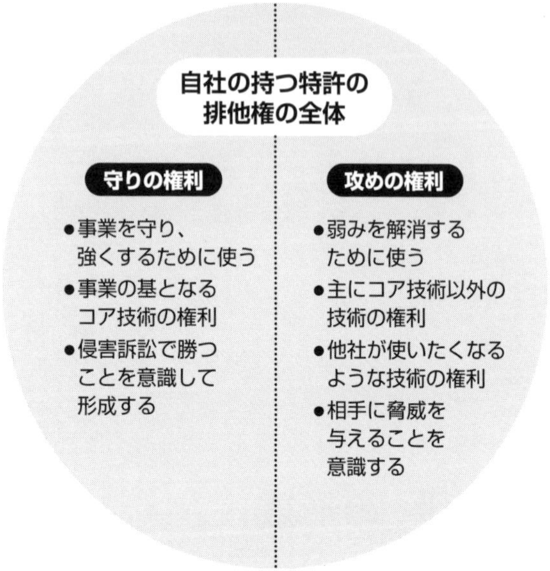

**自社の持つ特許の排他権の全体**

**守りの権利**
- 事業を守り、強くするために使う
- 事業の基となるコア技術の権利
- 侵害訴訟で勝つことを意識して形成する

**攻めの権利**
- 弱みを解消するために使う
- 主にコア技術以外の技術の権利
- 他社が使いたくなるような技術の権利
- 相手に脅威を与えることを意識する

でなければならない。一つひとつの権利は、無効理由、侵害解釈、証拠の立証性、あるいは他社の技術迂回によって使用不能となるリスクを伴う。一つの権利で無効理由にも侵害にも耐えうるとは、過信にすぎない。したがって、守りの権利形成では、点や線でなく、広く面で権利を取得し、自社事業の守りに備えることを目指す。

### ●──コア技術の思想化を徹底した権利を形成する

　守りの権利の中心になるのは、事業競争力の基となるコア技術の特許である。自社事業を他社事業と差異化するコア技術の権利化にあたっては、その技術を守るために、徹底的に思想化して出願する。発明は技術思想であり、特許はその発明を保護するものである。ゆえに、特許は技術思想を権利化したものとなるべきなのである。しかし、現実には、そうなっていないことも多い。

技術思想の権利化とはどういうことか、例を挙げて紹介しよう。

断面が丸い鉛筆のみがあったとする。この鉛筆の欠点はコロコロ転がることだ。そこでA社は断面形状を変えて転がらない鉛筆を開発することにした。これを任された開発者は、断面を三角形にすると転がらないことに気づき、知財担当者に断面が三角形の特許を出願するように頼んだ。ところが、その後、同じ開発者が断面が四角形のほうがもっといいから、四角形の特許も出そうという。このままいけば、次に五角形、六角形と言い出すに違いない。

ここで大事なのは、三角形を発明した時に、その基本となる思想がどこにあるかを追求することである。だれでもすぐに思い当たるのが「多角形」であろう。しかし、多角形が本当に転がらない鉛筆の基本思想なのだろうか。楕円にしても転がらないのではないか。丸い鉛筆の側面を削ぎ落としたら断面は多角形にも楕円にもならないが、やはり転がらない。少し考えてみれば、「多角形」では転がらない鉛筆の形状すべてを表していないことが明らかになる。では、どう表現すると「転がらない」あらゆる断面を包括して思想化できるのか。

**図表4-2 発明を思想化した権利**

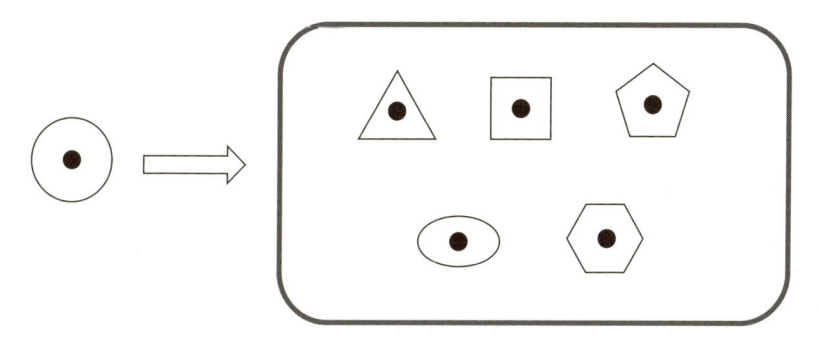

丸い鉛筆では転がってしまうので、「転がらない鉛筆」として断面が三角形の鉛筆を発明。この時に「転がらない鉛筆」の技術を思想化し、「中心から周囲の点までの長さが一定ではない断面を持つ鉛筆」として権利化すれば、断面が三角形のみならず六角形や楕円なども含むことになる。

鉛筆の断面が円形の場合、中心から周囲のどの点を結んでも、その長さは一定（半径）になる。しかし転がらないという条件に一致する断面においては、中心から周囲の点までの長さが一定ではない。これを表現すれば一つの特許で、転がらない形状のすべてを包括でき、転がらない鉛筆の発明を思想化できる（図表4-2を参照）。

　よい技術が生まれた時には、このように発明を思想化して権利を取る。思想化できずに、断面三角形で出願してしまったら、第三者を喜ばせるだけである。思想をオープンにして狭い権利だけを取っているため、他社が、その思想を基に広範囲で有利な権利を取れるかもしれないからだ。あるいは、他社は特許が取れないとしても、断面が三角形以外の多角形について自由に実施できる。断面三角形だけの特許では、研究開発費をつぎ込んだにもかかわらず、事業競争力のない権利に終わってしまうのである。

　第2章のコラム「知的財産の意識が薄いために事業の継続的優位を確保できなかった事例」で述べた「電卓」の失敗例は、テンキーという徹底した思想化が果たせなかった例でもある。徹底した思想化は、鉛筆の例のように解決すべき課題が明確である場合よりも、「電卓」の例のようにどこに発明が存在するかを見出さなければならない場合により困難と言える。

## ●────コア技術の延命化を図る守りの権利を形成する

　コア技術をうまく思想化して権利を取ることができたとしよう。しかし、それだけでは事業を実施できない。

　たとえば、トランジスタの発明があったとする。当初、不純物が多く実用に耐えなかったトランジスタを純度を上げるために改良研究を重ねたとしても、トランジスタだけでは事業にならず、回路を組む必要がある。このような基本の発明を事業化しようとすると、ゆうに10年以上はかかるだろう。

　特許権の存続期間は特許出願日から20年しかない。コア技術を事業化するのに要する時間が20年以上になれば、自社が優位に立った事業の実施は望めない。コア技術を事業化し、それを継続していくためには、コア

技術に関する基本の特許権が消滅した後も、それ以外の特許権でコア技術を守り続けなければならない。言い換えれば、権利の延命化を図るのである。

　コア技術が生まれてから事業化するまでの間には、事業に必要な改良技術や関連技術を開発するものである。これらの技術の権利をもれなく取っていくことが、コア技術の権利の延命化につながる。広い特許は取れないような場合でも、自社の視点による改良技術を出願し続けることによって基本特許を延命できる。それと同時に、一つひとつの権利は小さくても、それを束ねると事業への参入障壁となるような特許群の形成にもつながる。技術開発の一時期に多角的視点から技術をとらえて特許出願することに加え、技術開発の時間軸に沿って改良技術や関連技術についても特許出願する努力により、面での権利を形成できるのである。

　事業を行っていない人のなかには、基本の特許権だけを取ればよいと考えている人も少なからずいる。しかし、事業を実施するためには継続的に技術開発をし、延命化を考えつつ権利を形成していかなければならない。基本の特許を、単なるペーパー特許として終わらせないためには、事業化に必要な特許を取得し続け、守りの権利で自社事業の優位性を保つよう務めなければならないのである。

　コア技術を特許によって延命化した例としては、複写機の消耗品でもあるプロセスカートリッジ（機能ユニット）がある。プロセスカートリッジとは、複写機において使用により交換が要求される消耗品を装置本体に対して着脱可能にした構造体であり、感光体ドラム、現像剤、クリーニング手段などと一体化したカートリッジ等が知られている。

　キヤノンでは、1980年代初期にプロセスカートリッジを開発してから改良を加え続け、特許出願も継続してなされ、特許群として延命化と同時に強固な参入障壁を形成した。複写機の事業が続く限り消耗品の事業も継続されるので、プロセスカートリッジの進化とともに特許は今後も出願し続けられるであろう。

**図表4-3　代替技術による参入を防ぐための権利形成**

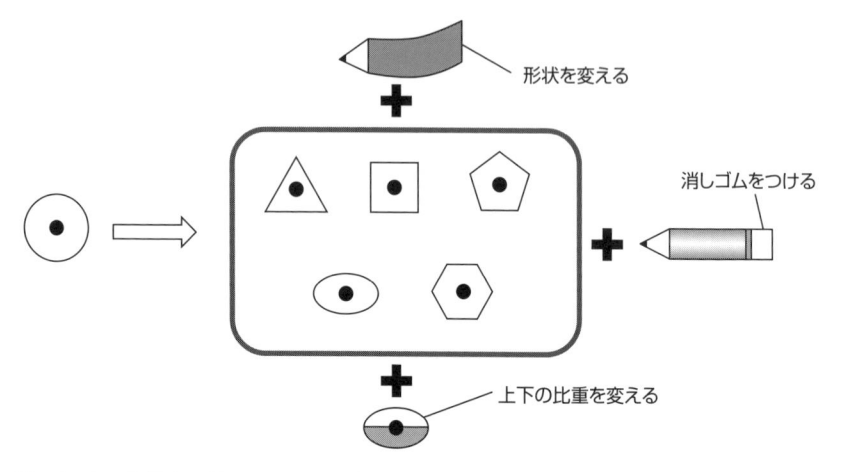

形状を変える

消しゴムをつける

上下の比重を変える

「転がらない鉛筆」の技術を発明し、「中心から周囲の点までの長さが一定ではない断面を持つ鉛筆」の特許権に加え、鉛筆の上下の比重を変えたり、消しゴムを付けたり、鉛筆全体を反った形に変えるなど、代替技術による事業参入を防ぐための権利も形成して事業を守る。

## 参入障壁を形成する

　コア技術の権利およびそれを延命化するための権利が形成できたとしよう。しかし、これだけでは、事業はできても競争に勝てる見込みは薄い。事業を実施するだけでなく勝つことも狙うには、参入障壁を築くための権利も形成しなければならないのである。
　参入障壁の一つが、コア技術の権利の延命化を図るために形成する改良技術や関連技術の特許群である。しかし、これでもまだ弱い。もう一つ代替技術による参入という視点からの障壁を築く必要がある。実施技術の競合になる技術を使った事業参入を防ぐのである。
　転がらない鉛筆の例でいうと、A社が断面形状を変えて転がらない鉛筆を開発した場合、同業のB社は断面が円形のまま、転がらない鉛筆を開発しようとするはずだ。「断面が円形」は公知であるため自由に使える。B社

の開発者は、鉛筆を上下に分けて、下に比重の重い材料を使って転がらないようにするかもしれない。あるいは何かを埋め込んで転がるのを防ぐかもしれない。鉛筆そのものを反らしても転がるのを防げる。片方の端に消しゴムをつけるという方法もある。断面形状の変更以外にも、転がらないようにする方法はいくらでもあるのだ。これらがＡ社の技術に対する代替技術となる。

　Ａ社が、自社の実施する事業は断面形状を円以外にした鉛筆だとして、断面形状の特許しか取っていないと、ライバル企業が断面形状を円形のままにした代替技術で転がらない鉛筆の事業に参入して競合が起こる。

　このような参入を防ぎ、事業を優位に展開するために、Ａ社としては技術を思想化した特許だけでなく、代替技術の参入を防ぐための特許も出願する。自社の事業で使わない技術についても、参入障壁を形成するために権利化しておくのである（図表4-3を参照）。

　参入障壁のための権利化は、キヤノンの普通紙複写機の開発（第1章のコラム「複写機開発にみる三位一体の事業創出事例」を参照）においても行っている。普通紙複写機の開発の過程で、プロジェクト・チームは感光体に潜

**図表4-4　オンデマンド定着技術**

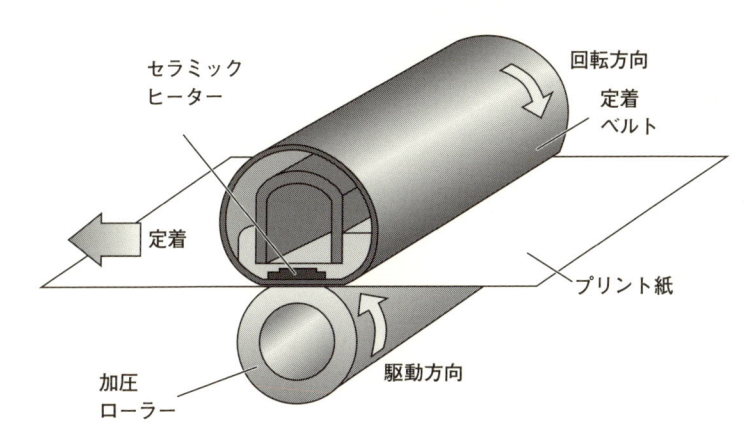

（セラミックヒーター、定着ベルト、回転方向、定着、プリント紙、加圧ローラー、駆動方向）

http://canon.jp/ecology/products/e-saving.html
より引用

像を形成するプロセスを5通り発明し、そのうちの一つを実施した。残り4つのプロセスは事業には使わなかったが、これらについても特許権を取り、代替技術による参入を防いだのである。

参入障壁を形成した例に、オンデマンド定着技術もある。オンデマンド定着技術は、キヤノンの複写機・プリンターで用いられるコア技術の一つである（図表4-4を参照）。

オンデマンド定着とは、素早く温度を上げるセラミックヒーターと効率よく熱を伝える定着ベルトを活用することによって、トナーの定着部分を局所的に加熱し、瞬時に定着温度に到達させて定着する技術である。この技術を導入することで、プリント待機時に余分な電力を消費せずに、ウォームアップ時間を短縮できる（キヤノンのウェブサイト http://canon.jp/ecology/products/e-saving.html より）。

キヤノンではオンデマンド定着技術に関して、1980年代初期に開発してから改良と特許出願を継続的に行い、プロセスカートリッジと同様に特許群として実施技術のほか代替技術による強固な参入障壁を形成した。

## ●───事業の全サイクルで参入障壁を形成する守りの権利を形成する

参入障壁の形成においては代替技術による参入に加え、事業サイクルの各段階における参入を予測した権利形成も意識する。事業サイクルとは、研究開発→商品開発→生産→販売→サービスのサイクルのことである。このすべての段階における参入者および参入形態を想定し、それに権利行使ができるようにするのである。

事業サイクルのうち、販売までは参入障壁ということをあまり意識せずに権利化しても、同業者に対しては効果のある権利となる。

ただし、参入障壁の形成は同業他社だけが対象とは限らない。特に生産段階では、同業他社のほか、自社よりも川上に位置するたとえば材料や部品メーカに対して、あるいは自社よりも川下に位置するメーカに対しても、参入障壁を形成できるように権利を形成する。

最も意識しなければならないのは、製品が顧客の手に渡った後、すなわ

ちサービスの段階である。この段階で事業に参入しようとするのは、同業者とは限らない。むしろ同業者以外の場合が多い。部品を供給してサービスだけを行ったり、消耗品の提供などで事業に入り込もうとする新規参入企業がたくさん出てきて市場を形成するのである。このような市場がいったん形成されると、独占禁止法により自由競争市場が保護され、特許権の行使が反競争行為として許されない事態も生じうる。新規ビジネスを企図する場合、事業の全サイクルを見渡して新規参入者をも想定し、有効な参入障壁を事前に形成しておくことが重要なのである（図表4-5を参照）。

事業への参入を防ぐには、権利侵害の予備的な行為であるとする間接侵害ではなく、正当な理由あるいは権利を持たずに、特許に含まれる発明を実施しているとする直接権利侵害を行使できるように権利を形成しておかなければならない。

たとえば、装置メーカが最終製品に適合した部品（機能ユニットを含む）について、部品と装置との結合を条件とした権利を取ったとしても、その特許では部品自身には権利行使ができない。装置に適合させたということで、「部品が新しい特許である」と主張しても、直接侵害ではないので弱い。このため、部品サービスにおいて他者の参入を許す結果となってしまう。

参入を防ぐためには、部品について技術的意味のある開発を行い、部品そのものの権利を取る必要がある。この行為は時としてコストアップにつながる。それでも知財を守るという姿勢であたらないと、第三者による事業参入は防げない。

最終製品向けの部品では、思想化した権利というより、第三者の参入を防ぐという目的に適うよう、狭い範囲しかカバーしていなくても強くて訴訟に耐える権利を取ることも考えなければならないのである。

コア技術の延命化の具体例として紹介したキヤノンのプロセスカートリッジ（機能ユニット）の特許群は、消耗品サービスという新規参入者に対する参入障壁を形成する特許群でもある。このプロセスカートリッジの開発とほぼ同時期にプリンターの消耗品であるインクカートリッジ（機能ユニット）の開発もなされ、改良を継続的に行い、プロセスカートリッジ同様に特許群として強固な参入障壁を形成した。

**図表4-5　事業サイクルと知財創造サイクルの連動**

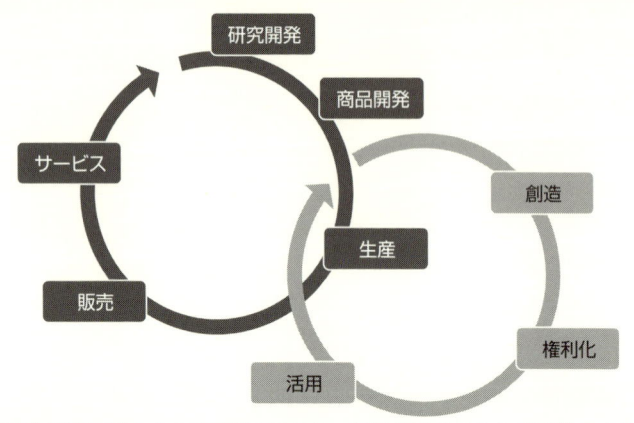

知的財産を目的に適うように活用するには、知財創造サイクルを事業サイクルと連動させなければならない。また、二つのサイクルが連動することにより、事業サイクルの各段階における参入を予測し、その障壁となる守りの権利を形成することもできる。

　交換部品、機能ユニットの参入障壁形成においてポイントとなるのは、本体とのインターフェースの技術開発と権利形成である。
　交換部品、機能ユニットの内部構成の技術開発と知的財産で参入障壁を形成することは重要である。しかし、この分野の参入者は、特許期限切れの内部構成、あるいは機能を落した旧タイプの構成、改変などで参入してくることが多く、持続的な参入障壁を完全に形成することは困難である。一方、インターフェースは互換の要であり、インターフェースを変えての互換カートリッジの参入はありえない。そこで、インターフェースの強固な参入障壁を持続的に形成することがきわめて重要になる。要の参入障壁の基本特許群が権利消滅する前に、インターフェースの新たな技術開発により新たな基本特許群で強固な参入障壁を形成するのである。
　この時に、開発コスト、製造コスト、新旧インターフェース技術の併存による管理コストが上がることを嫌ったり、あるいは三位一体の知的財産戦略の欠如から新たな参入障壁の形成を怠ると、開発、製造、管理コストよりはるかに大きい事業利益を失うことになる。

## 3 「攻めの権利」の形成

● ──── 「攻めの権利」とは何か

　事業における弱みの解消手段の一つは、ライセンスを受けてロイヤルティを支払うことである。しかし、これでは費用がかかりすぎ、事業競争力がなくなるのは明らかである。加えて、この方法には、ライセンスを受けられなければ事業ができないという大きな弱点もある。事業における弱みの解消策として、最初からライセンスを受けることを組み込むのは、事業戦略として間違っている。
　では、知財上の弱みはどのように解消すべきなのか。
　相手が「否」と言えない状況をつくり出す、すなわち、相手の弱みをつかんで、攻めるのである。そのために必要となるのが攻めの権利である（図表4-6を参照）。
　「攻め」とは、自社の弱みを解消するための交渉であり、この交渉に持ち出すのが攻めの権利である。攻めの権利は、事業の実施とは必ずしも関係なく、自社の弱みの解消を目的として形成する権利であり、自社の弱みとなる権利の所有者を攻めるための権利である。
　攻めの権利は、現在または将来に、自社よりもむしろ他社が実施する技術に対して設定する。そうすれば相手に脅威を与えた状態で交渉に臨める。また、攻めの権利の形成においては、守りの権利のように訴訟を想定する必要はない。交渉で目的が達成できればよいのである。
　攻めの権利は、その内容が事業と直接に関係がないものであっても、事業の実施において不可欠の権利である。守りの権利を数多く持っていても、攻めの権利を持っていなければ弱みを解消できず、事業は行えないからである。

**図表4-6 攻めの権利、守りの権利**

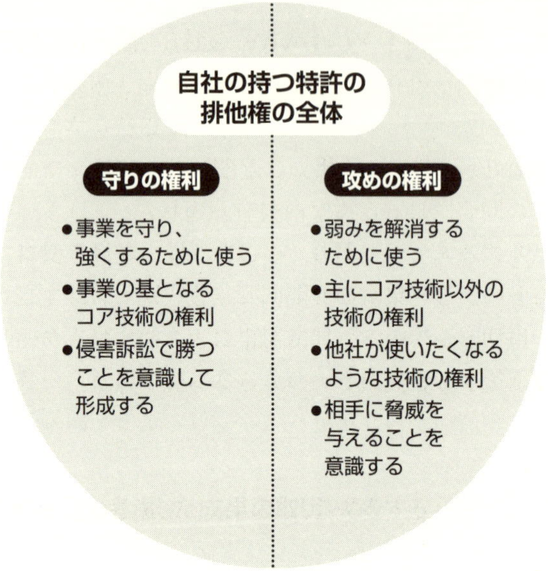

**自社の持つ特許の排他権の全体**

**守りの権利**
- 事業を守り、強くするために使う
- 事業の基となるコア技術の権利
- 侵害訴訟で勝つことを意識して形成する

**攻めの権利**
- 弱みを解消するために使う
- 主にコア技術以外の技術の権利
- 他社が使いたくなるような技術の権利
- 相手に脅威を与えることを意識する

## コア技術以外の技術についての攻めの権利形成

　攻めの権利は、コア技術以外の技術で形成する。自社のコア技術の権利を攻めに使ってはいけない。攻めに使うとは、弱みの解消のために使うことであり、弱みの解消のための交渉においては、自社の権利の実施許諾をせざるをえないこともある。攻めの権利としてコア技術の権利を使うと、これを他社に使わせることになり、自社の競争力を弱めてしまうことになる。

　一つの製品は、コア技術のみで形成されるわけではなく、周辺技術や既存技術が多用されている。コア技術で他社と差異化するとしても、他社と共通する技術は数多く存在する。共通技術は他社も必要とする、使いたい技術であり、しかも自社技術としての開発対象でもあるので、攻めの権利の対象として最適である。

また、このような共通技術の権利を守りの権利として独占しようとすると、あたかも百年戦争のように争いが続いてしまう。2社が争えば他社を利するだけである。この部分では協調と競争の考えも必要である。この意味からも攻めの権利とすべきものなのである。
　攻めの権利は、とにかく数が多いほうがよい。攻めの権利を100件持っている企業と10件しか所有していない企業が交渉すれば、100件持っている企業のほうが優位に立てることは明白である。

## 相手の実施技術・実施したがる技術を攻める権利を形成する

　攻めの権利として相手に最も脅威を与えられるのは、相手の商品そのものを攻められる権利である。この権利を得るには相手の技術を知る必要がある。
　そこで、攻めの権利形成においては、自社の開発者が自社技術の開発に目を向けるだけではなく、他社の技術の延長線上にも目を向けるように知財部門が主導する。その業界における技術の先読みや商品のトレンドの先読みなどを基に、相手が欲するであろう技術を開発するのである。
　そして、攻めの権利は出願の段階から攻めを意識して取る。そうでないと、権利化にまで結びつけるのが難しいからである。たとえば、自社および他社の技術の延長線上の技術における特許出願では、安易に自社技術に限定して権利を取得してしまうこともある。これを防ぎ、出願段階から権利取得まで一貫して攻めの意識を継続するには、知財部門と研究開発部門との協働が必須である。
　先読みによる技術開発、権利取得の例としては、感光材料が塗られたフィルムを露光して撮像する銀塩カメラからデジタルカメラに移行する前に、デジタルカメラにおいてもカメラ本来の機能として必須の基本技術について特許を取得することが挙げられる。

## ●――相対的知財力を増大する質と量の権利を形成する

　自社の弱みを解消する活動は相手ごとに、相対的な知財力を検討しつつ行う。相手と自社との相対的な知財力の大小は、権利の質と量に加え事業の大きさによって決まる。自社の知的財産で相手の事業に与える影響力の大きさと、相手の知的財産によって自社の事業が影響を受ける大きさの差が相対的知財力となるのである。ゆえに、事業規模の大きな大企業は、それだけ相手の知財によって受ける影響も大きくなり、抱える弱みも大きい。これを解消するには、かなりの知財力が必要となる。

　これに対し、ベンチャーや中小企業は事業が小さいので弱みも少ない。このため、事業規模の大きな相手に与える脅威は、かえって大きくなる。

### 図表4-7　相対的知財力

相対的知財力とは、特定他社に対する自社の知的財産（排他権）力の相対的な影響力のことである

相対的知財力 ＝ A社の知的財産（排他権）がB社事業に与える影響力 － B社の知的財産（排他権）がA社事業に与える影響力

仮に、事業規模の異なるA社とB社が所有する知的財産が、相手事業に排他権して行使できる質と量において同じだとすると、下図の関係が成り立つ

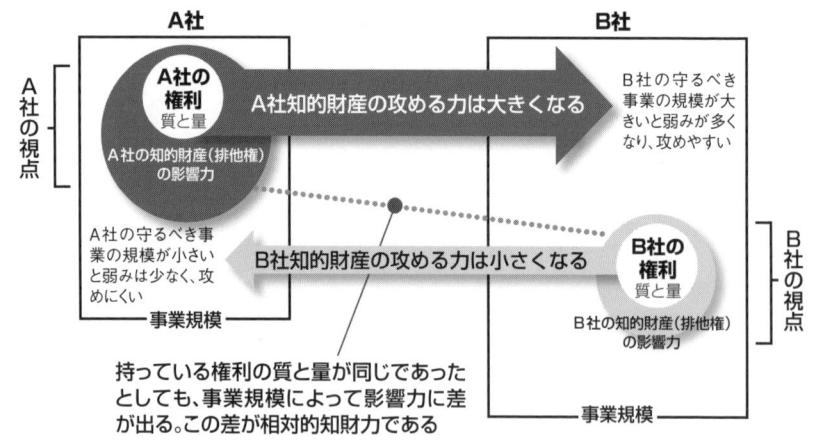

**A社**
- A社の権利　質と量
- A社の知的財産（排他権）の影響力
- A社知的財産の攻める力は大きくなる
- A社の守るべき事業の規模が小さいと弱みは少なく、攻めにくい
- 事業規模
- A社の視点

**B社**
- B社の権利　質と量
- B社の知的財産（排他権）の影響力
- B社知的財産の攻める力は小さくなる
- B社の守るべき事業の規模が大きいと弱みが多くなり、攻めやすい
- 事業規模
- B社の視点

持っている権利の質と量が同じであったとしても、事業規模によって影響力に差が出る。この差が相対的知財力である

＊仮に、事業規模が同じだとすると、相手事業に排他権として行使できる質と量の知的財産を多く所有している方が、相手に与える影響力が大きくなるので、相対的知財力は大きくなる。

ベンチャーや中小企業は、所有する知的財産権の数が少なくても、相対的知財力は大きくなる傾向があるのである。この極端な例として、パテント・トロール（定義は難しいが）を行う組織がある。彼らは買い集めた知的財産をライセンス料や損害賠償金などを取る目的にのみ使い、事業には使っていないため弱みを持たず、相対的知財力は非常に大きい（図表4-7を参照）。相対的知財力を活用するには、自社の弱みが他社に知られていない状況で、他社の弱みを自社特許権で攻撃し、交渉と契約により自社の弱みを解消する。

たとえば、図表4-8に示すように、A社が開発中の製品にB社の特許権A3、bmを侵害する恐れがあったとする。A社製品は販売前であり、秘密状態であるからB社はA社の弱みを知らない。一方、A社はB社のコア技術についての攻めの特許権の取得を企図しており、B社の製品販売前に出願された特許権B1を最近になって取得した。現時点ではB社を訴追せずにいるが、B社の販売済み製品は、A社の特許権B1を侵害している可能性がある。A社にとって、特許権B1の技術はノンコア技術である。

**図表4-8 | 相対的知財力の活用**

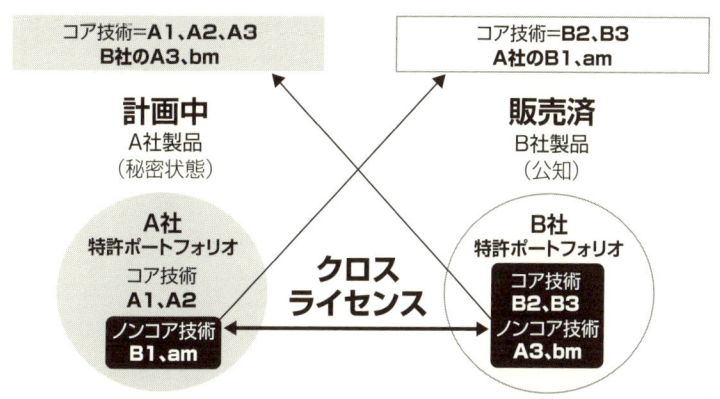

コア技術＝A1、A2、A3
B社のA3、bm

コア技術＝B2、B3
A社のB1、am

**計画中**
A社製品
（秘密状態）

**販売済**
B社製品
（公知）

**A社**
特許ポートフォリオ
コア技術
A1、A2
ノンコア技術
B1、am

**クロスライセンス**

**B社**
特許ポートフォリオ
コア技術
B2、B3
ノンコア技術
A3、bm

クロスライセンスによりA社はノンコア技術A3、bmの許諾をB社から得る。同時に、B社のコア技術B2、B3も取得した。A社のコア技術は許諾せず。

クロスライセンスによりB社はノンコア技術B1、amについてA社からの許諾を得る。同時に、ノンコア技術A3、bmに加えコア技術B2、B3もA社に開放した。

A社から特許権B1の侵害を警告されたB社としては、自社事業を継続するために、A社のライセンス契約に応じるしかない。Bが所有する全特許権B2、B3、A3、bmと、A社の特許権B1、amとを、互いに使用できるようにするクロスライセンスが成立しうる。この結果、A社は自社の弱みであったB社特許権A3、bmについての弱みを、自社製品の販売前に解消できる。そのうえ、A社は自社の特許権A1、A2はライセンス対象とせずにコア技術についての競争力を維持しながら、B社のコア技術に関する特許権B2、B3も取得できるので、研究開発の自由度を確保できる。加えて、相対的知財力の差分の調整として実施料収益も得られる。

　一方、B社は事業の停止は避けられた代償として、なけなしのコア技術の特許権B2、B3をA社に開放する結果となり、今後の競争力の低下は否めない。B社は、製品販売前に弱みを解消するための三位一体活動ができていなかった典型例である。

# 4　知財評価

● ── **定量評価よりも定性評価を重視する**

　知財価値評価として、近年では知的財産の金銭的価値評価（定量評価ともいう）が盛んである。たしかに、知的財産に基づく資金調達、事業の売却、M＆A等の局面では、知的財産の金銭的価値評価が必要となる。ただし、知的財産の価値は、権利の有効性、必須特許か周辺特許かの区分け、現在および将来の市場の大きさ、代替技術の出現等の不確定要素だけでなく、その知財の持ち手によっても価値が変動する。金銭的評価にも知的財産の定性評価が必須となるのである。上記した局面でも定性評価に重点を置くべきである。金銭的価値は定性評価に基づく知的財産の価値（主に排他力）に、その知的財産を活用する者の事業戦略に適った知財力、相対的

知財力の強化に役立つ程度で決めるものである。

自身が事業を実施するのであれば、知的財産の金銭的価値評価（定量評価）よりもむしろ、知的財産の定性評価を重視すべきである。

特許権についての定性評価では、個々の出願の特許請求の範囲、出願日の先行性、さらにはすでに存在する契約の契約条項も検討し、契約による知財力、相対的知財力を評価する必要がある。自社の特許権の特許請求の範囲で相手の製品がカバーされているか否かの排他力を判断するには、時には相手の製品を購入して分析する必要がある。この場合の購入費は事業部の負担とし、事業部門と知財部門とが協力して分析する。

研究テーマ、研究開発成果の事業化の適否、新規事業の競争力、既存事業の持続的競争力などの知財面での評価は、特許権の定性評価に基づく知財力、相対的知財力の評価によるものである。

## ●── 企業の知財活動の評価は自社が主体的に行う

企業が取得した特許権が事業競争力を持つものか否かは自社の知財部門が主観的に評価する。企業が持つ知財力は、外部から評価することはできない。弱みは交渉と契約で解消しており、契約は守秘義務があるため外部には発表しないため、外からは知財部門の仕事ぶりさえもうかがえないのである。

外部からわかるのは、その企業が持つ特許だけである。これを評価するには一定の基準が必要になる。登録件数、登録率など、数値化できるものが評価項目となるであろう。しかし、この評価項目では、企業が第三者の権利を使えるようにする交渉能力を有するか、という面から見た知財力は計れない。

企業買収あるいは事業買収においても、相手の企業の知財がどれくらいあるかを知るのは重要である。知財そのものはオープンになっている情報からわかるが、どのような契約をしているのかは、契約書を見なければわからない。買収を前提とすれば、デューデリジェンス（投資対象の実態や投資によるリスクを把握するための調査）で見せてくれるが、短期間で契約

を読み、その中身から買収した時に自社がどれほど得をするかを判断しなければならない。企業の知財力はそこまでしないとわからないものなのである。外部から評価して企業価値を決めるのは不合理であると言わざるをえない。

　アメリカでは、毎年その年の企業の特許登録件数を公表している。これが、登録件数の多い企業こそが研究開発に積極的であり、知財力が強いというイメージを定着させる原因となっている。キヤノンも1987年と1992年の2回、アメリカの登録件数で1位になったことがある。偶然にも賀来龍三郎社長（当時）が掲げた第二次優良企業構想（研究開発費を売上げの10％とする内容を含む）、グローバル企業構想の最終年であった。初めてトップになった当時は、日米経済摩擦が叫ばれており、日本がモノで圧倒するのみならず、特許の登録件数でもトップになったら、さらに批判を受けるのではないかと警戒し、アメリカの弁護士にまで相談したものである。

　しかし、実際に大変だったのは、その翌年に2位になった時であった。前年度研究開発能力が高いと評価したマスコミから「キヤノンの研究開発能力が落ちたのか」とずいぶんインタビューされたものである。実際には、研究開発能力は前年より上がっており、キヤノンの登録件数も前年より増加していた。相手の登録件数がそれ以上増加したため単に2位になったというだけのことで「技術力が落ちたのか」という質問になるところが、本質を理解しない表面的な特許登録件数のみによる企業評価の危うさを示している。

## 第三者機関での知的財産の定性評価の促進

　企業の知財活動での知的財産の評価は、金銭的な定量評価より定性評価による知財力、相対的知財力の評価、契約力に基づく第三者知的財産の活用力の評価が重要となる。この評価は、企業活動の規模にもよるが、企業の事情に詳しい多くの知財専門スタッフが必要となる。

特にベンチャー、中小企業のように知財力などを評価する知財スタッフが不足する場合、あるいは、技術標準のパテントプールの必須特許（第6章を参照）の評価、技術研究組合（研究開発パートナーシップ）の研究開発成果（知財）の配分（第5章を参照）の際の貢献度評価、事業適合性の知財面からの評価、Ｍ＆Ａの知財評価などは、専門性および客観性が高く望まれる。よって、独立した第三者専門機関での定性評価が望まれる。

これらのニーズを先読みして、弁理士会の知的財産価値評価推進センターで定性評価を推進し、標準化委員会が設立された。さらにパテントプールと必須特許の評価の必要性から、2006年には第三者独立専門機関である日本知的財産仲裁センターの「センター必須判定」業務として、標準化技術の必須特許の判定業務が開始された（日本知的財産仲裁センターウェブサイト「http://www.ip-adr.gr.jp」を参照）。

最初に扱われたのはデジタル放送に関するARIB標準規格特許プール（管理団体アルダージ株式会社）の必須特許の判定業務で、この判定業務は現在、デジタル放送技術の標準化に貢献している。

引き続き、中小企業などの計画事業（研究開発から事業までを対象）の適合性を知財面から評価する「事業適合性判定」業務が2011年から同じく日本知的財産仲裁センターで開始されている（上記ウェブサイトを参照）。判定には、多数の判定人から技術分野、利益相反を考慮して選任された中立な弁護士と弁理士が共同であたっている。

私はいまも、日本知的財産仲裁センター副センター長、運営委員として、事業化リスクの軽減と投融資の促進に貢献できればと願っている。また将来的には、研究開発パートナーシップの成果（知的財産）の貢献度評価、Ｍ＆Ａによる知的財産の契約から得ている他社特許の実施可能性の評価などを通じて、アライアンス活動の促進に貢献したいと考えている。

# 5 グローバル知的財産戦略

● ―――活用しやすい、効果の大きい国で権利を形成する

　知財制度や裁判制度は国ごとに異なるので、企業がグローバル展開をする際には、各国の制度などを検討したうえで、攻めと守りの両方から見て、最も実効のある国で権利形成を行うようにする。
　権利形成をする国を選択する際には、次のような優先順位で検討すべきである。
　第一に、権利が活用でき、損害賠償や差し止め請求の実効性があり、他社に脅威を与えられるという条件に適合するかどうかである。現時点で権利を活用しやすく、効果も大きい国はアメリカである。アメリカには、訴訟手続き上で証拠収集が可能なディスカバリー制度があり、差し止め請求と多額の損害賠償に加え、故意侵害に適用される3倍賠償の制度があるためだ。攻めの権利も守りの権利もアメリカで取っておけば、相手は脅威を感じるはずである。アメリカで勝訴すれば、特殊事情がない限り、他国でいちいち争わなくとも全世界で和解が得られるであろう。
　第二に、市場の大きさを見る。グローバル展開している企業における交渉は、国ごとではなく企業全体として行われるため、市場の大きい国で優位に立てば、他の国における交渉でも有利になるからである。
　さらに、各国の制度および運用の変化、市場の変化についての先読みも必要だ。たとえば、中国の5年先、10年先をどう読むかによって、権利化の進め方も変わるであろう。自国の経済政策によって特許法を改正する中国からは、今後も目を離せない情況である。
　急速な発展を続け、巨大市場として期待されているBRICs（ブラジル、ロシア、インド、中国）のなかで、中国に次ぐ注目を集めるインドにおいても、権利形成をすべきかどうかといったことも先読みによって見極める。

現在、「実施していないと権利が認められない」「輸入するのでは実施していると認められない」「安く製造していないと実施していると認められない」といったインドの特許法は非常に厳しいが、実際には、特許が取り消された事例はないと聞いている。非営利目的であれば、特許権者の事前の承諾を得ることなく、国がその発明の実施を認めるという強制実施権も行使されていない（医療分野を除く）。しかし、何年か先には変わるはずだ。それがいつになるかを先読みするのである。出願日から20年という特許の権利期間を考慮すれば、BRICsに次ぐ経済大国予備軍（Next Eleven）も、現時点から視野に入れてグローバルな知的財産戦略を遂行すべきである。

第三に、生産国も視野に入れる。単に、現在生産していることのみに注目せず、将来にわたっても生産国となりうるか、その国の知財制度が活用できるかも併せて検討すべきである。ライセンシーが存在する国には、実施許諾契約の前提となる知的財産権の確保は必要である。

技術標準化に関係する必須特許の権利の形成は、権利内容の確定時期が最も遅いPCT（Patent Cooperation Treaty：特許協力条約）に基づく国際出願によるのが好ましく、現在のパテントプールの実施料配分のポリシーからすれば、技術標準の必須特許は主要国以外の国にも出願するのが実施料収入増では有利である。

このように各国の制度、運用やその変化、市場サイズなどを自社の事業化の時期と合わせつつ先読みし、どの国で、どのタイミングで権利化すると有利なのかを判断することが、グローバルな知的財産戦略には重要である。このなかで、日本も知的財産戦略上の権利形成、活用において各国から重視される国であってほしい。

## ●───海外研究開発拠点で権利形成

グローバル展開を図る企業では、研究開発拠点も世界各地に持つことがある。特に、国ごとの許認可が必要な製品開発や、その国独自のニーズに応える製品開発では、現地に密着した研究所の設立に向けて研究開発拠点の世界進出はよりいっそう進められるであろう。その場合は、研究開発の

成果の権利化も各国で行えるよう環境を整える。アメリカおよびヨーロッパの多くの国では法律上の義務として、原則的には中国においても、発明が生まれた国を第一国として特許を出願しなければならないという制度があるためである。この制度に従うために、研究所を設けた国では、第一国出願ができる機能およびスタッフを持ち、各国がイニシアティブを持ってタイムリーに出願する必要がある。

　ただし、出願後は、日本の本社にて各国の研究開発拠点での権利化手続きや取得権利を集中して把握すべきである。同一対象の出願は各国プラクティスに合わせながらも、保護すべきポイントを外さずに各国にて最大範囲で権利化できるようにしなければならないからである。また、アメリカでの情報開示義務では、各国での権利化プロセスにて認識した従来技術等も開示義務を負うからである。

　一国がした契約により各国が縛られるので、排他権を許諾するような契約や権利譲渡も、各国に任せるべきではない。そのような契約や譲渡は本社が締結している契約と違反する恐れがあり、あるいはクロスライセンスの対象が意に反して変動してしまうからである。本社知財部門は、ハブ機能を果たして、海外関連研究所の成果の権利化と活用を統括すべきである。キヤノンではグローバルな知的財産の取り扱い規定を策定し、それを実行した。

## ●───グローバル展開をにらんだ商標権の形成

　グローバル展開であれ多角化であれ、事業を広げていく際に重要な権利が商標権である。

　日本と同じ商標で海外でも事業を展開したければ、諸外国においても商標権を取得しておかなければならない。製品個々の名称（ペットネーム）は、国ごとに異なってもかまわないし、そういう例も多い。ところが、社名をブランドとしていると、国別に変えるわけにはいかない。グローバル展開を円滑に行うために、商標権は早い時期に取ったほうがよいのである。

　積極的に商標権の取得に動いた例として、キヤノンの商標がある。キヤ

ノンがアメリカで事業展開しようとしたところ、すでにCanon Electronicsという企業が存在していた。キヤノンの子会社であるキヤノン電子の英語表記と同じ会社名なのである。Canon Electronicsは当時プラグの事業を行っていたが、先に多角化されて、競合する区分で商標権を取られてしまうと、キヤノンは多角化しづらくなる。そこで、キヤノンでは、事業を本格的に行う前から、商業的使用を登録要件とする使用主義のアメリカで仮の事業を行い、他に先んじて各商品区分の商標権を取ったのである。世界中で全商品区分の商標権を取るのは費用もかさむため、主要国から順次商標権を取得していった。キヤノンが多くの商品区分の事業を同じブランドでグローバル展開できているのは、このように先手を打って積極的に商標権の取得活動を行ったことによるものである。

　国による慣習などの違いの実例としては、イギリスでCanonという商標権が取りにくかったことがある。イギリスではCanonが個人の姓に使われる名称であるため、商標としてはBクラスにしか出願できなかった。Bクラスは使用して実績を上げて、初めて認めるというもので、使用中に第三者からクレームがつくと商標権が取れない。CanonはBクラスで出願し、使用実績を築いて、ようやく権利を取得したのである。このように、日本では想像できないような国ごとの事情があることも忘れてはいけない。

　また、他社の例であるが、海外における商標権については、代理店に商標権の登録を任せたところ、代理店自身が権利を持ってしまったという失敗例も多い。このほか、代理店に自社ブランドで製品を販売してもらった結果、代理店がそのブランドで信用を形成してしまったために、ブランドを取り戻せなくなるということもある。

　商標権、特に社名の商標権は会社の信用を示すので、会社にとって一番大事な権利である。事業のグローバル化、多角化を見据え、自社自身で早めに取得すべきものであり、商標権は区分ごとの権利なので、関連する区分の商標から積極的に取得していく。また、先に権利を取られてしまった区分においては、相手が取っていない商品を丁寧に拾いつくし、外堀を埋めていくことも大切だ。たとえば「ワイン」を含む酒類で自社が欲しい商標を取られてしまっており、相手が「ワイン」のみにしか使用していない

としたら「日本酒」「洋酒」「果実酒」「ビール」などを戦略的に押さえてしまうということである。これにより、自社の商標の範囲を広げつつ、相手が商標を使える範囲を限定できる。

　商標に関して言えば、希釈化されるような使用や使用許諾を避けなければならないし、模造品にも目を光らせていなければならない。商標を真似されると信用を失うからである。商標権を侵害されたら、工場などの現場を見つけて行政庁に訴えれば、生産を止めてもらえる。しかし、やっかいなのは、場所を変えて、またつくられてしまうことである。費用をかけて生産拠点を突き止めても、現場に行ったらもぬけの殻ということさえあった。模倣品退治は、あたかもモグラ叩きのように、叩いても叩いても、またどこかから出てくるということになるが、なんとしても退治をしなければ、品質が低い製品が市場に出回り、自社の製品の品質が悪いというイメージを顧客に与えてしまう。この意味では、商標は守るのが非常に難しく、労力のかかる権利であると言える。

### 商標の使用範囲を限定したために「Canon」が使えなかった事例

　商標に関しては、その使用方法を限定したり、「これには使わない」という契約を第三者と結ぶことを避けるべきである。事業は予想外の分野に広がることもあるからだ。

　カメラから始まったキヤノンが事務機の事業に進出した頃のことだった。プリンターつき電卓の専用用紙と複写機の用紙に「Canon」と印刷して販売したところ、イギリスの企業から「契約違反だ」というクレームを受けたことがある。いったい何の契約のことかと、私が入社する前にまでさかのぼって契約書を調べたところ、1枚のアグリーメントが見つかった。

　キヤノンでは、1959年に〈シンクロリーダー〉という製品を発売したことがあった。これは磁気シートに音声を録音し、再生ができる機

械であった。この時に「Canon」という磁気シートの商標権を香港で取ろうとしたところ、イギリスの企業がすでにこの権利を持っていたのである。普通であれば「Canon」は使えないところだが、この時には「磁気シートに使う」という条件で「Canon」の使用に合意が得られた。ただし、その見返りとしてそれ以外の紙と文房具の分野では、「Canon」の商標を使わないという契約も付随していたのだった。これがアグリーメントの内容であった。

　当時は、キヤノンが紙を販売するようになるとは考えなかったため、このような契約になっていたのだろうが、事業の多角化を進めた結果、各種の用紙も販売するようになり、このときの契約がマイナスに働くようになってしまったのである。この契約があるため、「Canon」としては用紙を売ることはできない。苦肉の策で「for Canon Copier」で販売したが、事業を行ううえでは不利であったことは否めない。

　この商標権は後に買い取ることができたが、これは相手の社名そのものはCanonではなかったからで、非常に幸運なケースだったと言える。

　社名商標（ブランド）については交渉、契約で特定の分野でも「使用しない」とは絶対に言うべきでない。商標は更新登録が可能で永遠の権利である。現経営陣が使用の計画がなくても、次世代の経営陣に負の遺産を残すべきではない。

# 第5章 事業を強くする知的財産活用

# 1 研究開発力強化の知財活動

● ─── 研究開発に自由度を与え創造力を高めるための活用

　研究開発においては、必ずといってよいほど「第三者の権利」とぶつかる。この時に知財担当者にとって、最も安心で簡単な方策は研究の方向を変えるよう研究者に提言することだ。しかし、これを繰り返していては、研究範囲は狭まるばかりで成果は上がりにくくなり、競争力は低下する。

　障害となる第三者の権利に対して知財担当者が行うべきなのは、自社の研究範囲を制限することではなく、先読みにより、他人の権利による弱みを解消して、研究者が自由に研究できる環境を整えることである。

　研究者が第三者の権利に心を煩わせることなく研究に打ち込めるようにするためには、十分な数の攻めの権利を用意し、相手ごとの相対的知財力を高めたうえで、交渉によって戦略的に弱みの解消を行う。こうすれば、研究者は第三者の特許を心配することなく自由に研究開発を進められるようになり、それだけよい成果も出やすくなる。研究開発の自由度が高ければ高いほど事業競争力も上がるのである。

　前もって第三者の権利への対応を行うことは、研究者のみならず知財担当者にもメリットがある。自社の研究開発が第三者の権利を侵害するか否かの調査、判断は非常に難しく、だれが行っても完璧にはできない。第三者の権利はないと判断しても、まだ公開されていないだけかもしれないし、調査分類から漏れる権利もある。技術動向の調査と異なり、権利情報の調査は重要な特許を1件見逃しても命取りになる場合もある。見つかった特許の権利範囲の解釈や有効性の判断も難航する。自社の研究にかかわる第三者の権利の有無の調査、検討は、どれだけ手間ひまかけても正確な結果が得られず、知財担当者にとっては、労多くして功少ない仕事になる。それよりも、研究開発に自由度を与えるという目的のために、戦略的に攻め

の権利を形成し、交渉によって第三者の権利の障害を取り除く仕事をしたほうが、研究者にも喜ばれ、事業競争力の向上にも貢献でき、やりがいもある。

## ●────事業の弱みを解消し、強みを増すための活用

　事業の弱みを解消するためには、戦略的に攻めの権利を形成し、相対的知財力を高め、常に適正に評価する必要がある。しかし権利を形成しただけでは、弱みは解消されない。攻めの権利の形成は、弱みを解消するための武器を整えているだけであり、その武器を持って戦略的に相手と交渉を行い、目的に適った契約ができて、初めて弱みが解消されるのである。

　攻めの権利形成までは順調に進んでも、活用で失敗したらすべてが水泡に帰す。しかも、活用の場面において失敗する可能性は少なくはない。最も起こりがちなのは、相手から攻め込まれることである。こうなると、攻めの権利形成が万全であっても、おそらく予想以上に自社は負ける。「知財を数多く保有しているから、攻められたらいつでも攻め返せる」と言う人もいるが、この考えは間違っている。攻められる側に回ってしまうと、自分から攻めに出るのと比べて、相当大きな被害を受けるものだ。攻められるとは、相手に自社の弱点を見出され、その解消を最優先にしなければならない立場に置かれることである。これを解決しなければ事業が止まる恐れもある。犠牲を払ってでも解決を急がなければならず、相手の言い分を飲まざるをえなくなるのである。

　たとえば、業界に先んじて、自社がある画期的な新製品を出したとする。ところが弱みを持ったまま出したため、その製品が攻められた。こうなると、いまさら製品を取り下げるわけにもいかず、弱みの解消に自社の知財をかなり放出することになる。知財の活用においては、攻められてから解決しようとすると、圧倒的に不利になる。むしろ積極的に自社から攻めに出て弱みを解消する戦略を取ったほうがよいのである。

　自分から相手を攻めて弱みを解消する方法の一つに、相手の新製品を分解して調べることがある。上市される製品すべてが、事前に弱みを解消し

てあるわけではない。企業によっては弱みを持ったまま製品を販売することもある。それゆえ、製品を調べれば、攻めの権利の形成や活用に役立つ情報が入手できる可能性が高いのである。

　また、攻撃を受けて窮地に陥っている時に、相手の新製品が出て、これを調べたら自社の特許が使われていることが判明し、一気に逆転することもある。相手が全社一丸となって戦略的に行動していないと、ある事業部が攻めているにもかかわらず、別の事業部ではそれを知らずに弱みを抱えたまま事業を実施してしまうことがある。攻められている側にとってはしめたもので、これを利用して一気に攻守逆転に持っていく。こうなると最初は攻めていた企業が攻められる側に回り、しかも弱みを持ったまま実施した事業が、攻めている事業より大きければ、その企業としてはトータルでマイナスになる。

　攻めの戦略を立てるうえでは、相手の知財活用能力を見定めることも重要である。すべての企業が自社の知的財産の強さを自覚して、攻めてくるとは限らない。こちらから見ると、事業の邪魔になる権利を持っている企業でも、攻めてこなければ何も持っていないのと同じなのである。

　自社の事業に弱みがあることを認識し、それをどのように解消しようかと考えている時に、弱みの原因となっている相手の基本特許出願の審査請求の時期であることに気づいたことがある。相手の出方を見守っていたところ、相手は審査請求をかけなかった。基本特許出願の審査請求をかけないのだから、それにかかわる一連の特許出願も審査請求をかけないだろうと推測していたら、案の定その通りになり、使いたい特許すべてを心配なく利用できたという経験もある。

　これは、相手にこちらが行いたいことが読まれなかったおかげである。と同時に自社が持っている権利が他社からどれくらい必要とされているかを読み違えると、大事な財産を捨ててしまうことを示す例でもある。

　とはいえ、使えない権利を後生大事に抱え込み、登録料や維持年金ばかり払っていては無駄遣いになる。その兼ね合いを計るのにも先読みが重要なのである。

　このあたりの自社と他社の読み合いは、人間と権利との絡みであり、人

間の知恵が影響する部分なので、知財の仕事としては最もおもしろい要素である。

## 先読みにより弱みを解消したレメルソンの事例

　アメリカの発明家、ジェローム・ハル・レメルソン氏は第二のエジソンとも呼ばれた人物であり、約600もの特許権を所有し、自動車業界、電機業界などから莫大なロイヤルティを取り立てたことで有名である。
　このレメルソン氏が日本の電機業界を標的として攻め込んできて、キヤノンもその対象となったことがある。レメルソン氏はコンピュータ関連の特許権を数多く持っており、この時は各コンピュータ・メーカーにロイヤルティの支払いを求めてきた。たしかにキヤノンもコンピュータを販売していたが、OEMで購入したものであり、メーカーから特許保証も得ており、メーカーが交渉に当たることになっていた。それにもかかわらず、レメルソン氏側はキヤノンと交渉したいと譲らない。
　このような事情であるから、キヤノンとしては支払いをする必要はまったくないのだが、レメルソン氏の攻めの特許の内容を見たところ、「ディスプレイが二つあるコンピュータ・システム」に関する特許があることに気づいた。ディスプレイ二つとは、ディスプレイそのものとプリンターのことを指している。コンピュータの出力装置としてプリンターがつながった状態がレメルソン氏の特許権を侵害することになるのである。
　レメルソン氏はコンピュータを対象として攻めに来ているのであり、コンピュータに関しては、前述のようにキヤノンは支払う立場にはない。しかし、メインビジネスのプリンターがディスプレイの一つに入った特許があるというのは、大いに気になる問題であった。

レメルソン氏と話し合いをしてみると、最初はプリンターのことは出なかったが、話が進むにつれ、「キヤノンはプリンターを何トン輸出しているのか」と尋ねてきた。これを聞いて、相手がたいした情報はつかんでいないことを確信し、早いうちに彼の特許問題を解決したほうがよいと思ったのである。そして、これを機に彼の特許を全件調べてみたところ、キヤノンが新規事業で計画していた技術に関係しそうな特許が含まれていた。また、既存事業の将来を考えても、問題が起きそうな特許もあった。
「これはいまのうちにいっきに解決しておいたほうが得だ」と私は決断し、レメルソン氏に対して次のように交渉した。
　キヤノンはコンピュータの特許に関してはロイヤルティを支払う理由がない。それにもかかわらず支払いをするには、経営者を説得しなければならないし、それには研究開発に自由度を与えるためとしか言いようがない。しかし、なにぶん将来のことであるから使いたい特許がどれかを特定できるわけではない。どうしてもキヤノンから金を取りたければ、全件をライセンスしてほしい。
　これに対して、レメルソン氏はいとも簡単に合意したのである。
　しかし、この交渉にはまだ続きがある。レメルソン氏は、アメリカでも同じような要求をした企業が1社あるので、それと同じ契約でよいかという。相手は名前を聞けばだれでも知っているような有名な企業なので、私は「それでよい」と言った。
　ところが、契約書のドラフトを見たら、たしかに全件のライセンスをもらえるが、実施していない場合、ほかにエクスクルーシブを出せるという内容である。将来のためにライセンスを受けたのに、使っていなければすべて取られてしまうのだ。大慌てで「これは違う！」と言ったが、レメルソン氏側は「OKしたではないか」という。
　そこで交渉をやり直し、粘りに粘って、ようやく一時金で全件のライセンスを受けられる契約にまでこぎ着けたのだった。

当時、ほかの企業では、6件くらいの権利のライセンス料を安くしようと交渉していた。その金額と私が全件ライセンスを受けて払った金額というのは、結果的に大差はないものだったことも付け加えておきたい。

　レメルソン氏の特許は、その後も日本の産業界を脅かした。その代表的なものにパターン認識の特許がある。これは多くの生産ラインで使われているものであり、半導体から自動車まで、すべての業界で使っていると言っても過言ではない。多くの企業はこの権利でも攻められ相当な金額を支払うこととなったが、キヤノンは最初に全件のライセンス契約をしておいたことによって支払いを免れたのである。

　これは研究開発部門、事業部門との常時の連携を行っていることにより、研究開発や事業の視点から相手の特許の重要性を理解し、自社の将来のために弱みを早期に解決できた一例である。

# 2　販売力、生産力を強化する知財活用

### ●──販売力を維持するための知的財産の活用法

　製造まではできるものの販売力に欠けるという場合には、販売網を形成できるまで販売提携をすることがある。相手方の要請によってOEM契約を結ぶこともあるだろう。この時に注意すべきは、相手方は供給の安定や購入価格を引き下げるため2社以上からの購買を考えるものだということである。とはいえ、販売契約で2社購買を禁じることは困難である。このような場面においても知的財産の戦略的な活用により、事業計画通りの継続的な販売を確保する方法がある。

普段の知財活動では、弱みの解消のために攻めの特許の活用で同業他社とクロスライセンス契約を結ぶことが多いが、OEMがからんだクロスライセンスでは、OEMとして供給する製品の主要機能にかかわる攻めの特許は対象から外す。対象製品の守りの特許、そしてクロスライセンスから外した攻めの特許の両方を自社が持つことにより、相手方の2社購買を阻止するのである。こちらが特許権を握っているため、相手が同業他社に同様の製品を発注したとしても、他社は権利侵害の脅威を感じて受注を断念するはずだ。
　こういった知財活動は、対象商品を販売してからの対応では手遅れで、常時、事業部門と密な連携をとり、先読みを行ってこそ可能となるものである。

## ● 生産委託に伴う知的財産の活用

　ある商品の生産設備を持たず、あるいは生産量の変化分を調整するために第三者にその商品の生産を委託することがある。いわゆるハブメイドである。この場合には、一般的に取引上の流れは委託者に生産した商品の全量を引き渡すことにするが、物流は委託者が指定する者に生産者から直接引き渡す契約を締結する。この方法が取れない場合は物流も委託者あるいは委託者の関係子会社宛てとなる。
　ハブメイドの実施には設計図および必要な技術情報の開示が伴う場合がある。ハブメイド契約では開示した技術情報の流出を防止するため適切な秘密保持条項および必要な条項を入れるのは当然として、契約中あるいは契約後に同等の商品が第三者に提供されるのを阻止するため、生産国での適切な知的財産権の確保と活用が欠かせない。
　生産国での知的財産権の確保が十分でない場合、あるいは生産国では法制度、運用により差し止め訴訟の実行が困難な場合には、輸出入国の法律にもよるが、輸出国の税関あるいは輸入国の税関で輸出入を差し止めるか、輸入国の裁判所に販売差し止め訴訟を提起することになる。
　税関での差し止めは模倣品の場合と同様であるが、商標（権）、意匠（権）

の模倣（侵害）は別として、技術的に高度で複雑な商品の特許権侵害（日本では模倣品も侵害品も禁制品と定義されている）の場合は相当困難である。

そして、日本の税関での輸入差し止め、裁判所での訴訟では、輸入・販売者を被告として差し止めの申し立てをすることになる。しかし多くの場合、被告となる事業者は国内で商取引の顧客であるため、訴訟を断念せざるをえないこともある。

さらに、特許権侵害の部品を内蔵した製品が輸入された場合、部品メーカーを被告として侵害部品の差し止めの申し立てをすることは事実上不可能である。アメリカでは可能であるのに対し、日本ではこのような輸入製品には部品メーカーの権利行使が事実上できないのである。日本の部品メーカーの悩みの一つである。

生産委託については、以上のような点を考慮して生産国を決める必要がある。

また、事業、研究開発、知財部門の人は三位一体の活動として事業に直接関係する製品法務の概要を常識として身につけることが大事である。秘密保持契約は第7章、製品法務については第8章で述べる。

# 3 知的財産を活用した共同事業

## ●——知的財産の強みの結合で新規事業を行う

新規事業に参入する場合、素晴らしいコア技術を開発しても新しく参入する事業分野の商品に関する第三者の知的財産による弱みを解消しなければ参入は難しい。

この弱みを自力で解消するには、その分野に存在する多数の弱みの特許を解消する攻めの特許を十分に保有するか、ライセンス・インが必要となる。全社の攻めの特許を活用しても十分でない、ライセンス・インでは実

施料が高額となり事業競争力がないという時に、この弱みを解消し、強みを増すためには参入分野の企業とアライアンスを組むことになる。

アライアンスの形態としては、コア技術に関する守りの特許群を活用する事業提携または共同事業（ジョイント・ベンチャー：JV）がある。

事業提携の例としては、コア技術の部分は自社で開発・生産し、コア技術部分を除いた商品を相手方から調達し、コア技術部分を組み込んで商品を完成させることが考えられる。

コア技術部分の量産が自社では難しい場合はハブメイドを活用すればよい。販売網が弱い場合は商社の販売チャネルを活用する手もある。

JVの例としては、自社が支配するJV1でコア部分を生産し、商品の他の部分を相手方が支配するJV2で生産し、それぞれのコア部分を組み込んで完成品をつくる方法がある。この長所はコア技術部分の量産技術が身につくことである。販売については事業提携の場合と同じ考えでよい。

JV形式の場合は、相手方にもコア技術を組み込んだ商品の販売を許すことになるが、自社の事業競争力を確保できる販売条件を取り決める必要がある。たとえば販売テリトリーを分けるか、高級品と普及品に分けるなどである。いずれの場合も将来自社単独での事業展開を視野に入れてアライアンス条件を決めることがきわめて重要となる。アライアンスの詳細は第7章で述べる。

● ── **事業化に必要な技術開発を共同で行う**

コア技術の開発に成功しても、それを事業とするには事業化に必要な技術開発、量産技術の開発が必要になる。

これらの技術を自力で開発できることが理想であるが、一般的には資金調達ができたとしても実用化技術の開発能力の不足、開発設備の不足から自力で成し遂げるのは容易ではない。

そこで、現実的な解決策としては、対象技術の開発力、開発設備を有する相手を選択し、コア技術の開発成果（技術、知財）、特にコア技術の特許（群）（守りの特許）を活用して、共同で事業化に必要な技術開発をすること

が挙げられる。

　共同開発の相手方としては、公的機関の独立行政法人、大企業、中小企業（群）があり、形態としては二者間、複数者間、LLP（有限責任事業組合）、技術研究組合（研究開発パートナーシップ）などが考えられるが、最も重要なのは自社の事業競争力強化に必要な開発成果（技術、知財）が得られ、成果の取り決めができることである。共同開発の段階で事業競争力強化の技術力、知財力の形成と、有効に活用できる知財の保有が必要となるからである。共同開発で必要となる権利の形成については第3章を参照されたい。秘密保持契約、アライアンスについては第7章で述べる。

## 既存の知財力と新技術の活用を意識した新商品創出事例

　キヤノンでは、1950年代から銀塩フィルムに動画を記録するシネカメラの事業を行っていた。しかし、この事業はビデオカメラの出現によりまたたく間に駆逐されてしまった。同じ技術の類型で争っているうちは競争によって技術が進歩していくものだが、まったく違う技術が出てくると、一瞬にして制覇されることを痛感させられた出来事だった。

　この経験があったため、デジタルカメラが現れた時に、カメラ事業がなくなるのではないかという強い脅威を感じたのである。

　電機メーカーがデジタルカメラ・メーカーとして主役に躍り出て、カメラ・メーカー全社はその後塵を拝するようになるかもしれない。デジタルカメラ事業における競争相手は同業のカメラ・メーカーではなく電機メーカーになるに違いない。

　そこで、「電機メーカーに勝つデジタルカメラをつくる」ことを目標として、デジタルカメラ事業の戦略を練ったのである。

　デジタルカメラが爆発的に売れるようになったのは、1995年3月にカシオ計算機株式会社が発売した〈QV-10〉からである。カメラ・

メーカーから見れば「この画質ではとても売れない」と思えるものだったが、デジタルカメラは写真をパソコンに取り込む入力装置の一つとして使われたため、画質が低くても市場に受け入れられた。

　これを見たキヤノンの営業部門からは、当然のごとくデジタルカメラの開発要請がきた。しかし、当時はちょうどコンパクトなフィルムカメラ〈IXY〉の売れ行きが絶好調だったため、キヤノンはデジタルカメラの開発に若干出遅れていた。このような事情もあり、営業部門には「デジタルカメラを売りたかったら、よそからOEMしてもらってはどうか」といって、いったんは要請を退けた。電機メーカーと同じようなデジタルカメラをつくっても、競争には勝てないと考えたからだ。

　この時に新規事業育成を担当していた私の脳裏にあったのは、一眼レフのデジタルカメラの開発であった。これならば、キヤノンが持っている一眼レフの知的財産を使える。電機メーカーは一眼レフを開発した経験がないため、一眼レフに使う知的財産は持っていないはずだ。一眼レフのデジタルカメラをつくれば、絶対に競争力があると確信していた。

　しかし、一眼レフに使うセンサーがない。デジタルカメラではCCD (Charge Coupled Device)が主流だったが、一眼レフ用の大きいCCDはなかった。センサーとしてはCMOS (Complementary Metal Oxide Semiconductor)もあったが、ノイズが多いため評価が低かった。しかし、幸いなことにキヤノンはCMOSセンサーのノイズを消去する技術の特許権を取得していたので、この技術を利用して一眼レフ用のCMOSセンサーを開発することにした。

　ところがキヤノンには、目標とするセンサーの開発に必要な最先端の半導体技術がなかった。自社が研究していた技術は目標のセンサーの開発に向いていない。そこで半導体メーカーと半導体開発部門とで共同開発のアライアンスを組んだのである。

半導体技術を導入してまで自社でセンサーを生産することにこだわったのには、それなりの理由がある。複写機事業では、電機メーカー各社よりもキヤノンのほうが圧倒的に大きなシェアを持っているおかげで、電機メーカーの部品事業部門はキヤノンを優先して部品を提供してくれていた。ところが、デジタルカメラは、電機メーカーも主力商品と位置づけるはずであり、キヤノンと電機メーカーは競合になる。競合相手から製品の心臓部の提供を受けていては競争にならない。電機メーカーに勝つには、自社で生産するしかないと決断したのである。

　こうして開発したデジタル一眼レフカメラ〈EOS DCS 3〉は、1995年7月に発売された。予想通り、電機メーカーは他社の力を借りなければデジタル一眼レフカメラをつくれないため、この分野では数歩後退し、結果的にはカメラ・メーカー同士の競争の要素のみが残った。キヤノンは、一眼レフで持っていた知財をそのままデジタルカメラの事業に移行できたのである。

　これは、新製品の開発において、すでに保有している知財の優位性を生かして新技術の共同開発で成功した例である。新しい技術の出現により競争相手が変わった時には、その相手に対して自社の強みとなる知財がどれなのかを見直し、それを生かす商品を開発すべきであり、このアイデアを出すのには知財部門、開発部門の知恵が欠かせない。

## ●───LLP（有限責任事業組合）を利用して共同研究を行う

　中小企業やベンチャーは、ずば抜けた技術を発明してもそれを事業化するまでの関連技術を開発する資金や人材が不足していることが多い。このような時に、事業に必要な開発を行う手段の一つとして2005年に創設されたLLP（Limited Liability Partnership：有限責任事業組合）がある。これは企業が共同で技術開発をするための仕組みである。LLPは一般的に中小

企業やベンチャーと大企業が共同開発を行う時に利用される。中小企業やベンチャー側が自社の基本技術を出資し、大企業は資金と設備、人材を出資してLLPをつくり、ここで研究をするのである。

たとえば、優秀な技術があり、基本特許を持っているベンチャーのA社があったとする。基本特許は一つの事業だけでなく、いろいろな用途に使えるため、ライセンスはしたくない。しかし、その基本特許を基に事業をしようとしても、事業化に向けた技術は自力では開発できないし、人材も設備も、もちろん費用もない。しかし、ここにA社の画期的な技術を高く評価し、A社と共同開発をしてもよいという大企業のB社があったとすると、A社はB社とLLPでCを立ち上げて目的を達成できるのである。ベンチャーのA社は基本特許を出資、B社は人と設備、資金を提供する。LLPでは出資額も成果の配分も自由に決められるので、このような出資であっても、技術の評価によっては、成果の配分は、A社が90％、B社が10％とすることも可能である。

LLPにおけるベンチャーA社のメリットは、自社の技術、特許を出資して、大企業から人的、経済的資源を得て事業化のための技術開発ができ、出資額の比率に制約を受けずに成果の配分を決められることにある。また、もしC（LLP）で利益が得られたとしても、構成員課税なのでA社全体で見て赤字ならば税金を支払わずに済む。

一方、大企業であるB社のほうもLLPにより節税効果が得られる。通常、企業の利益に対しては法人税が課税され、税金を支払った残りの利益を出資者に配当すると、それを受け取った側（出資者）が所得税を支払う。配当金には法人税と所得税の二つが課税されていることになる。これに対しLLPでは、利益に対する税がかからず、配当を受けた出資者のみが所得税を支払う構成員課税なので、納税額が少なくて済む。加えてLLPに使った研究開発費は自社の研究開発費と同じように経費処理ができる。

このように、LLPを利用すれば資金力のないベンチャーでも、自社の発明を基に大企業と協力しながら、事業化までの技術開発が行える。

ただし、LLPには法人格がないので事業を実施するための社会的信用が得られず、資金調達が難しいという欠点がある。そこでLLPで開発し

た技術を事業化する段階になったら、新たに法人をつくる。先の例でいうと、A社は事業を行うためにたとえば、法人格のあるジョイント・ベンチャーD社をつくる。LLPの時と同じようにB社と組んでもよいし、別の企業とでもよい。そして今度はA社が51％の出資をして、自身がD社をコントロールできるようにすればよいのである。

　LLPは法人格がないという特徴により、基本的には2社による研究開発に適していると言える。LLP自体に社会的信用がなくても互いが信頼関係にあれば問題は起こらないからだ。

　LLPは法人格がないので特許出願ができないのではないかとの疑念がわくかもしれないが、組合員代表あるいは組合員の名前で特許出願は可能である。

　最初から法人格を持つ組織をつくって技術開発を行い、いっきに事業化まで持っていきたい時には、技術研究組合（次項を参照）を利用するとよい。

## ●――技術研究組合（研究開発パートナーシップ）を活用して共同事業を行う

　事業化に必要な技術開発に成功し、自社単独で事業（生産はハブメイドで、販売は他社の販売チャネルの活用を含めて）を始めるのもよいが、事業発展には量産技術が欠かせないので、量産技術が得られる共同事業から始めるのが好ましい。二者間の共同事業（JV）もよいが、ベンチャー企業に向くものとして技術研究組合の活用がある。

　この時に、将来独自に事業を行うことを望むのであれば、それを見据えた成果（技術、知財）の配分を十分に考慮すべきである。

　2009年6月に改正施行された技術研究組合は、法人格を有し、企業、独立行政法人、研究者などの二者、複数者で組合員を構成でき、研究段階から事業化までの技術開発が可能で、必要な場合は引き続き会社化して事業ができる仕組みになっている。解散して独自に事業をすることもできるし、設立も容易である。

　組合は理事会を構成し、透明な運用がなされ、成果の配分も拠出金と貢献度で決める。組合には課税されず構成員課税であり、組合員企業は組合

への拠出金（非出資組織であるため）は費用処理できる研究開発税制が適用される。脱退組合員に持ち分の払い戻しが必要なく、長期にわたる大型の研究開発も安定的にできる。さらに、ノウハウの蓄積、特許権の一元管理も可能で、組合員企業の拠出金で購入した試験研究用設備などは圧縮記帳の優遇税制があるので会社化の際に負債を持たないなど、多くのメリットがある。

　ただ、特許権の一括管理の利点はあるが複数企業の出向社員の職務発明の複雑な対応が必要になるので、この点を考慮した特許権の管理方式を考慮すること、および共同事業化のため法人化する際の株の分配、個別に事業化する際の成果（技術、知的財産）の配分などをする際には各参加者の成果の適切な評価が求められるので、第三者機関による技術、知的財産の評価を含め公平な成果の配分の仕組みづくりが必要になる。

　技術研究組合の詳細および最新の情報に関しては、経済産業省のウェブサイト「http://www.meti.go.jp/policy/tech_promotion/kenkyuu/kenkyuuindex.html」をご参照いただきたい。JVによる共同事業の例は第7章で述べる。

## 4　知財信託の活用

### ●――知財信託の適切な利用法

　知財信託を活用する場面としては次の3パターンが考えられる。
1. 中小企業の資金調達の知財信託
2. グループ企業の一括知財管理、活用のグループ管理信託
3. 自己財産保全のための自己信託

　中小企業が資金調達のために知的財産を信託に出すことがある。この場合の信託とは通常ライセンス行為であり、ライセンス収入を得ることで資金は調達できる。しかし、事業競争力の源泉となる権利を第三者にライセ

ンスしてしまったら、中小企業はその場の収入があっても事業競争力はなくなる。これでは資金を調達する意味がない。事業競争力に関係のない知的財産は別として、知的財産をこのような信託に出すのは、間違いなのである。

　資金調達のために知的財産を使うのならば、自社が独占して使えるように証券化すべきである。証券化に費用がかかって難しいのなら、証券化のような形の信託、すなわち自社の持つ知財を事実上自社で独占的に使える仕組みを考える。このような信託ならば利用価値はある。

　二つ目のグループ企業の一括知財管理、活用とは、大企業において、グループ会社の権利を1カ所に集約し、ライセンス活動をしやすくすることである。子会社が個々に権利を持っていると、それを集めるには、親会社が子会社から譲渡を受けなければならない。譲渡を受けるには、1件ずつ権利を評価して正当な対価を払う必要がある。手続き上で非常に面倒なのである。

　このような場合は、グループ管理信託を利用するとよい。これは、親会社あるいは新たに設けた信託会社がグループの知的財産をすべて集めて、一括して活用する仕組みである。

　一般的な信託会社では、複数の企業の知的財産を扱った時のロイヤルティの配分が難しい。たとえば、A、B、C、Dの4社の知的財産を扱っており、この4社の知的財産をまとめてライセンスしたとする。入ってきたロイヤルティは、各社の権利の価値に応じて配分しなければならないのだが、価値の判断は非常に難しく、適正な配分はほとんど不可能である。

　配分の難しさを避けるには、A、B、C、D各社の知的財産をそれぞれ単独で扱うしかないが、こうしたとしても、A社とB社の特許が類似していたら、ライセンスする時にどちらを出すかという問題も発生する。このように一般的な信託会社で知的財産を扱うのには困難が伴う。しかし、グループ管理信託ならばこれらの問題を避けられる。グループ会社の知的財産を集めて一括で活用し、それによる収入の配分は契約で決められるからである。

　知財による収入は、現金だけでなくクロスライセンスによる相手の特許

の実施権となることもある。グループ管理信託ではこれも有効に利用できる。たとえばA社が持つ知的財産の価値が非常に高く、A社はこれを利用してZ社とのクロスライセンスに成功したとしよう。このクロスライセンスで得た権利は、契約によりグループ内のA'社が使えるようにできるのである。A'社が新規事業を行おうとしているようなケースではこの方法が非常に役に立つ。

　ただし、グループ管理信託にも難点はある。グループの知的財産を管理する信託会社は事業を実施していないため、権利侵害の訴訟を起こした時に、ロイヤルティ相当分の損害賠償しか受けられない。これでは相手に脅威を与えられず、脅威がないからライセンスを受けないという相手も出現する。そこで、訴訟は権利者自身が行うという方法を取る。こうすれば権利者の事業が損害賠償の対象となり、相手は脅威を感じるはずだからである。しかし、手続きの煩雑さは否めない。将来的には、グループの信託会社がグループ会社の事業をすべて包括した損害賠償を請求できる仕組みとなることを期待する。

　3つ目の自己信託は、相続の問題に絡むものである。自己信託にすることで、本人が死亡しても信託財産が残り、後継者がそのまま引き継げるというメリットがある。中小企業に向いた手法だと言えるであろう。

# 第6章
## 技術の国際標準化戦略

# 1 企業競争力を高め、持続させる標準化戦略

## ● 技術標準化戦略は必須のものである

　技術的ルールや規則などの取り決めのことを技術標準という。そして技術標準を意識的につくって利用する活動を技術標準化という。

　昔は標準というと、主に釘やねじのようなものの規格を意味していた。これは互換性や生産性、品質の安定を重視して決められたものであった。たとえば、釘で「N50」と言えば、どのホームセンターに行っても同じサイズ、同じ形状の釘を手に入れられる。メーカーが異なっても寸分たがわないので、使う側としては非常に便利である。メーカーのほうも第三者の権利の心配をせず、もちろんロイヤルティを支払うこともなく標準に適合した製品をつくることができた。これが「枯れた技術」による標準である。

　そして、アナログ技術で製品が構成されていた時代には、各社の製品は単独で機能を果たす独立した商品であった。たとえばアナログテレビ、フィルムカメラ、複写機、ワープロなどがこれにあたる。このような商品では、他の商品との互換性や相互接続性は求められない。このため技術の標準化も必要なかったのである。

　しかし、アナログからデジタルへと技術が変化し、ソフトウエア技術、ネットワーク技術、とりわけインターネット技術が進化したことにより、商品は単独で機能するものからネットワークに接続するものへと変わった。

　ネットワークに接続する商品に必要とされるのがインターフェース技術の整合性である。現在のデジタルテレビ、デジタルカメラ、デジタル複写機、パソコンなどの多くの商品が互換性、相互接続性、相互機能性を有しているのは、インターフェース技術の標準化が進んだおかげである。そして技術開発の段階から標準化を企図した商品の構成、機能についての技術標準化（開発型標準化）がますます盛んになっている。

さらに、技術の高度化、複雑さの急速な進展や産業構造の垂直統合から水平分業化への変化に対応するため、あるいは市場のグローバル化、発展途上国の急速な台頭、市場・ニーズの変化など経営環境が急速に変化するなかで、企業戦略として標準化の動きが活発になってきた。標準化の波は特定の技術分野、情報産業分野に限らず広い範囲の技術、産業分野に波及し、新しいビジネスの創出とともに各産業分野の商品を取り込む標準化戦略の動きも活発になり、標準を制する者が市場を支配すると言われる時代になってきている。企業にとっては、いかにして国際競争力を強めるかという経営戦略に標準化戦略を取り込むことが必須となったのである。

　技術力を誇る日本企業にとって事業部単位の技術力で「どうつくるか」で競うのではなく、全社の力を結集して技術、市場環境の先読みによる経営基盤技術の強化と時代を先取りする「新しいビジネス創造」のイノベーション力を高める経営戦略が求められる。この経営戦略に適う標準化戦略を取ることがきわめて重要になりつつある。

　いまや標準は、他人がつくるもの、出来たら使えばよいでは済まない。事業に勝つためには、つくられた標準の活用にとどまらず、必要な標準をつくり、つくられた標準を超越する標準をつくる標準化戦略が求められている。

## ●────標準化戦略は事業に勝つ戦略である

　知的財産を重視する経営においては全社の事業部門、研究開発部門、知財部門が情報を共有し、常時の連携、融合活動（三位一体の活動）に基づき企業戦略に適った事業戦略を構築することが重要であるが、これと同じように技術標準化戦略も全社的な三位一体の活動に基づいて構築しなければならない。

　技術標準化戦略の中心となるのは事業で勝つための戦略であり、事業戦略に適った標準化戦略が必要になる。強い事業競争力は、基本的には技術力と知財力（排他権）の戦略的活用によって獲得するものである。

　競争力の源泉となるコア技術の標準化は、デファクト標準（次節を参照）

の場合を除き、原則として避ける。標準化は他社の実施を許容することになるからだ。

　競争力を高める標準化戦略の第一は、自社の競争力を阻害する標準化を阻止することである。これが阻止できなければ、次の策として自社技術を標準化する、あるいは他社の標準に自社技術を加えて超越した標準を獲得することを狙う。

　これに加えて、必要な範囲に限ってインターフェースを標準化するというようなオープンとクローズの戦略、同じ側に立つ仲間をつくるための戦略などを、企業戦略に基づく事業戦略の観点から決めることもきわめて重要である。

　一般的に見て、技術標準は技術の進歩を一時停滞させるが、技術進歩に対応した技術標準化が引き続き形成される。そして技術標準は他の技術標準に連動してつくられることが多い。技術標準は連鎖するものなのである。この認識に基づく先読みの標準化戦略と、標準化による商品の互換性によるユーザーの利便性、業界の非標準技術の競争を促し、技術進歩の促進から得られる商品の進化によってユーザーの受ける恩恵を重視した標準化戦略が必要になる。

　DVDのように、競争力の源泉となる技術まで標準化し、モジュール化したため発展途上国の企業の参入も容易にし、日本の国際競争力を急速に減退させた例もある。これとは逆にデジタルカメラでは標準化をファイルフォーマットに限り、競争力の源泉となる技術は標準化せずに各社の技術革新を促したため、業界として国際競争力を維持している。デジカメもDVDのようなコア技術も含めた標準化に走れば日本の国際競争力は急速に減退するであろう。

　DVD事業を他山の石として、企業、業界では、事業競争力強化に必要な範囲で標準化戦略を取るべきである。現在、デジタル複写機、プリンター業界はこの戦略によって日本の国際競争力を持続している。

　標準化で市場の拡大を意図する場合には、多くの事業者の市場参入を許すことになるので、その市場で勝つビジネスモデルを構築する戦略も必須である。ここで負けると事業競争力をいっきに喪失する。

## ●──ビジネスモデルと技術標準化戦略の関係

　標準化戦略の要の一つは、部品（モジュール）間、機器内、システム（ネット）上のインターフェース技術のオープン、クローズの戦略である。たとえばプリンター本体とカートリッジの結合部はクローズ戦略を取っている。アップルの多機能携帯端末（スマートフォン）〈iPhone（アイフォーン）〉のiOSも同じくクローズ戦略だ。これに対しグーグルは多機能携帯端末（スマートフォン）のAndroid OSでオープン戦略を取っている。

　このような戦略の相違は、それぞれのビジネスモデルにおいて勝つ要素としているものの違いから生まれる。プリンターのクローズ部分とアップルのクローズ部分は事業競争力を高める根幹となっているコア技術であり、グーグルのAndroidOSは事業の競争力の根幹となる主事業の検索エンジンPage Rank（ページランク）のクローズ戦略での競争力強化の補完的役割を果たす技術なのである。

　水平分業化に伴い、部品、モジュールの互換性のためインターフェース技術の標準化が必要になりつつあるが、標準化は自社の部品、モジュールの事業競争力を維持するための範囲にとどめるべきである。インテルは自社の事業競争力の源泉となるモジュール内部のコア技術はクローズとし、自社のモジュールの機能を優位に発揮できる使用環境技術を標準化してインターフェースをオープンにすることによって事業競争力を高めており、これは標準化のお手本と言われている。

　多機能携帯端末（スマートフォン）の例のように、端末業界、ソフトウエア業界、コンテンツ業界などでは、他社の戦略的ビジネスモデルに支配された環境、支配されたルールの下で事業参入し、競争することを強いられている。この環境でいかに国際競争力を高めるかの事業戦略も大事ではあるが、企業、業界の競争力を高めるために最も重要なことは、協調して競争力を高め、市場で競争する考えをもって、国際市場をリードする新しいビジネスモデルを創造すること、およびそのビジネスモデルのなかで国際競争力を高め、持続する事業戦略（技術戦略、知的財産戦略、標準化戦略）を

取ることである。このためには事業部単独の事業戦略ではなく、全社の技術力を結集して戦略を練ることが必要になる。

## ● 標準化活動を活性化させる環境をつくる

　現在の技術標準の多くは技術開発の初期から標準化を企てるので、標準化技術に関連する多数の知的財産が絡む。したがって研究開発戦略、知的財産戦略と技術標準化戦略の連動が必要である。事業戦略にこれらの戦略を一体として取り込むのである。

　技術標準化の実践の場におけるリーダーは、各関連事業部門の中・長期の事業戦略を俯瞰できる人がふさわしい。標準化活動のスキルも重要であるが、案件ごとに、全社の事業戦略、関連知的財産戦略を見渡すことができ、対象技術に詳しく、国際感覚を持って目的に適った標準化交渉ができる者が標準化活動の主役を担うべきである。

　全社的な標準化活動を活性化するには、経営トップが企業経営に標準化戦略の重要性を認識し、各事業部が連携、融合して新しいビジネスを創造できる環境づくり、各事業部が積極的に参加しやすく全社を統括できる標準化戦略組織づくり、標準化活動人材の育成、評価の仕組みづくりを積極的に行っていくことである。

　標準化戦略には研究開発部門、知財部門の参画も必須であるが、標準化の主役はあくまでも事業部門なので、研究開発部門、知財部門に標準化戦略統括組織を所属させるのは好ましくない。各事業部門が参画しやすくするため社長直轄の統括組織とするのが効果的である。

## ● 標準化技術の権利化による事業参入機会の拡大

　標準化活動の成果として標準化技術を権利化すると、既存事業の競争力の強化が図れるだけでなく、これを事業参入にも利用できる。既存の業界には特許が多数存在するものである。そこに新規参入しようとすると、それらの特許を所有する企業からライセンスを受けなければならない。これ

ではとても採算が取れるものではない。事業参入するのが難しい原因の一つがここにある。

しかし、参入しようとしている業界の標準化に焦点を合わせ、それにかかわる必須の権利を取れば有利な立場で新規参入が可能となる。

たとえば、新規参入したいＸ社があり、その業界標準に必須技術である特許（群）Ａを取ったとする。この時点で、Ｘ社はまだその業界で事業を行っていない。

Ｘ社から見ると、特許Ａを持っていても業界に入るために必要な特許はまだ多数存在する。そこで、Ｘ社は特許Ａを業界参入に必要な特許を持つ企業に対する攻めの特許として使う。特許Ａで相手を攻撃して弱みを解消するのである。特許Ａはその業界標準に必須のものなので、それが使えなければ事業ができないため、相手の立場は弱くなる。したがってＸ社は弱みをいっきに解消して事業参入できるはずである。

# 2 国際競争力強化と国際標準化活動

### ●──国際競争力を強化するための標準化活動とは何か

技術系企業が国際競争力の強化を図るためには国際標準を避けて通ることはできない。WTO（Word Trade Organization：世界貿易機関）加盟国はTBT協定（Agreement on Technical Barriers to Trade：貿易の技術的障害に関する協定）によって、国際標準を各国の独自規格より優先することを義務づけられ、さらに国際標準に則った製品の輸入を拒めないからである。このおかげで、国際標準の技術を使えばWTO加盟国に製品を流通させられるわけだが、単につくられた標準を活用して製品を売るだけでなく競争に勝つには、自社の技術で国際標準を取っていくことも考える必要がある。

企業はそれぞれに国際標準に対する戦略を持つべきである。国際標準化

で特に重要になるのは、自身が提言する標準化に賛同してくれる国、つまり仲間の国をいかに増やすかである。国際標準は一国一票の投票権が原則だからだ。この仲間づくりは一企業、一業界のみではきわめて難しく、国の戦略的関与が必要で外交的な協調と競争の戦略が重要になる。

　企業における標準化戦略は、自社の事業競争力を高めることを目的とする戦略であり、これだけでは国全体を見た戦略に欠ける。国際標準に関しては日本も自国の国力を高める戦略を持つべきである。現在、日本における基礎研究から応用研究への流れは、大学の研究所→独立行政法人→企業という縦の構造に沿ったものとなっている。この流れのなかで、国力を高めるために、どの技術をどの国際標準に持っていくかについて早い段階で判断すべきなのである。特に日本の競争力を高めるには、国の研究・開発政策、イノベーション促進政策に標準化政策を連動させることが重要になる。

　そして、革新的な技術、新しいビジネスの創造とそれに必要な国際標準化活動を実行する要となるのは、大学などによる基礎研究、公的研究機関の実用化研究、企業の事業化開発を研究の初期の段階からグローバルなビジネスの視点を持って連携、融合する三位一体の産官学連携活動であり、積極的な活動を強く望むところである。

　日本が強い技術力と知財力を有しながら、国際競争力を意識して能動的に国際標準にかかわらなかったため、業界全体がグローバルな競争力を失った典型的な例が、第3世代携帯電話の標準化であると言われている。

　第3世代携帯電話の標準については、ITU（International Telecommunication Union：国際電気通信連合）においてIMT-2000が採択されて国際標準となったのであるが、欧米の思惑もあってか、日欧合同案のW-CDMA方式とアメリカ案のcdma2000方式、その他中国の方式も含め複数の方式が国際標準として成立してしまった。日本は第3世代携帯電話の技術開発で先手を取っていたにもかかわらず、キャリア主導の開発の仕組みもあってか、グローバル市場への進出に遅れを取ってしまった。国内市場のみならず、国際市場における競争力を高める国際標準化戦略と目的に適した標準化活動がきわめて重要であることを改めて感じさせられる一例である。

## ● 標準化活動の3つのタイプ

技術標準には、デファクト標準、フォーラム（コンソーシアム）標準、国際標準の3つがある。

デファクト標準とは、マイクロソフト社のOS（基本ソフト）に代表されるように、市場における競争に勝利して圧倒的なシェアを持ち、事実上の標準となるものである。

フォーラム（コンソーシアム）標準は、複数の企業や団体などがグループを組んで一つの技術をつくり上げ、それを標準とするものである。グループは、主に完成した標準化技術を市場に提供する立場の企業によって構成される。グループのつくり方としては、最初から主要メンバーすべてを集めてつくることもあるし、当初は核となる企業がある程度研究を進め、次に2〜3社が加わってさらに研究したうえで、メンバーを増やすというように段階的に大きくしていくこともある。

国際標準はデジュールスタンダードとも呼ばれ、国際標準化機関によって定められる標準である。

国際標準を策定している国際標準化機関には、原則として、通信系を扱うITU、電気系を扱うIEC（International Electrotechnical Commission：国際電気標準会議）、電気・通信分野以外を扱うISO（International Organization for Standardization：国際標準化機構）がある。

ITUで扱う標準は、国際間の標準にしなければならないという前提の下につくられていることが多い。国家間で通信方式が異なると通信ができないからである。また、ISOは技術だけでなく、生産管理や品質管理など多岐にわたる分野の国際標準を策定している。たとえば環境マネジメント・システムのISO14000もこの機関によって決められたものである。このように同じ「標準」でも、その意味や役割は微妙に異なる。地球規模での公益を目的にするものもあれば、国益、私益を意図するものもある。

いずれの標準も基本的には任意規定でそれに従う義務はない。しかし、標準が市場を支配したら事実上は従わざるをえない。これに対し国が強制

標準と規定した標準は従う義務がある。

　国際標準化機関には、世界のほとんどの国が参加している。そして原則として一国が一票を持ち、多数決で標準が決まるのである。一国一票となると俄然強くなるのはヨーロッパである。ヨーロッパ内で意見を取りまとめてヨーロッパ標準をつくっておけば、国際標準の採択における多数決で優位になるからだ。

　国際標準のつくり方としては、まずフォーラム標準をつくり、それを国際標準化機関の採決にかける方法が一般的である。フォーラム標準になっていると、国際標準化機関における技術の審理が省略され、投票だけでスピーディに国際標準にできるためである。フォーラム標準にせずに、直接、標準化機関に提案すると、そこで議論が行われてなかなか通らない。これが国際標準の策定における問題点であるとも言える。

　国際標準機関における一国一票のシステム、およびフォーラム標準を国際標準へ持っていく方法の二つに共通して言えるのは、賛同者を得なければ国際標準はつくれないということである。国単位での賛同者を募るのは一企業だけでできることではなく、外交もかかわる国家戦略にほかならない。自国の技術を国際標準にするには、産官が協調して動かなければならないのである。

　国際標準機関そのものに関しても国家間の駆け引きがある。TBT協定による国際標準の定義はいくつもの解釈ができ、前記の三機関以外の場であっても、複数国の企業が集まってつくったものならば国際標準になるという解釈も可能と言われている。

　実際にアメリカは、「ヨーロッパにある国際標準機関が決めたものだけが国際標準ではない」と主張しているようだ。在アメリカの標準機関として有名なものにIEEE（The Institute of Electrical and Electronics Engineers, Inc.：米国電気電子学会）があるが、ここで決まったものも国際標準だとアメリカは言いたいのである。そうすればヨーロッパ優位の現状を覆せるからだ。アメリカは、TBT協定を生かさないと技術的な参入障壁は解消できない。しかし一国一票では数のうえでかなわないというジレンマの打開策として、国際標準の定義の解釈に一石を投じているのであろう。

国際標準の策定においてヨーロッパだけが強いというのは、アメリカに限らずヨーロッパ以外の国から見れば不公平であり、今後は公平な決定を実現するために、アメリカの主張以外にも投票にウエイトをつけるような案が出てくる可能性もある。

## ●──国際標準戦略強化をめぐる各国の動き

　従来から国際機関での国際標準はヨーロッパがリードし、ヨーロッパ標準から国際標準へと積極的な活動が行われてきた。これに対し、アメリカは国際機関の標準より、主として自国内にある標準機関による標準、デファクト標準、フォーラム標準で対抗してきた。そして企業競争力に有益な標準はアメリカが掌握してきたと言える。
　ところが、アメリカは2001年の中国のWTOへの加盟を機に、国際標準を重視するようになった。中国がWTOに加盟したため、中国の巨大市場を無視できないアメリカは、国際標準に重点を移すことになったと思われる。アメリカにしてみれば、国際標準を取れば、TBT協定により中国の市場に参入でき、しかも中国の標準化の動きもけん制できるので一石二鳥の効果があると踏んだのであろう。
　しかし、中国はWTOに加盟して以降、先進国の先端技術や技術標準依存に悩まされたことから、科学技術の振興策を強化し、中国の独自技術の国際標準化、知的財産強化を積極的に推し進める戦略を取るようになった。国際標準は一つの技術に対して複数つくれる仕組みになっているため、たとえば第3世代携帯電話やブルーレイに対抗する次世代光ディスクについて、中国も中国方式の国際標準を取得している。中国市場の大きさに加え、このような中国の動きが、アメリカを含めた各国が国際標準への関心を高める一因となっている。
　中国が国際標準に反発している一例が、ICタグによって物流をコントロールするというアメリカが策定した標準である。物品にICタグを付ければ、それ自身が情報を発信しているため、モノの位置が即座にわかる。物流業界では非常に役に立つシステムである。しかし、物流にICタグを

導入すると、その情報を他企業あるいは他国に取られたりコントロールされる可能性がある。見方によっては国防問題にまでかかわる恐れもあるだろう。

　中国は、アメリカにICタグによる物流の標準を取られ、そのシステムをアメリカが組むことで、自国の情報がコントロールされることを懸念してか、中国主導で同じような国際標準をつくろうとして積極的な活動を行っており、これに対しアメリカは「TBT協定違反である」と強力に主張している。中国はこの主張を受け入れていないが、国際標準化にも成功していないようだ。

　そして、2009年11月2日に中国の国家標準化管理委員会が「特許に係る国家標準の制定及び改訂についての管理規定（暫定施行）（意見募集稿）」に関する意見募集書の「特許に係る国家標準制改訂の管理規定（暫定施行）」（北京ジェトロ訳）を公表したが、この規定の内容は、国際慣行とは異なり、先進各国の企業にとって厳しいものである。

　たとえば、技術標準化の技術に関する特許を有する特許権者がいわゆるRAND（合理的かつ無差別で、リーズナブルな条件）で実施許諾を宣言する場合のリーズナブルな実施料は、通常の実施料より明らかに下回る額で実施を認めることになっており、国際的なルールとは異なっている。

　特に国家強制標準の規定は、国家強制標準には特許がかかわらないことを前提とし、標準化技術に関係する技術を知りえる者に、その特許の報告を義務づけ、報告がなければ無償で許諾したものとし、標準仕様に関係する特許の許諾の拒否があれば標準の公布をしないか、強制実施許諾を与える、と規定している条項を含んでいる。この強制実施許諾は有償か無償かの解釈に悩むところだが、無償と解釈されるように思う。これも国際的なルールにない規定であり、特許権の効力を著しく制限するものである。

　中国がこの管理規定を公表した意図は、特許権者の報告義務を強化するとともに特許権の効力を制限し、標準化した技術に対する特許の係争を避け、標準化技術を採用した企業の事業競争力を高めることにあるようだが、ほかに、国際標準機関のパテントポリシーに、標準化技術に対する特許係争が起こらない内容を入れさせる意図やTBT協定改定か廃止の意図も含

んでいるのかもしれない。現在（2011年8月）のところ、まだ発効はされていないようである。

このような中国の国家的な戦略を考え合わせると、現在の競争に勝つためのみの戦略しか持たずに中国市場に参入すると、思わぬ事態に遭遇する可能性が高いと言わざるをえない。中国への事業展開を図る企業は、中国の中・長期の戦略を認識し、それに対応する競争力強化の中・長期の戦略と実行が不可欠である。

ひるがえって、日本の国際標準化戦略についてたが、知的財産立国の重要な柱として提唱されているものの、国力を強め、企業、業界の国際競争力を高める実際の国際標準化活動では、欧米や中国に遅れを取っている感がある。国際市場で勝つためには、企業、業界自身の国際標準化戦略の重要性の認識と全社の技術力を結集して勝つための国際標準化戦略を練ること、そして戦略に適った国際標準を獲得する活動をいっそう促進する必要がある。

国家戦略としての標準化戦略は目的や対象も広く、基本的には国際的な共通ルールを制定し地球規模で公益に資することが重要であるが、日本の国力を強め、産業の国際競争力を高めることを企図した国際標準化戦略の実行も必要である。産官学の有機的な連携により、技術力、知財力を強め、国力を強める国際標準化活動を強化し、それを実行していくことを期待する。

諸外国も公益を前提にしつつも国益を企図した標準化戦略を取っているので、基本的な標準化戦略のほかに日本の国力を強めるための外交的で高度な協調と競争の戦略が、ますます求められるようになってきている。ぜひ勝つための勇気と知恵を結集してほしい。

他方で、TBT協定の当初の目的を各国が再認識する必要もある。TBT協定は貿易障壁をなくす目的でつくられたものであり、これを維持することがグローバル市場展開に必要である。そのためには、国際標準を促進し、安心して使用できるルールづくりを推進すべきであろう。

### ●────国際標準化にPCT出願を利用する

　国際標準化における必須特許の権利を得ることを狙う際に、標準となるスペックが決定されてからクレームを確定したい場合がある。この時にはクレームの確定までの期間が一番長いPCT出願（特許協力条約に基づく国際出願）を利用して、遅くクレームを確定できる国に出願するようにする。

　PCT出願では、国内出願して30カ月で外国における出願国を決めればよい。PCT出願する際には、PCT加盟国すべてを指定するが、この時点で費用がかかるわけではない。30カ月目に、権利化したい国を指定すればよいので、どの国にするかを考える時間ができるのである。

　そして、出願した発明が標準化技術に合致しているか否かを見て権利化を決める。標準化技術に適合しなければ権利化しなければよいし、適合していたら、標準として決定された最新のスペックに合わせて30カ月の間にクレームを確定すればよいのである。

　この点が一般的な知的財産戦略とは異なる。知財部門は、標準化の仕組みを理解したうえで、標準化に必須の技術の特許権に効用を持たせるために活動すべきであり、それが標準に適った知的財産戦略と言える。

# 3 | 技術標準の問題点

### ●────RANDとパテントプールが抱える問題

　デファクト標準、フォーラム標準、国際標準の3つの標準は、それぞれパテントポリシーも異なる。

　デファクト標準は市場で勝つことによって標準としたものなので、完全に独占されており、パテントポリシーは標準化技術を持つ企業の決定に委

ねられている。

　フォーラム標準の標準化にかかわった企業や団体などのパテントポリシーは、「標準化技術を実施するために必須の特許については、リーズナブルな条件でライセンスする」とするのが一般的である。これをRAND（Reasonable and Non-Discriminatory Licensingの略）またはFRAND（Fair, Reasonable and Non-Discriminatory Licensingの略）と呼ぶ。

　国際標準のパテントポリシーも、基本的にはフォーラム標準と同じくRANDである。しかし、国際標準であるにもかかわらず、「リーズナブル」に関しての取り決めがない点に大きな問題がある。

　「リーズナブル」について共通の考え方がないせいで、標準化団体がRANDで許諾するとしても、権利者ごとに「リーズナブル」の持つ意味が異なる。個々の技術は、原則として権利者別にRANDで許諾するため、その権利者がリーズナブルであると判断する条件になるわけである。

　たとえば6社の企業が参加して技術を完成させ、6社がそれぞれに標準化技術を実施するために必須の特許を取ったとする。この場合、各社が持つ必須の特許の件数は異なるかもしれないが、基本的にはライセンスを受ける側は6社と個別に交渉、契約することになる。その時に、「リーズナブル」の内容が決まっていないと、権利者によって「一時金でよい」としたり、「製造販売台数に応じて、何パーセント」とするなど、さまざまな条件が出てくる可能性がある。

　A社、B社、C社、D社、E社、F社が共同で開発した標準化技術があり、A社は実施料3％、B社は1％というように、各社がそれぞれ「リーズナブル」だと考える条件が異なっていたとしよう。この技術を使いたいX社は、各社にライセンスを求め、1社ごとに契約内容を検討しなければならない。これでは手間がかかりすぎる。しかも標準化団体のメンバーが相互にライセンスする場合でも同じことが起こる。

　この問題の解決策の一つがパテントプールである。A社からF社までが集まってパテントプールをつくり、必須の特許をすべてここに入れて、管理団体に管理を任せるという仕組みだ。管理団体にはライセンスを受けたい相手にサブライセンス権付き実施権を許諾する。X社はこの管理団体か

ら標準化技術に必要な特許のライセンスをまとめて受けられるようになるのである。

　パテントプールにすれば、標準化技術の必須の特許のライセンスを1カ所で受けられるようになるのに加え、ロイヤルティも下げられる。たとえば3％ずつのロイヤルティを6社に個別に払うと合計で18％にもなり、高くて使えない。パテントプールでは、これを「全体で5％」とするような取り決めができるのである。

　よいことずくめに見えるパテントプールだが、この方法にも課題はある。パテントプールに入るか否かが任意であり義務ではないことだ。このため、A社、B社、C社、D社はパテントプールに入ったものの、E社とF社は入らないこともある。そうなるとA社、B社、C社、D社のライセンスはパテントプールから受けられるが、E社とF社からは個別にライセンスを受けなければならない。あるいは、A社、B社、C社が一つのグループでパテントプールをつくり、D社、E社がもう一つのパテントプール、F社は単独でライセンスということも起こる。一つの標準化技術に対して、パテントプールが複数できることもあるわけだ。

　パテントプールにはもう一つ問題がある。公正取引委員会は独占禁止法の立場から2005年（2007年改正）に「標準化に伴うパテントプールの形成等に関する独占禁止法上の考え方」を公表し、「パテントプールに含まれる特許は必須特許に限られることが必要である」としている。

　ところが、事業をするうえでは、技術的な必須特許とは別に、商業的に必須な特許もある。しかし公正取引委員会によれば、商業的な特許は原則としてパテントプールに入れられないのである。ライセンスを受ける側からすると、技術的な必須特許だけでは事業ができず、商業的に必須の特許のライセンスを得るためには、やはり個別の交渉をすることになる。

## ●──必須特許調査が十分になされない現状

　国際標準には、第三者が特許権を持つ技術が含まれることもある。ところが、標準化技術に必須となる特許の扱いが適切になされているとは言え

ない。必須特許の扱いに関する問題としては次の3つが挙げられる。
 1. 標準化する技術に必須の特許の有無を調べる義務がない。
 2. 標準化団体に参加する際に行う、必須特許権の所有に関する宣言に強制力がない。
 3. 標準化機関は第三者の特許についての保証をしない。

　国際標準では、策定しようとしている標準化技術に必須である技術の特許の存在を知っている者は、それを届け出ることになっている。そして、権利者からリーズナブルなライセンスを受けられるよう交渉し、ライセンスしてもらえなければ、それを標準化技術から外すこととなっている。ところが、第三者が持つ必須技術の特許を積極的に探すという規則にはなっていない。そのため、現実には特許の調査は行われていない。

　最初に標準化に取り組んだ企業は、自社の事業のために必ず第三者の権利について調査をしているはずであるから、権利の有無についてある程度は知っているに違いない。また、その企業自身が必須の特許を持っている場合も少なくない。したがって、コア技術に関連する第三者の権利の存在は表に出てきやすい。しかし、それ以外の特許はよほど調べないとわからない。

　また、標準化を行っていくなかでも必須特許となる技術が開発されるが、開発中の技術に関連する権利を第三者が持っているかどうかは、真剣に調べられていないのが現状である。その理由としては、調べること自体に手間と時間がかかること、そして調べた結果の記録がグレーの場合、標準の実施後、特にアメリカから特許権の故意侵害であるとして3倍賠償の訴訟を起こされる恐れがあることが挙げられている。

　現状では、積極的に第三者の特許権の有無を調べ、それを解決して知財上安全な技術として標準化しているものは、まずないと言ってよい。それにもかかわらず、標準化機関は標準化技術で使われる特許についての保証はしていない。その結果、標準化技術を実施したところ、第三者から特許権の侵害だと訴えられる事件が頻発しているのである。標準化技術に対しての第三者の訴訟では差し止め請求権を制限すべきとの意見もあるが、標準化過程で十分な調査もしないで主張するのは無理がある。これを許すと

他者の素晴らしい技術を勝手に標準化する危険もある。

## ●───必須特許許諾の宣言に強制力、法的拘束力がない

　必須特許についての宣言にも問題がある。企業や団体などは標準化団体に入る時に、自分が必須特許を持ったら、リーズナブルあるいは無償で実施許諾をする、または許諾しないという宣言をすることになっている。しかし、「いつ」宣言をするかという決まりはない。あくまでも「持ったら」なのである。加入する際には持っていないかもしれないし、加入後もいつ持つかわからないために、「持ったら」というルールになっているのだが、これが悪用される傾向がある。たとえば、自分の技術を標準化技術に含めたいがために意図的に宣言をしないこともある。そして標準化技術が決まる直前に宣言をするのである。宣言する前に標準化団体を辞め、情報だけ持ち出して自分で必須特許の権利を取る者さえいる。

　このような事態を防ぐため、標準化団体に参加する企業などが最初から宣言をするようにルールを変えるべきである。必須特許を持ったら宣言するのではなく、最初に「必須特許を持ったらライセンスする」という宣言をする。宣言なしでは標準化団体には参加させないという規定にすれば、悪用はなくなるはずだ。

　宣言には法的拘束力がないと解釈されていることも問題である。このため、ある企業が標準化団体に入る際に「必須特許を持っており、リーズナブルにライセンスする」という宣言をしたとしても、後になって、それは企業がオーソライズしたものではなく、従業員が勝手に行ったことだと覆されることもある。あるいは企業がオーソライズした宣言を行っても、その企業が宣言の対象となる権利を第三者に売ってしまったら、権利を買った相手には宣言は及ばないことになる。たとえ、宣言を行ってもその有効性は状況に応じて変化する。宣言に法的な安定性がないのである。

　以上は、日本の現状であるが、各国によって状況は異なり、よく精査したうえでの対応を行う必要がある。

## ● 標準化技術を使っても、第三者から訴えられる

　標準化しようとする技術の必須特許を第三者が持っているか否かの調査も不十分であり、宣言も強制ではなく、安定性もないなかで、国際標準機関は標準化技術における特許の保証はしていない。
　標準化技術が第三者から攻められても責任は持たないし、特許の有効性も保証していないのである。
　これは必須特許の調査と深くかかわる問題である。調査が行われていないことが原因で、標準化技術を使うと第三者から権利侵害で訴えられることもあるからだ。このような紛争を防ぐためには、WTOが責任を持って第三者権利を調べる仕組みを国際標準機関につくらせるべきである。具体的には、WTO加盟国の特許庁が特許調査を受け持てばよい。調査結果を基に、それが標準の仕様に関係するかどうかを第三者機関に評価させる。第三者の権利を侵害する恐れがあったら、早めに権利者と交渉し、リーズナブルなライセンスを受けられるようにするのである。ライセンスを拒否されたら標準化技術を変更する。
　しかし、これでも見落とす特許が出てくるはずだ。そこで標準化しようとしている技術の仕様を公開して、それに関連する特許を持つ企業や個人に申し出てもらうように促す仕組みもつくる。たとえば、必須特許を持っていてライセンスしない場合は申し出てもらい、申し出がなければ「リーズナブルな条件で使用を許諾する」という意思表示をしたと見なすということとし、これを仕様とともに公開しておいたらよいのではないか。このようなシステムを用意すれば、調査にかかる作業量も減り、訴訟や3倍賠償の心配をせずに標準化技術を利用できるようになるはずだ。

## ● 技術標準の連鎖によるライセンス料高騰の可能性

　技術標準が抱える問題に「連鎖」がある。標準の技術はライセンスを受けられるが、一つの製品に使う標準化技術は一つだけとは限らない。1件

のロイヤルティが5%だとしても、3件使えば15%になる。しかもこれは時間がたつにしたがって必ず増えていくのである。

　標準化技術はいったん決まってもいずれ陳腐化する。そこで新しい標準化技術に変わっていくのだが、まったく新しい技術に入れ替わるのではなく、前の技術もその中に残る。また、標準を策定する際には既存の標準に関連させることが多い。こうして標準の連鎖が生まれる。

　標準の連鎖により、ライセンシーは新しい標準化技術のライセンスに加え、以前の標準化技術のライセンスも受ける必要が出てくる。古い標準化技術の特許も使い、新しいものも使うということが起こるのである。一つの製品に使う標準化技術が増え、ロイヤルティが高騰し続ければ競争力は失われるばかりである。

　このまま何の取り決めもなく新しい標準化技術が生まれていくと、近い将来、一つの製品が標準の固まりになるであろう。そして、標準化技術のライセンスを受けている企業は、ロイヤルティを支払うと事業ができなくなるに違いない。

　これにひきかえ、標準化に参加した企業は圧倒的に有利になる。たとえば、すべての標準化に参加した企業があったとしよう。この企業が、すべての標準化技術について必須の特許を持ったとする。必須の特許をライセンスするので多額の収入があるはずだ。しかも自社はロイヤルティを支払う必要はない。たとえ払ったとしても収入がそれを上回るため、事実上払っていないのと同じになる。この企業は必須の特許を解放しながら、事業上では非常に強い立場になるはずだ。標準化の仕組みを利用して寡占状態をつくり出せるからである。

　標準化に参加した企業のみが優位になる問題を解決するためには、技術単位のRANDからプロダクト単位のRANDの仕組みづくりが必要である（図表6-1を参照）。

### 図表6-1 技術標準が抱える問題のまとめ

これまでに述べてきた技術標準が抱える問題を整理すると、次のようになる。

## ❶ 国際標準機関のパテントポリシー

### A. 国際標準機関のパテントポリシーで決められていること
- 必須特許のRANDでの許諾の特許宣言書を提出する
- 標準化技術に関係する特許権がRANDでの許諾が得られない場合は、その技術は標準化しない
- 標準化技術には特許が含まれることを明示する
- 特許の有効性判断、ライセンス交渉に関与しない

### B. 国際標準機関のパテントポリシーで決められていないこと
- RANDのR（Reasonable）の条件は決められていない
- Rは権利者単位で標準化技術全体のRは決めていない
- 国際標準機関は特許宣言書の知財の責任を負うこと
- 標準化技術に関する第三者の特許の責任を負うこと

## ❷ 国際標準化技術に関する問題点

### A. 国際標準化技術のライセンスを受けた後の事業競争力
- 実施料の高騰。多くの各特許権者からの許諾で累積実施料が高騰する
- パテントプールは義務でないためプールが形成されない。プールが形成されるとしても複数になることがある。プールに参加しない特許権者等が生じる
- パテントプールは原則必須の特許に限られる（公正取引委員会の考え方）
- 必須特許の許諾だけで事業競争力が得られない。関連特許も必要とする
- 「標準の連鎖」（標準に関連して次々標準が形成されること）で実施料がさらに高騰する

### B. 国際標準化技術のライセンスを受けても安心して事業ができないこと
- 実施された標準化技術に対する第三者からの特許攻撃がある
- 第三者から許諾が得られても想定外に実施料が高騰する

### C. 特許宣言の法的効果、ライセンシーの保護が十分でないこと
- 宣言の法的効果は疑問。特許権が譲渡された場合は効果なし
- ホールドアップ（標準の普及後の権利行使）を防ぐのは現状では困難
  この権利行使の主体は、標準形成に参画しなかった者、参加していたが途中で脱退した者、参画し特許宣言書を提出した者から特許権を譲り受けた者等であるため。

## ❸ 技術標準に対して今後期待する事項

WTO／TBT協定を維持し、国際標準化技術を事業競争力を維持し、安心して実施できるようにするために必要な事項を以下に列挙し提言する。

- パテントポリシーの統一（日本のイニシアティブでほぼ統一された）
- RAND内容の明確化、特にRの明確化
- 技術単位でのRAND
- 「標準の連鎖」でのRAND（プロダクト単位でのRAND）
- パテントプール導入の義務化
- 特許宣言書の適時の提出義務と宣言の有効化
- 国際標準化過程で第三者特許の検討の強化
- WTOの責任で国際標準機関に第三者特許の検討を強化させる
- WTO加盟国特許庁で第三者特許を調査する
- 第三者機関（WTO加盟国）による第三者特許の検討
- WTOの責任で国際標準化機関に第三者特許のRAND条件での許諾の機能を持たせる
- ある条件（一定の告示）の下、第三者の特許のRANDでの実施許諾の仕組みづくり

## 国際標準化センター

　私は、キヤノンにおいて新規事業育成を担当していたおかげで、技術がアナログの時代から光カードの国際標準化、カメラのAPSシステムフォーラム標準化などの標準化活動にかかわりを持つことができた。標準化に関心を持つ技術者はまだ少なかった時代である。
　やがて技術がアナログからデジタルへ変化し始めた時に、私は標準化活動の経験から技術標準が事業に大きく影響を与えるに違いないと強く感じて、社内で技術標準の重要性を訴えた。この頃になると技術者は技術の標準化に関心を示すようになったが、事業部のほうは技術標準が事業競争力に直接影響を与える関係になかったため、反応はそっけないものだった。事業部にもなんとか関心を向けてもらいたいと、標準化による脅威を、プリンターのドライバーやインターフェース技術など具体的な例を挙げて説得した。
　ドライバーについては、現在、Windowsのように市場を支配しているOS上でキヤノンのプリンタードライバーを動かすことができる。このおかげで、プリンターの機能を生かした高画質の印字が可能になっているが、OSの標準ドライバーしか使えなくなったら、機能を十分生かせず、画質も低下して事業競争力がなくなるだろう。これへの対応策はあるのかという話をした。また、ネットワークインターフェースにおいて、自社が研究開発したインターフェース技術と異なる技術が標準化されたら、いかに対応するのかとも問いかけた。
　このような訴えが功を奏し、ようやく事業部門に標準化戦略の必要性を納得してもらったものである。
　キヤノンではこの当時、技術標準の業務を取り扱う組織は技術部門に所属していた。この組織構造は技術の標準化には好ましいが、事業戦略との連携は取りにくい。一方で知財本部は、研究所および各事業部との連携で全社、そして各事業部の技術力、知財力を把握していた。

知財本部を担当していた私は、事業部との連携が取れる標準化組織を知財本部に設けることも考えたのだが、知財部門が標準化戦略の主導権をとるのも適切とは思われない。国際標準は、研究開発、知財、事業のすべてにかかわるものの、最も深く関係するのは事業戦略であり、各事業部が積極的に参画しやすい組織をつくるべきであると感じたからである。

国際標準化戦略は、基本的には研究開発部門、事業部門、知財部門が三位一体で考え、実行すべきものであるので、結局、御手洗冨士夫社長（現会長）の賛同を得て、社長直轄の国際標準統括組織として1997年4月1日に「国際標準化センター」を設け、国際標準に関係する業務はすべてここで扱うと同時に、全社的な標準化活動を推進することとした。そして、国際標準化センターの創設を提案したことがきっかけで、御手洗社長の命令で私が担当役員としてセンターの責任者になったのである。

国際標準化センターは、標準化戦略に事業部門を巻き込まなければならないという一念でつくった組織であった。国際標準は事業と密接に関係する。しかも企業のなかで、人や金を握っているのは事業部門である。彼らが「標準が大事だ」と考えない限り、人も金も出てこない。このため、国際標準化センターには事業部門の参加を強く求めた。

そして、国際標準化センターを社長直轄としたのは、優秀な人材を集めたかったためだ。研究開発部門の一部あるいは知財部門の一部として組織をつくることもできるが、それでは人材は集まらない。社長直轄にすれば、各部門が優秀な人材を出しやすくなると考えたのである。現に、本社研究所、各事業部から優秀な人材が集結した。会社として標準化活動を重視していたこと、標準化センターの活動が各部門長の信頼を得ていたことから、センターでは積極的な標準化活動ができ、その成果は十分評価されるとの信頼を社内において獲得していたおかげである。

企業における国際標準戦略で重要なのは、関連事業戦略との連携である。したがって、事業部門がその気になってくれないと、組織をつくってもうまく動かない。国際標準化センターで行うメインの活動は事業戦略に沿ったものであり、事業部門との連携なくして、知財部門が勝手に動くことはできない。国際標準化センターでは、知財部門、事業部門、研究開発部門が連携しながら、国際標準化戦略および標準化を意識した事業戦略を練る活動を行った。

　当時、関心が高かったのは機器間のインターフェース技術の標準であった。カメラ、インクジェットプリンター、レーザービームプリンター、複写機に共通する競争力の源泉は画像処理の技術である。各機器は画像処理技術の部分では共通していたが、おのおのが果たす機能が違うので、商品ごとに具体的コア技術は異なる。

　そこでコア技術は標準化せず、自社開発の各コア技術の機能を十分に発揮できる機器間のインターフェース技術を標準化することを狙った。これらの商品は別々の事業部で扱われていたため、目的に適った標準化を果たすには画像処理技術の理解と事業部との連携が必須となる。

　この標準化を行うチームのチーフはインクジェットプリンター開発部の部長であり、標準化センター所属の技術者でもあった。技術も標準化の狙いもよく理解していたし、知財にも明るく、マネジメント能力にも長けていた。加えて標準化への強固な意志と意欲が旺盛な人物でもあった。標準化活動の経験が長く、標準化スキルも身につけていたこともあり、この時には見事に目的に適った標準化に成功してくれた。これがIEEE1394の標準である。

　このほかの活動の例としては、デジカメの画像フォーマット技術の標準化活動がある。この時にはカメラ事業の標準化担当責任者がチーフとなった。キヤノンを中心とし、デジタルカメラ事業に関係する多くの企業が参加したグループとして行っていた標準化が「CIFF規格」

であった。ところが富士写真フイルム（現富士フイルム）グループも画像フォーマットの標準化活動を行っていた。「Exif/SEG細則」である。

　異なるフォーマットの標準が並立すると、カメラのユーザー同士での画像交換がしづらくなり、使い勝手が悪い。これではデジカメ市場の拡大も望めないと思い、私自身が共通の標準化を目指すよう働きかり、1998年10月に日本電子工業振興協会（JEIDA）の規格「DCFv1.0」として統一された。その後、規格のバージョンアップもあったが、現在のデジカメの利便性と市場の拡大はこの規格統一によるところが大きいと自負している。

　現在のように、技術が高度化、複雑化し、多くの事業部が関係する標準化活動が増している状況では関連する事業部の戦略に適った標準化活動ができる全社統括組織の存在が欠かせない。さらに全社の力を結集し新しいビジネスを創造し、そのビジネスで勝つ標準化戦略には全社統括標準化組織と統括できる人材が必須である。

# 第7章 アライアンス(提携)戦略

# 1 アライアンスと共同開発

## ●———アライアンス戦略の重要性について

　知的財産経営におけるアライアンス（提携）戦略の目的は、技術的、事業的な経営環境の変化に適時に対応するため、自社の知的財産（技術力、知財力）を減じることなく、他社の知的財産を取り込んで自社の事業競争力を高めることにある。

　アライアンス戦略には「技術力、知財力を高めるアライアンス戦略」と「事業競争力を高めるアライアンス戦略」の二つがある。技術力、知財力を高めるアライアンス戦略には研究開発委託、共同研究開発戦略がある。この戦略においては事業目的に適った研究開発成果（技術力、知財力）が得られる相手の選定と研究開発成果の事前の取り決めおよび、研究開発アライアンスに必要な秘密保持契約締結戦略が要となる。事業競争力を高めるアライアンス戦略には事業提携戦略、合弁事業戦略、ライセンス戦略がある。これらの戦略のポイントとなるのは、知的財産（権）のライセンスを含めた活用戦略である。活用戦略の目的は現事業のみならず将来事業の弱みを解消し、強みを増して事業競争力を高め持続することであり、三位一体の活動に基づく全事業の強み、弱みの十分な認識、全事業戦略の的確な把握と先読みによる全事業戦略に適った交渉力、契約力が必要になる。

　活用戦略は知的財産創造戦略（第3章を参照）、知的財産形成戦略（第4章を参照）に密接に連動した総まとめの知的財産戦略で、知的財産経営の成否を握る最も重要な知的財産戦略である。

　また、デジタル技術、ソフトウエア技術、ネットワーク技術の進化により商品のネットワーク接続性、相互機能性が求められるようになり、商品の構成技術の標準化が進みつつあるなかで、技術系企業は技術標準の動きに連動した研究開発も求められている。このため技術標準を見据えた研究

開発アライアンス戦略も必要となる。

アライアンスは、その形態から垂直アライアンスと水平アライアンスに分けられてきた。しかし近年では、技術の高度化、複雑化、グローバル化、そして垂直統合から水平分散型への産業構造変化などに対応して幅広い垂直・水平混合型アライアンスが求められるようになっている。

● ─── **垂直アライアンスとその成果の取り扱い**

垂直アライアンスは自社の技術と他社の技術を補完、結合して、事業目的に適った新技術を研究開発するために事業の川上、川下の垂直関係にある企業と行うアライアンスである。たとえば材料メーカーと部品メーカー、部品メーカーと装置メーカー、あるいは材料、部品、装置の各メーカーというように、垂直関係にある企業が締結するアライアンスであり、垂直統合の大部分のアライアンスがこの垂直アライアンスになる。

垂直アライアンスを締結する際に注意しなければならないのは、共同研究あるいは共同開発の成果の事業目的に適った取り扱いを事前に取り決めることである。

研究開発段階では成果の事業化が確定してないので成果の取り決めは明確にしないほうがよいとの指摘もあるが、これは強者の論理である。成果が出てからの取り決めは利害が対立するため交渉が難航するのが普通で、強者は自身の都合のよいように押し切れると考えているのである。

実務的に注意を要するのは、契約部門で事前の成果の取り決めに長時間を要し、待ち切れず研究開発部門が契約なしで共同研究開発を進行してしまうことである。これは強者を有利にする結果となる。

知財の契約担当者は三位一体の活動でタイムリーに事業目的に適った契約を締結しなければならない。これには、案件ごとに互いにイーブンになる成果の取り決めを見定め、イーブン以上で損しない妥協ができる交渉力と契約力を持つことが重要である。

具体例として、完成品メーカーA社は自社で材料を製造できない、材料メーカーB社は自社で完成品をつくれないとして、この2社による共同開

**図表7-1　垂直アライアンス時の注意点**

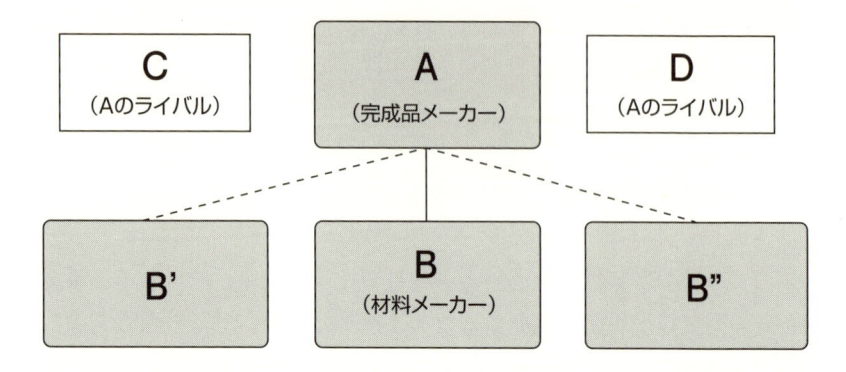

```
   C                A                 D
(Aのライバル)    (完成品メーカー)    (Aのライバル)

   B'               B                 B"
              (材料メーカー)
```

A社とB社は共同研究開発により材料ABを開発した。A社はB社だけでなくB'社、B"社からも材料ABの供給を受けられるようにしたい。しかし、B社はこれには合意しない。B社は材料ABをA社の競合であるC社、D社にも売りたい。しかしA社はこれに合意しない。垂直アライアンスではこのような利害対立が起こらないよう、事前の取り決めが必要となる。

発の成果の取り扱いを考えてみる（**図表7-1**を参照）。開発成果をA社とB社の共有特許として、ABという材料のクレーム（特許請求の範囲）の特許を取ったとしよう。共有特許の原則から、A社は実施する権利は持つものの、B社から材料ABの供給を受けないと実施できない。材料の安定供給を確保するためA社は材料メーカーであるB'社にも材料ABをつくらせたい。ところが、B社は競合相手にライセンスすることに反対するはずだ。この方法では、A社は共同開発の成果を事業に結びつけられず、B社が単独で権利を所有しているのと同じになる。

次に、材料ABを使った完成品のクレームの特許を取り、A社とB社の共有特許にしたと考えてみよう。ABという材料の特許は取られていないので、B社はこれを自由に販売できる。そこでB社がA社のライバルであるC社、D社に材料ABを売ったとする。ところがC社、D社は、この材料を使った製品をつくったとたんに、A社から特許権の侵害であると訴えられるはずだ。A社としては、ここで権利を行使しなければ共同開発の成果による利益を得られないからである。これでは、B社は権利を持ってい

るものの事業はできない。A社が権利を独占しているのと同じ効果となる。

　A社は競合のC社、D社に勝つために共同開発の成果は独占したい。しかし、A社が期間を決めずに独占したら、B社はA社にしか材料ABを供給できない。このような状況が起こることを想定しつつ、B社は契約の表現として「A社はB社から独占的に購入できる」と書いてある場合のA社の真意にも注意を払わなければならない。「独占的に購入できる」という権利だけ書かれていて義務は何も書かれていないからである。これを「独占的に買ってくれる」と思い込んで契約をしてはいけない。独占的に購入できるのはA社の権利であり、B社が第三者に供給する権利を有していなければ、共同開発の成果をA社以外のどこにも売れなくなる。

　一方、A社のほうは「独占的に購入できる」権利を持つだけで、B社から買う義務は負っていない。まったく購入しない可能性もある。A社がB社だけでなくB'社さらにB"社とも同じ共同開発を同時に行い、B、B'、B"のなかから、自社に最も都合のよい相手から材料を購入するという戦略を取ることも考えられる。これでは部品メーカーB社は事業ができない。

　B社側は「独占的に購入できる」という条件に対して、A社に購入数量や金額条件を明示すること、この条件が満たされない場合は非独占にすることを要求するセンスを持たなければならない。事業部門、研究開発部門の担当者はそこをよく認識し、知財部門の契約担当者はこれらの担当者と連携し、事業目的に適う契約書を作成する。

　A社とB社が双方ともに共同開発の成果を享受できるようにするには、特許で材料クレームと完成品クレームの二つを取り、「材料ABのクレーム」は契約でB社がエクスクルーシブ（独占）の権利を持ち、「材料ABを使った完成品のクレーム」は契約でA社がエクスクルーシブの権利を持つ。そのうえで、A社とB社の両方が満足する契約内容を考えてみよう。

　A社から見れば、一定期間この成果を独占しなければメリットがない。その一定期間をどれくらいにするかは、製品により、業界により異なるが、少なくとも競合のC社、D社に対して一定の優位を保つだけの期間は必要になる。B社は、この条件を認めないとアライアンスを組めない。A社の

独占期間をどれくらいにするか、A社が材料ABをB社から購入する義務をどれくらい負うかのバランスを見つつ、B社は自社に有利なほうに持っていくように交渉する。

　一定期間が過ぎてからは、B社はC社、D社にも材料ABを売りたい。「材料AB」の権利を所有していれば、B社は自由に売れる。しかもA社がB社のライバル会社B'社、B"社に「材料AB」の権利をライセンスする権限はない。この時、B社にとって問題なのは、自社が販売した材料ABを採用したC社、D社に対してA社から「材料ABを使用した完成品」の権利で権利行使されることである。そこで、B社側は「B社が販売した材料ABを購入した顧客は訴えない」という契約を求める。

　一方、A社はこのままではB社からしか材料が購入できないために価格コントロールされる恐れがある。これを解決するには、A社が材料ABをつくらせる権利（ハブメイド権）を持つようにする。第三者に材料ABをつくらせて、その全量をA社が購入するのである。最低限この権利を持つことで、A社はB社にコントロールされることなく事業を行えるようになる。この両方がそろって、初めてA社とB社のバランスがとれたイーブンの条件となるのである。

## ●──垂直型共同開発の成果における共有特許をどう取り扱うか

　共同研究開発のアライアンスにおいて気をつけなければならない点の一つに、特許権の共有がある。共有の問題点については第3章でも扱っているので、詳しくはそちらをご覧いただきたいが、ここでその問題について、いま一度注意を促したい。

　共同研究開発した技術の権利を開発に参加した企業や団体等が共有にした場合、特許法上では、実施と第三者への攻撃は共有者それぞれが自由に行えるが、第三者へのライセンスは、他の共有者の承諾がないと出せない。前項のA社とB社の共同開発の例でいうと、共同開発の成果をABという材料のクレームで特許を取り、それを共有した場合、A社がB'社、B"社にこれをライセンスして材料の安定供給を図りたくても、共有者であるB

社が承知しないのでライセンスできないのである。
　しかし、これはあくまでも法律による原則なので、共有者間の契約によって変更することもできる。権利を共有する際には、事業の実施に支障がないように契約内容を取り決めることが肝心である。

### ●───水平型共同研究開発の成果を流出させないために

　水平アライアンスの代表的なものとしては、標準化のための新技術の共同研究開発、特定の企業や団体などを中心として関連する業界の企業が集まって行う新技術の共同研究開発、同業企業同士の新技術の共同研究開発などがある。
　水平型の共同研究開発では、その成果である新技術が開発されると、参加した各社がその技術を実施するために必要な開発成果（技術、特許）を持ち、互いに参加企業の開発成果を実施しないと開発された新技術を実施できない関係になる。そのため互いにライセンスし合うことになる。
　この時に、参加した企業すべてがその技術を用いた事業に成功すればよいが、なかには事業を実施しない企業、あるいは途中で敗退する企業も出てくる。そして、共同開発した技術を使わない企業は、時に自社の権利を第三者に売り払うこともある。これが共同開発のグループに多大な影響を及ぼす。
　共同開発した技術の特許に関しては事前の同意なく売買を禁止したり、グループ企業が買い取りの第一優先権を持つなどの契約をするのが一般的である。しかし、現在の日本の制度では契約に反して権利を第三者に売ったところで、さほどの問題は起きない。もちろん損害賠償を支払わなければならないのだが、その金額はそれほど大きくはないであろう。逆に、権利を取得した第三者は共同開発をした技術を使っている各社を攻撃できるようになる。各社が法で第三者に対抗する要件を得られていれば攻撃を避けられるのだが、そうなっていないことが多い。すでに欧米ではこれに対応するために法改正が行われている。日本においても契約の事実でライセンシーが保護される当然保護制度を導入する必要がある。

権利を買い取った第三者が外国の企業であると、企業の利益のみならず日本の国益まで減じることになる。日本の技術として開発したにもかかわらず、1社が外国企業に権利を売ったために、買い取った企業が共同開発した日本企業と平等の立場を得るのである。これでは日本企業の競争力が弱まってしまう。

　近年は日本でも企業買収がさかんに行われるようになり、共同開発のメンバー企業が買収されることも少なくない。買収までいかなくても資本構成が変わることもある。このような状況を考えれば、単に共同開発者による権利の譲渡の是非という観点ではなく、もっと広い視点から日本技術の流出を止める何らかの制度が必要なことは確かである。

　こうした問題を解決する一つの案として、知財信託、すなわち共同開発による権利を信託会社のような第三者機関に信託して一括管理し、勝手に譲渡できないようにすることが考えられる。こうしておけば、共同開発のグループのなかの1社が脱落しても他社が影響を受けることがなくなり、安心してビジネスができる。

　しかし、現在のところ知財信託の活用しやすい制度が整っているのは権利者同士がグループ企業である場合に限られている。この場合は契約で成果の配分を定めることができるが、グループではない別個の企業の権利を信託会社に預けると、権利活用目的によって一括ライセンスでロイヤルティなどが入った場合に信託会社は権利の価値に応じた配分をしなければならない。これが実際には不可能なのである。このためグループ企業以外での知財信託は難しいのが現状である。

　そのうえグループ企業の知財信託もまた、標準技術の権利で行われているパテントプールと同じ課題を抱えている。信託会社はライセンス事業しか行わないため、共同開発した技術のライセンスを受けない企業が出てくると、各権利者が訴訟を起こさざるをえないのである。これではあまりにも利用しづらい。知的財産を預かっている会社が委託者の損害賠償請求もできるような制度になることを期待する。

　共同開発しても権利が安定化されていなければ、国としての競争力がなくなる。ノウハウは人が移動することで流出する。これも問題だが、それ

に関連した権利をがっちり押さえていれば、その技術を勝手に使うのは難しいので、技術の流出は防げる。ところが、共同開発の成果である権利が国外に出ていくと、せっかく開発した日本の技術はまたたく間に他国に追いつかれてしまうのである。

## ●────垂直・水平混合型共同研究開発の登場

　垂直と水平が一体化した共同研究開発のことを、本書では混合型共同研究開発と呼ぶ。中・長期的戦略に基づく産官学のアライアンスがこの典型である。大学が基礎研究をし、独立行政法人がそれを技術にし、企業が実用化する。三者が基礎研究の段階から連携を取り、ビジネス感覚を持って、新しいビジネスの事業化を見据えながら共同で開発していく大型プロジェクトがこれにあたる。このほか、新ビジネス創造に必要な各技術要素において最先端技術を有する企業などが連携するプロジェクトも混合型共同研究開発の一つである。

　これまでの研究開発のアライアンスでは、ある技術を開発して事業部門に渡し、その後に事業化が考えられていたのだが、もはやこれでは遅い。標準化すべきかどうかに関しても、技術が出来あがってから考えるのではなく、その技術を事業化に向かって開発する過程で、世の中の動きを読みつつ考えていかなければならない。標準化ありきではないが、デファクト標準も含め標準化すべき要素があるのならば、どこを標準化して、どこをそうせずに残すか、標準化した部分でどう勝つのかを早期に判断し、必要な標準化活動を実行するのである。この時に大事なのは、新ビジネスで勝つための知的財産形成戦略と知的財産活用戦略を研究、開発、事業に連動させることである。こうした動向に応じて登場したのが、垂直・水平混合型共同研究開発の形態である。

## ●────混合型共同研究開発で重要なこと

　混合型共同研究開発においては、プロジェクトに参画するメンバーの選

択が重要なポイントとなる。メンバーは、所期の目的が達成できる能力と事業化への意欲を持っていなければならない。そして、新ビジネスの創造においては各メンバーが協調し、新ビジネスの実施においては各メンバーが自己の事業で競争力が得られる研究開発成果（技術、知的財産）を分け合う。参加メンバーが事業競争力を高め、それを維持するためには、研究開発の成果をプロジェクトメンバー内ではオープン、メンバー外ではクローズとすることが原則となる。この枠組みがあって初めて技術開発と知財活動が活性化する。

このプロジェクトに適する組織としては第5章で紹介した法人格を有する「技術研究組合（研究開発パートナーシップ）」が考えられる。参加企業にとっても税制面の恩典があり、職務発明の問題を考慮する必要があるものの成果の知的財産の一括管理が可能で、法人化して共同で事業を起こすことが可能だからである。ただし、共同で事業化するため、法人化する際の株の分配、参加企業が個別に事業化する際の成果（技術、知的財産）の分配などにあたっては、第三者機関による各参加者の共同研究開発の成果そのものの公平な評価が必要になるはずだ。第三者機関による評価システムを含め成果の配分のための仕組みをどのようにするかが技術研究組合の成否に大きく影響するであろう。

# 2 秘密保持契約

### ●———秘密保持契約締結のリスク

アライアンスにおいては営業秘密（技術情報、ノウハウ、営業情報）を相手方へ開示するために、多くの場合秘密保持契約を締結する。秘密保持契約の下で営業秘密の開示を受けると、技術情報などが得られ研究開発が促進され、事業化を早めるという正の効果がある一方、負の効果もある。こ

れを認識しなければならない。

　研究開発目的、事業目的から営業秘密の開示を受けることが本当に必要かどうか十分な検討を要する。正の効果に目が眩んで不用意に営業秘密の開示を受け、秘密保持契約を締結すべきではない。賢い企業は秘密保持契約なしで目的を達成する方策をまず考えるべきである。

　一般に、秘密情報を受けるには秘密保持契約をするのは当然と考える人は少なくない。そして参考書に例示されている契約文をそのまま流用して契約書をつくったり、相手から提示された秘密保持契約書を鵜呑みにして契約することもある。しかし、アライアンスは事業競争力を高めるために行うのであり、案件ごとに相手や具体的な目的が異なるので、秘密保持契約も案件ごとに締結の可否も含め具体的な目的に適うよう十分に検討しなければならない。この時に大切なのは、法的な見地からだけでなく技術力、知財力、事業競争力の強化を達成する視点から検討することである。

## 2 条項の問題点（負の効果）

　営業秘密の開示を受けることによる正の効果は、研究開発を促進することである。この点に目を奪われがちであるが、実は開示を受けることによる負の効果もある。

　秘密保持契約において、重要な条項として秘密情報の定義がある。案件に適った情報の範囲と管理性を重視して定めることである。最も注意しなければならないのは、相手から得た秘密情報の「第三者へ開示の禁止、情報漏えいの防止」と「目的以外の使用の禁止」という二つの条項である。この二つは秘密保持契約に当たり前のごとく入ってくるが、不用意にこれらの条項を認めると、共同研究開発の成果を事業目的に適うように活用できなくなる恐れがある。また、研究開発委託を受けた場合には、「目的以外の使用の禁止」の条項における目的の範囲の定義の仕方いかんによっては、相手に独占的活用を許す危険もある。

　開示を受ける場合、秘密保持契約におけるこの二つの条項は、基本的には自社の目的に応じてできる限りミニマイズすべきである。具体的な手法

は自社の立場によって異なる。

　自社が秘密情報を出す側であれば、本来はミニマイズせずに、相手が2条項の重要さに気づかずに秘密保持契約を結んでくれたほうがよいのであるが、相手のあることなので急に立場が変わる可能性もある。当初は自社が情報を出す側として、秘密保持を強く要望していても、交渉の過程で相互に情報を出し合うようになることもある。厳しい条件を提示していた場合、自社が情報を受ける側になったからといって、その条件を急に変更するわけにはいかず、自分で自分の首を絞める事態になる。これを避けるために、2条項は交渉の流れを見つつ扱うようにする。

## ●───2条項に関する具体的問題点と対応策

　「第三者への開示の禁止、情報漏えいの防止」に関するポイントの一つは情報の管理である。これは、「開示された秘密情報は、このように管理する。漏えいしてもこれに関しては免責してほしい」というところにつなげていく。この場合の管理は、その時点で自社の秘密情報を管理しているのと同程度、ということにする。自社で長年培ってきた情報管理の方法と同じ程度で第三者からの情報も管理するようにしなければ、契約ごとに複数の管理形態が必要になって運用が難しくなる。情報の開示を受けた部門としても、従来とは異なる作業をするのでは大きな負担になる。

　情報の開示を受ける部署の責任者が相手の要求に応じるために、「このように管理する」と特別な管理方法を発言することもあるが、企業のなかではいつ人事異動があるかわからないので、ある人は管理できても、その人がいなくなったら管理できないという体制になることも避けなければならない。

　最善の方法は、特定の人に依存せず、自社の現行の管理体制を基にしつつ相手が納得する管理体制を予測し、その体制を事前に構築したうえで、「このような管理をしているので、秘密情報が漏えいしても免責にしてほしい」とすることである。

　この条件で契約がまとまらなければ、クリーンルーム管理にする。開示

された情報は一つの部屋に保存して、その情報を見るべき人を特定し、仕事は情報を保存した部屋の中でさせる。部屋からは一切情報を持ち出さないという管理方法である。

　しかし、ここまでしても完璧に秘密を守れるわけではない。情報を知った人が部屋から出てくる時には頭の中に情報が入っているはずであり、だれにもコントロールできない。そして、頭に入った情報は「目的以外の使用の禁止」にも関係してくる。

　秘密情報が自分の知識となった技術者が他の仕事をする際に、この知識を使わないということはありえない。たとえば、メガネの共同開発を行い、その目的のために第三者と秘密情報を開示し合ったとする。技術者の頭の中にはメガネの開発で使った情報が入っているはずだ。そして、別の機会にメガネケースの開発に携わったとしたら、メガネの開発で得た情報をメガネケースの開発に使うはずである。しかし、これは契約上では目的外の使用にあたる。とはいえ、目的外の使用を避けるためにその技術者をメガネ開発にとどめ置くこともできない。優秀な技術者ほど多くの研究開発テーマを担当するものだからである。

　ほかにも、秘密情報を自分の知識とした従業員が、退職後にその情報を使った場合も目的外の使用となる。

　このように人間の知識となった情報の使用はだれも止められない。そこで、頭の中に入ってしまった情報については秘密情報とは見なさないという例外条項を設けるように交渉しておくべきなのである。この例外条項が認められなければ、「きちんと管理したにもかかわらず、そこから情報が出てしまうことに関しては免責である」という方向に持っていく。とりわけアメリカなど外国の企業と秘密保持契約を結ぶ場合には、これは欠かせない。契約がアメリカの法律に準拠すれば、頭の中に入った情報についても契約上その義務を負うことになる。それにもかかわらず、日本の不正競争防止法では、在籍中に正当に入手した情報は退職時に別に秘密保持契約をしなければ退職後の目的外の使用を防げない。退職者は秘密保持契約をする義務を課せられていないのが現状であり、企業側の対応が重要となる。

　退職時の秘密保持契約においては秘密にすべき情報を特定する必要があ

る。「在職中に知ったすべての秘密情報」では秘密にすべき情報の範囲が広すぎて、契約の有効性が疑われる。

　情報の流出や目的外の使用に関しては、「善管義務（善良なる管理者による注意義務）」あるいは「ベストエフォート」とすることは避ける。どれくらいの管理をするかという問題が浮上するからである。あくまでも「自社で実施しているレベル」にとどめる。秘密情報を相互で交換する場合には、この条件を提案して反対されることはほとんどない。

　目的外の使用については、例外として「社内使用は自由」の条項も入れる必要がある。秘密情報を開示する人間を特定したとしても、企業には人事異動があり、頭の中に入った情報を異動先で使わないとは限らない。そこで、社内で使用している限りは目的を制限せずに使えるようにしたい。ただし、秘密情報には相手の特許が絡んでいることが多いので、目的外の社内使用については相手の知的財産権のライセンスを受けたとは見なさないとする妥協が必要であろう。本来の目的のための使用では相手の知的財産権である情報も使えるようにするので、その違いを明確にしておくのである。「社内使用は自由」を相手が認めない場合は、使用してはいけない情報を影響のない程度に具体的に限定記載させるのも、ミニマイズの妥協の仕方である。

　秘密保持契約は、自社の研究開発過程で生まれた発明の権利化にも深く関係する。秘密情報の開示は、研究開発のために受けるのであり、そこでは何らかの技術を生み出して事業化に結びつけようとしている。相手の企業の秘密情報を得た結果、新しい改良技術が生まれたら、それは自社の権利として事業競争力を高めるために使いたい。したがって、自社の知的財産形成活動ができることが秘密保持契約の必須条件となり、この点を妥協してしまったら、相手の情報を受け取る意味がなくなると言ってよい。そこで改良発明の出願は２条項の例外として免除する規定を設けておく必要がある。どこまで免除するかは交渉で妥協点を見出さなければならない。一般的な妥協点は、「自社の発明を明細書に表現する時に、相手から受け取った秘密情報が入ったとしても、秘密保持契約違反にはならない」というところであろう。

明細書を書くために、相手から開示を受けた秘密情報を自由に入れて公開したら、その情報は公知になり、公知の情報は秘密保持契約の例外となるので相手は絶対に認めないはずだ。ところが、改良発明の出願明細書は、相手から開示された基本技術に触れずに表現することはできない。そこで、その国の出願の形態を満足する程度の必要限度の情報を明細書に書くことを認めてもらうのである。特許出願に関しては事前に発明の内容を伝え、相手方の了解を得ることを条件とする取り決めをすることも多いが、これは運用が困難なので避けたほうがよい。

　「第三者への開示の禁止」の例外条項とすべきものとしては、サービスマニュアルもある。サービスマニュアルでは、最終的な技術も表現するので、改良技術が入っている以上はベースとなる技術を入れざるをえない。カタログや宣伝でも同じことが起こる。カタログや宣伝では、最新機能を表現するキャッチフレーズが使われるが、その言葉そのものが、秘密保持契約に反することもある。このように、相手から開示を受けた情報を使った製品の販売行為により秘密情報が漏えいしたと言われる可能性も考えられる。

　秘密保持契約においては、このように営業活動のさまざまな場面を考慮して例外条項を盛り込んでいく必要がある。案件ごとに条件が異なるので、妥協する程度も個別に検討し、決めていくことになる。

## ●───「法令の除外」とプロテクティブ・オーダーの注意点

　秘密保持契約には秘密情報の除外として、開示前の公知の情報、開示後責めに帰することなく公知となった情報、開示前から所有する情報、秘密情報によらず独自に開発した情報、相手の開示の承諾を得た情報などを定めるが、行為の除外として「法令の除外」も含める。これは法律によって提出が求められた場合の例外措置で、たとえば裁判所から提出命令を受けた場合、その法令に該当する場合は、秘密情報を提出できるとするものである。これについては相手も反対できないはずなので、必ず入れておくべきである。

　注意しなければならないのは、相手が外国の企業の場合に、法令に沿っ

て情報を出すのはよいがプロテクティブ・オーダー（Protective Order：情報開示を限定できる保護命令）を取ってほしい、と言われることである。これが日本では結構難しい。行政庁や裁判所は秘密を守る前提になっているのであらかじめ一般論として秘密の保持を書面で得ておくのは難しいだろう。アメリカではプロテクティブ・オーダーを簡単に取れるからか、彼らの感覚からすると、なぜプロテクティブ・オーダーが取れないのかということになるが、日本の制度ではそう簡単にはいかない。このような時には、いちおう「オーダーを取らなくても、裁判所、行政庁そのものが機密保持の義務を負っている」と説明して納得してもらう。これで納得が得られない場合は「具体的な案件が出た時に努力する」と説明する。交渉上ではこうするのがよい。

## ● 秘密保持の期間や契約前の情報漏えいに注意する

　秘密保持の期間についても交渉のポイントがある。多くの企業が失敗しているのは、単に期間を定めただけで秘密保持契約を結んでしまうことだ。もちろん、秘密保持の義務はこの期間が過ぎればなくなる。しかし目的外使用の禁止はこの期間が過ぎても残る。秘密保持契約の期間が終わり、契約を結んでいない人たちがだれでも自由にその情報を使えるようになってからも、以前の秘密保持契約が存在するために自社では目的以外に使えない事態になるのである。

　そこで、契約時には有効期間とともに目的外使用の禁止の期間も定めるよう交渉する。相手によっては目的外使用を禁止する期間を「無期限」としようとすることもあるし、「契約終了後何年」という条件を出してくるかもしれない。それをうっかり見逃すことなく、秘密保持契約と2条項の義務が同時に終了する契約になるよう努めるべきである。

　秘密保持契約を結ぶ前には、相手の技術を見て自社にとって有用か、事業化できるかを検討する必要もある。この時にはMOU（Memorandum of Understanding：了解覚書）やLOI（Letter of Intent：予備的合意書）を結ぶ。互いに何らかのメリットがあって秘密保持契約を締結しようとしているわ

けであるから、相手をその気にさせるような情報を出すはずだ。その情報の漏えいに歯止めをかける目的で締結するのである。MOUやLOIは原則として法的効果はないと言われているが、明らかに意図に反した行為に対する法的効果を認めた判決例もある。

● 開示を受けた技術はみな公知か

　秘密保持契約には、一般的に情報の開示を受けた時点ですでに公知であるものは秘密とは見なさないという例外条項が含まれている。この「すでに公知のもの」の解釈について技術者は誤解しがちである。技術者は「すでに公知のもの」を特許性と同じだと判断することがある。特許性には新規性と進歩性の両方が含まれるため、秘密保持契約における「すでに公知のもの」を新規性も進歩性もない情報であると解釈するのである。ところが、秘密保持契約における「すでに公知のもの」は新規性のみしか見ていない。同じものがすでにあったら、それは秘密情報と見なさないという意味なのである。

　技術者の勘違いとは、たとえば次のようなものである。情報Aは公知で情報Bも公知であれば、秘密保持契約ではAとBを公知だとする。ところが公知である情報AとBを結びつけることが容易に考えられると、技術者はA+Bの技術も公知だと判断しがちである。しかし、秘密保持契約においては、いかに容易であったとしてもAとBを結びつけることが公知でなければ、A+Bは公知だとは言えない。

　秘密保持契約における「公知」は、あくまでも同じものが存在していた場合であり、存在していたものから容易に考えられるかどうかは判断の基準にはならない。秘密保持契約を守っていくには、技術者にこの点の理解を促さなければならない。

　これとは逆に、公知の技術も秘密の対象になる場合もある。技術A、B、Cが公知であっても、研究開発目的にはAを使用することが特に好ましい場合は、「研究開発に技術Aを使用すること」が秘密の対象となる。したがって、技術が公知であっても秘密保持契約は慎重に運用する必要がある。

## ●───輸出管理法の問題（負の効果）

　研究開発、共同研究開発の促進のため技術の輸出入を行おうとする時には、各国の輸出管理法にも注意をしなければならない。技術の種類、用途によって輸出入が禁止されている国では、事前の許可を要するからである。
　特に実務上で問題となるのは外国から技術を導入し、その技術を基に研究開発しようとする場合である。輸出管理法によって輸出入が禁じられていないか、許可が必要かなどを検討するには、その技術を知らなければならない。そこで、秘密保持契約を結んで技術の開示を受け、検討したところ、輸入は問題ないが再輸出できる国が制限されており事業目的に適わないことが判明することもある。この結果、技術導入を断念したとしても秘密保持契約の2条項の義務は残ってしまう。
　この問題の解決策としては、秘密保持契約をしないで、たとえば相手国の代理人弁護士と相手方弁護士との間で導入対象の技術が相手国の輸出管理法上事業目的に適う技術かどうかを検討してもらうことがある。

## ●───不用意に秘密保持の義務を負わないこと

　本人はサインせずに開示を受けた情報でも、情報開示を受ける環境などによっては秘密保持の義務を負うことがある。公開の場で開示を受ける場合はともかく、開示を受ける前に秘密保持義務を負わないことをはっきりさせて、記録してから開示を受ける注意が必要になる。企業訪問、他者との会議の際には特に用心しなければならない。
　欧米の企業を訪問する際、入門票にサインを求められる場合があるが、裏面が相手が有利になる一方向の秘密保持契約になっていることがある。不用意にサインしないよう注意が必要だ。技術情報、営業情報、交渉、契約情報の授受を含め、訪問の目的に適った対応を取るべきである。
　また、外部の者からアイデアの提案書が郵送されてきた場合に備え、丁寧な対応を心がけつつも、不用意に秘密保持の義務を負わない社内ルール

の確立が必要になる。たとえば担当者を定め、どの部門に届いた提案も内容を検討せずに担当者に届ける。担当者は秘密保持の義務なしで、あるいは自社の定める柔らかい秘密保持の条件であれば内容を検討する旨を提案者に連絡し、提案者の同意を得てから内容の検討に入るようにすることである。

自社で開発中の技術と類似した提案では、製品化後に提案者から自分のアイデアを利用したとする実施料の請求や訴訟を受けないように注意する。多くの場合、提案を採用しない時は提案前に提案の内容が公知であることを示す資料を付けて丁寧に返事をするのが好ましい。

社内外の情報管理の一環として、以上のケースなども含める全社的ルールの制定と適切な運用が重要となる。

# 3 知的財産のライセンス戦略

● ────なぜ知的財産をライセンスするのか

事業戦略上は知的財産をライセンスせずに、知的財産の排他権（強み）を活用して事業競争力を持続的に高めるのが理想である。しかし、現実には強みだけでなく第三者の知的財産の排他権の影響（弱み）を有するものである。この弱みを事業化前に解消しなければ事業の持続的競争力は得られない。弱みを無視して事業化すれば、他社から知的財産で攻撃され事業の継続は難しくなる。知的財産のライセンスはいつでも得られると思うのは間違いである。

訴訟で弱みの解消を図るという方法もあるが、訴訟は勝訴の予見性が難しく、人的、経済的にも多大な負担を強いられるので戦略にはならない。とりわけ規模の大きい事業にとっては敗訴になった場合の事業の撤退、賠償金等の損害が莫大となる危険があるので、やむをえない場合以外は訴訟

を避けるのが賢明である。

　弱みを解消するためには、自社の知的財産および他社の知的財産を尊重する観点から予防的なライセンス戦略が求められる。ライセンス戦略においては、事業競争力の源泉となる知的財産（守りの権利）はライセンスせず、事業競争力にはさほど影響のない知的財産（攻めの権利）のライセンスで自社の弱みを解消することを目指す。このライセンスは、現在のみならず将来の事業競争力の強化を意図するものなので、クロスライセンス（特許の権利者が互いの持つ権利の使用を許諾し合う契約）あるいは戦略的包括クロスライセンス契約（特定の技術や製品の分野の権利については、契約から一定期間、あるいは契約で定めた権利の存続期間、互いに自由に実施できる契約）が望ましい。また、このようなクロスライセンスにより、相対的知財力の活用で実施料収入も付随して得ることができる。ライセンスは事業を強くするための手段であり、企業全体の現在、将来の事業計画、相手ごとの相対的知財力評価に基づき戦略的に実行すべきものである。

　近年、経営に資する知財活動と称して事業競争力強化を主眼とした知的財産の活用ではなく、主に現金収入を得る目的でのライセンス活動が目立つが、これは本来の知財経営に資する知財活動とは考えられない。これでよしとする企業は、知的財産では競争力を高められない事業を営んでいるか、敗退した事業に関係する知的財産を売却したか、知財部門が自身の成果のみを上げるための活動をしているかのいずれかでしかない。この活動は、現金収入があっても事業を弱体化させるので、けっして知財経営を営む企業の経営に役立つことはない。

● ─── **戦略的、予防的にライセンスする**

　知的財産のライセンスは、現事業の問題の解決を目的とすることもあるが、主には企業全体の将来の事業戦略に焦点を当て、各社との相対的な知財力評価に基づき戦略的、予防的に実行する。すなわち、事業の先読み、技術の先読み、知的財産の先読みと常時の連携、融合活動（三位一体の活動）から早期に解決すべき弱みを見つけ、その解消に向けて自社の強みを

利用したライセンス戦略を実行するのである。

　研究開発によって技術力を強化するのに時間がかかるのと同じように、知財力および相対的知財力を強化するのにも時間がかかる。事業部門、研究開発部門、知財部門が三位一体となって中・長期的な知的財産戦略を立て、交渉力と契約力で予防的に強化していくからである。

　三位一体の連携、融合活動ができず、交渉力のない知財部門ほど、予防的解決ができず訴訟を好む傾向がある。訴訟を起こすと、その企業は強いと評価されることもある。しかし、訴訟の和解でライセンスする企業が強いのではない。本当に強い企業はライセンスを得るため、あるいは弱みを解消するために訴訟を起こすことはない。すべて予防的に解決しているのである。訴訟は、事業競争力を持続するため相手の事業を止めることを目的とした妥協のないもののみであるべきだ。

　予防的解決の理想は、自社の事業競争力の源泉となる守りの権利をライセンスすることなく、事業の競争力にはさほど影響のない攻めの権利を数多く提供して、必要とする相手の権利をすべて含めた戦略的クロスライセンス契約を行うことである。そして自社がライセンスした権利を相手が実施したらロイヤルティの支払いを受け、自社は相手の権利を無料で使う。本当に強い知的財産を持つ企業は、基本的にはこのような契約をする。けっして訴訟に頼ることは考えない。訴訟をしなくても、収入を得ながら、弱みも解消できるからである。ひと頃のIBMは、まさに強い企業の典型であった。研究開発を重視した投資をし、研究開発の成果である技術、知的財産を事業に結びつけて事業競争力を高めつつ、事業を守るために相手の攻撃力をライセンス、特に戦略的クロスライセンスで排除していたと考えられる。

## ●──ライセンスで事業の競争力強化を図る

　事業の競争力強化は研究、開発の自由度の確保から始まる。他社の知的財産を気にすることなく研究開発者が自由に研究開発に取り組める環境をつくることができれば、よい技術的成果が生まれ、その技術を戦略的に知

的財産の形成に結びつけて事業競争力の持続的強化が図れる。

新規事業の創出を意図したまったく新しい技術分野の研究では、研究の方向が発散する傾向がある。発散する範囲に第三者の基本的な知的財産が存在する場合、研究の自由度を確保する目的で弱みの早期の解消を戦略的に実行する。たとえ結果的には自社の研究開発とは関係ない知的財産になったとしても、これは必須の活動である。

この観点からのライセンス戦略では、研究の初期に、ライセンス・インも含めて弱みの解消を図る。初期段階では基本的な知的財産にかかわる技術が実用化されていないことが多く、研究の動向が第三者につかまれにくいため、比較的容易に目的が達成できるからである。

なかには、第三者の基本的な知的財産があるため、ある方向への発散を禁じて研究の方向を狭めたり、研究成果が事業化されたりする確率はそう高くないため、実際に事業化が決まってから弱みの解消を図ればよいという考えを持つ人もいる。しかし、この対応では遅すぎて所期の目的を果たすのはきわめて困難である。

既存事業の技術力強化のための研究開発に自由度を与えるライセンス戦略では、各社に対する相対的知財力の優位性を活用して、攻めの権利での戦略的包括クロスライセンスによって弱みを解消し、事業競争力を持続的に高めることを目指す。

## ●───事業部内の最適化と同時に全社の最適化を図る

ある事業部が新規事業を起こそうとする時には、従来の事業に関しては事業競争力の源泉となる技術の強い知財力を有していても、それだけでは参入する業界の各社が有する事業化に必要な多種多様な知的財産による弱みが解消できないことが多い。

この場合のライセンス戦略としては、全社から見た既存事業の相対的知財力の優位性を活用し、既存事業のライセンス戦略の際に新規事業の弱みも一括して解消することを考える。このためには、たとえ各事業部の知的財産を事業部ごとに管轄する場合であっても、知的財産を一括して活用で

きるような経営環境の構築が求められる。

　自社が複数の事業をしている場合、欧米のグローバル企業とのライセンス契約においては、多くの事業部門に関係する知的財産を前提とするライセンス（戦略的クロスライセンス）を行うため、会社対会社が当事者になるのが普通である。欧米のグローバル企業は、自社の強い事業競争力を背景に知的財産上の弱みを解消するために動くことが多く、自分の事業を守り相手の攻撃力を排除しようとするからである。これに対応するには、知財部門が全事業部の強み、弱みを把握し、全社の知的財産の一括活用の機能を持って、全社の事業を見渡しつつ自社に有利になるライセンス戦略を実行することがきわめて重要となる。

## ●───協調と競争の使い分けを実現する

　知財経営を営む技術系企業では、事業競争力の源泉となるコア技術に関連する知的財産以外にも、事業に必要ではあるが事業競争力にさほど影響しない知的財産を数多く持っている。特に情報産業分野の装置は多種多様な技術で構成されており、その数はきわめて多い。装置に部品や機能ユニット等を組み込むための機構、あるいは回路技術、トレンドに合った機能を追加する技術などに関する知的財産がこれにあたる。このような知的財産は同業他社も所有しているので、ここを強みだと誤解して攻撃をしかけると、相手も反撃してくる。このレベルの知的財産は互いに数が多いだけにエンドレスの訴訟合戦になり、事業競争力をなくす結果となる。もし業界の2社がこの争いをすれば、それ以外の同業者が喜ぶだけであり、このような訴訟は事業戦略上行うべきではない。

　事業競争力にさほど関係のない知的財産は業界で協調し、クロスライセンスで互いに使い合ったほうがよい。もちろん相対的な知財力が高いほうが差額としてロイヤルティを受け取ることになるが、基本的な考え方は協調である。事業競争の真の勝負は、互いに相手のコア技術を尊重し、それを切磋琢磨し合うことで、つけるべきだ。そうしてこそ、業界全体が強くなり、国際競争力も高くなるのである。

本当の勝負をしなかった典型的な例は、一昔前の電機業界のクロスライセンスである。同業者が出した商品はすべて自社も出すという方針であらゆる商品を売ろうとした結果、事業の弱みを解消してはいるものの、守りの権利まで放出することになり、どの企業も似たりよったりになってしまった。互角に事業ができてよいのではないかとも言われたが、ぬるま湯に漬かった状態となり、業界全体が国際競争力を失ったのである。
　知的財産経営においては、まず、技術力と知財力で勝てる地位を獲得する必要がある。そうでないと知的財産戦略は実行できない。他社が売っているものは自社も売るという方針では、弱みを抱えすぎて知的財産経営は成り立たない。この方針で進みたい企業は知的財産経営以外の手法を取るべきであろう。
　業界の活性化、業界そのものが強くなるという意味からも協調と競争という考えを業界全体で持つことが大切である。その大前提のもとに弱みを解消し強みを増す目的でライセンスを行うのである。

# 4　ライセンス契約

## ●──ライセンス契約では、案件ごとに変化する条項に注意する

　ライセンス戦略は事業の競争力を高めるために行うものであり、ライセンス契約で完結する。したがって、ライセンス契約もその目的に適うものでなければならない。
　ライセンスは案件ごとに相手や具体的な目的が異なる。このためライセンス契約においては一般条項の法的な検討に加え、案件ごとに変化する条項である技術力、知財力、事業競争力に密接に関係する以下の各項についての検討や確認を行うことが重要となる。

1. 許諾を与えることに関する条項（210ページ「許諾製品の範囲を長期的に考える」、「許諾技術・許諾特許の契約上の注意」を参照）
2. 許諾を受けることに関する条項（208ページ「目的に適ったライセンス許諾形式を考える」を参照）
3. 契約履行の確保の条項（214ページ「契約履行の確保を重視する」を参照）
4. 運用に関する条項（207ページ「契約当事者の状況の変化に留意する」、212ページ「実施料を考える5つのポイント」を参照）
5. 定義の表現（210ページ「許諾製品の範囲を長期的に考える」「許諾技術・許諾特許の契約上の注意」を参照）
6. 契約内容が交渉内容と一致していること

このような検討、確認を行うには、技術力、知財力、相対的知財力の実態を把握している知財部門が交渉と契約を担当し、研究開発部門、事業部門と密に連携している必要がある。

これまでの経験によれば、交渉担当部門と契約担当部門が分離されていると、往々にして交渉内容と契約内容が一致しない。とりわけ交渉担当者、契約担当者の双方、あるいは一方が技術力、知財力、相対的知財力に関する実態の把握、知財対応能力に欠ける場合は実質的な交渉力は発揮できず、不一致が避けられない。相手がこのような状況にあれば、しめたものである。当方の思いどおりに交渉ができ、交渉内容以上に有利な契約を締結できるからである。

## ●契約当事者の状況の変化に留意する

ライセンス契約においては、相手方当事者の事業譲渡、合併、破産などの変化を考慮する。企業が破綻したり、事業再編が起こっても自社への影響を最小限にくい止めるためである。ここを注意しないと、極端に言えば、ある権利のライセンスを1社に出しただけで、業界全体にそれが使われてしまうようなこともありうる。

A社が自社の技術αの知的財産をB社にライセンスしたとする。一般的

にはこのライセンスはB社がコントロールする子会社にも適用されるようになっているので、「子会社」に制限をかけておかなければ、契約後に設立された子会社にもこの契約が適用されることになる。B社が自社でコントロールできるジョイント・ベンチャー(JV)を他の同業者全社とつくったりしたら、A社の技術αの知的財産は同業全社が使えるようになる。ライセンス契約がこのように悪用されることも起こらないとは限らない。

これは、子会社の実態を調べたうえで「契約が適用されるのは現在の子会社のみ」という条項を入れ、将来の子会社を外すことで防ぐ。将来子会社に関しては、「その都度協議して契約を適用するか否かを決める」としておいたほうが安全である。

契約した相手がM&Aされることもある。これもある程度契約で縛るように工夫する。たとえば、A社がB社にライセンスする契約に「M&Aされた場合にはこのライセンス契約は無効とする」という条項を入れる。B社をM&Aしようとする企業は、B社を買収すればいろいろな契約の恩恵が受けられることも期待しているはずであり、M&Aによってライセンス契約が消滅するのであれば、B社を買う可能性が低くなるからである。

このように、契約期間に相手の状況がさまざまに変化する可能性を予測しながら、それぞれに対応できるような条項を入れるのである。

● ── 目的に適ったラインセンス許諾形式を考える

ライセンス契約においては、案件の具体的な目的に適った許諾形式を取る。少数の知的財産のライセンス・イン／アウトで目的を達成できるのであれば一方向の許諾形式でよいが、この場合でも戦略的に攻めの権利を活用した包括クロスライセンス形式を検討する。すなわち、ある案件以外では相手の知財力が強く、将来自社の事業が弱みを抱える可能性が高いと評価した場合は、相手が弱みの解消のため特定の知的財産のライセンスを欲する機会を利用して、予防的に攻めの知的財産を活用して包括クロスライセンスに持ち込む検討をすることである。

弱みを解消し、強みをより強くするため比較的多数の知的財産が対象と

なる場合は、包括クロスライセンス形式を取る。この形式のライセンスは企業にとって最も重要なものであり、現状の問題の解決のみならず将来の全社戦略、事業戦略に沿った競争力の強化に適うように努める。そして相手ごとに相対的知財力を評価し、包括の対象をどの技術分野、どの事業分野にするかを検討する。既存事業における弱みの解消では、守りの権利は対象に入れず、攻めの権利を活用する。

まったく異なる分野の企業との契約においては、自社の将来の弱みを解消するために、相手の知的財産が数多く対象となり、しかも異分野であるために自社の知財力を活用できない。このようなケースでは、リスク・マネジメントの観点から弱みを解消し、事業競争力を強める契約形式を考える必要が出てくる。この場合はライセンス契約の中に不争条項を入れるか、不争契約の形式をとるとよい。

たとえば、半導体そのものを主事業の対象としていない装置メーカーと、半導体を主事業としている半導体メーカーとの契約においては、装置メーカーが各社から購入した半導体を自社の装置に使っている限り、半導体メーカーは装置メーカーを訴えない、という契約をするのである。

このほか、装置メーカーは装置に入れる部品を外部から購入しており、その部品が特許権を侵害していることも考えられる。この場合、従来は権利者が部品メーカーを訴えていたのだが、部品メーカーを訴えてもわずかな賠償金しか取れないため、装置メーカーを訴えて、より高額の賠償金を得ようとする傾向が出てきている。

これを想定して、もし使用した部品が原因で特許権の侵害があったら、装置メーカーではなく部品メーカーと解決を図るという条項も必要である。

このケースの解決策として半導体の購入先に特許補償を求めることもできる。しかし敗訴した場合に装置メーカーの損害額がすべて保障されるか疑問であり、ましてや事業差し止めの判決には事実上対応できないため、これだけではあまりよい策とは考えられない。

異業種で技術が急激に進歩している分野では争いも多く、ユーザーである自社も訴えられる可能性があるため、ライセンス契約においては、まず身を守ることを考えなければならない。自社の知的財産で対抗できない相

手には権利不主張（特許権による差し止め請求や損害賠償請求などをしない）の条項を入れるのも自社を守る一つの知恵である。

● ――― **許諾製品の範囲を長期的に考える**

　自社が許諾を与える側の場合、許諾製品は事業競争力強化の視点に立ち、事業の現状のみならず商品トレンドなど将来を見通して、案件ごとに定義を検討する。

　何かを許諾する、あるいはこれは許諾しないという定義においては、現状だけを見ずに、将来どのように商品が変化するかを予測し、許諾対象が広がらないように注意して表現することも実務では大切である。

　許諾製品の定義の表現にも工夫が要る。広げたくない許諾製品は「円の内側」に、許諾したくない製品は将来広がる可能性を考慮して「円の外側」に表現するとよい。

　たとえば、ある分野の製品がA（A方式の単機能複写機）とB（B方式の単機能複写機）しかない時には許諾製品をBに限る目的で、許諾製品「B」（円の内側）と表現しても、許諾製品「A以外」（円の外側）と表現しても、事実上Bだけが許諾対象製品となる。しかし、将来はBのほかにもB'（B方式の複写機にファックス機能を組み込んだ複合機）とかC（C方式の機器）やD（D方式の機器）が出現する可能性もある。契約で許諾製品をBに限定したい時は「B」と表現すべきで、「A以外」と表現しているとB'、CやDも許諾製品になってしまう。このように将来の変化を予測しないで表現すると許諾の範囲が広がり、事業の将来に大きな影響を与えるので注意しなければならない。

　逆に許諾を受ける立場であれば、将来製品も許諾製品となるような表現にするほうがよいことになる。

● ――― **許諾技術・許諾特許の契約上の注意**

　許諾特許を特定して許諾する場合は許諾技術の定義にさほどの注意は必

要としないが、包括ライセンスの場合の注意点が参考になる。

　許諾技術を検討する際には、許諾形式、とりわけ包括ライセンスの許諾製品との関係を見ながら、許諾製品の進歩、変化を考慮したうえで、除外すべき技術、知的財産を検討する。また、包括ライセンス、包括クロスライセンスの場合には、研究開発意欲を高め、将来に向かって相対的技術力、知財力を高めることにも目を向ける。実務的見地からは、許諾製品との関係で許諾技術、知的財産、除外技術、知的財産の表現、定義の表現に留意し、目的に適う文言になるように気を配る。

　たとえば、包括ライセンスでは、許諾製品は定義で特定するが、許諾特許は特許番号で特定するのでなく「許諾製品に使用できる特許」と定義されることが多い。しかし、この定義では、技術の進歩につれて許諾製品に使用できる新しい技術、特許も増えてしまう可能性がある。

　一方、許諾製品についても、定義の仕方によっては、許諾製品に該当する製品の変化と技術との相乗効果により、契約時に使用できなかった技術、特許が増加することがある。たとえば単能機の複写機がファックス内蔵の複合機になるような変化である。この変化により単能機の場合は使用できなかったファックスの技術、特許が使用できるようになる。すなわち単能機複写機と定義してあっても、機能アップのために進化したコンピュータ技術、特許、ソフト技術、特許などを使用できるようになるのである。

　この例の場合、許諾製品の定義を単能機に限定し、許諾技術、許諾特許から複写機能以外の技術、特許は除くことを明確にする方法も一案ではあるが、クロスライセンスの場合は自社も制限されることになり、好ましくない。

　許諾技術、許諾特許は、このような変化を見通し、将来にわたる相対的技術力、知財力を評価して事業競争力強化に適うように決めていかなければならない。研究開発意欲を増進させる視点からは、許諾特許の対象を契約時点で出願されているものに限り、契約時点以降の競争意識を高めるような契約を考える必要もある。

● ───**実施料を考える5つのポイント**

ライセンス契約において実施料を決める主なポイントは次の5つである。
1. 事業競争力が得られる実施料か
2. 双方の合意が得られる実施料か
3. 実施料が確実に得られるか
4. 営業秘密が保てるか
5. 実施料支払い管理が可能か

ライセンス契約の当事者にとっては、実施料は焦点の一つとなる。ライセンサー(権利者)は事業競争力を高める目的に適った実施料を得たいと考え、ライセンシー(実施権者)は事業競争力が保てる実施料を望むからである。

実施料は特許権の価値を評価して決めるとする考えもあるが、これは実際的ではない。一般に特許発明の実施は多種の商品、たとえば複写機、プリンター、カメラ等で可能である。特許権固有の価値がいくら高くてもライセンシーにとっては特許発明を実施する商品の事業が成り立たない実施料では許諾を受ける意味がない。そこで現実的な解として、特許発明を実施する商品の業界での平均の利益率を考慮して実施料を決める。利益率が高い商品には実施料は高く、利益率が低い商品には実施料を低くするのである。

包括クロスライセンスの実施料も同様である。ただし、この場合は相対的知財力の差分に対し許諾製品ごとに実施料を決めることになる。相対的知財力の評価は特許群が相手の事業に与える影響力を基に行うが、案件ごとの交渉力に依存するところが大きい。

実施料を実施料率で決めるか固定額にするか、実施料のベースをどこに置くかも考慮の対象になる。実施料のベースは、関係会社から非関係会社への実販価格とすることが多いが、案件ごとに検討すべきである。実施料のベースや実施料率、固定額にするかどうかなどを定めるにあたっては、関係会社の販売ルートが長い場合の実施料計算の煩雑さ、販売価格の急激

な変化や為替変動などによる実施料の変化、実施料報告書における販売実績の開示の程度も検討する。

　また、実施料を確実に得ることへの配慮もワールドワイドのライセンスではきわめて重要である。ライセンスを許諾し、実施料を受け取る契約をする場合には、ロイヤルティを必ず受領できるようにするための条項を入れ込む。アメリカのライセンシーは、稀にではあるが、ライセンス契約を締結してもロイヤルティを支払わないことがある。その根拠とするのは、「ライセンスを受けてもその特許は実施していない」「ライセンスを受けた特許は無効である」などである。これをくい止めるためには、「ライセンス契約の有効期間中、ライセンシーが実施許諾の対象となる特許の有効性に関して争った場合はその特許は許諾特許から除外する」という不争条項を入れる。こうしないと、ライセンシーはロイヤルティを支払わず、訴訟を起こされて負けたとしてもロイヤルティを払えばいいだけだと考えるようになる。これに対し、ライセンサーのほうは、ロイヤルティが受け取れなければ訴訟を起こすしかない。不争条項を含まない契約はかえって争いの原因となる。

　ロイヤルティを支払う条件を「特許を使ったら」とするか「許諾製品をつくったら」とするかも重要な問題である。特許のない国で製品を生産し、特許のない国でそれが販売されることもあり、それを購入した第三者（契約当事者でない者）が特許のある国に輸出することもある。この時に、特許を使ったらロイヤルティを支払うというイフ・ユースト・ベイシス（If Used Basis）の契約になっていたら、ライセンシーが特許のない国で生産し、特許のない国で販売しても、ロイヤルティを支払わないのは正当なこととなるが、輸出国での実施に対する実施料が得られないという問題が生じる。たとえばA社がある技術の権利をアメリカでは持っているが、中国では得ていなかったとする。この場合、B社が中国でA社の技術を使って製品を生産し、中国で販売してもロイヤルティを支払う必要がない。ところがその製品を商社（第三者）が中国で購入してアメリカで販売することもある。A社はアメリカにおける販売についてはロイヤルティを受けられるはずであるにもかかわらず、これを受けられないのである。アメリカでの販売者

(第三者)に対し権利行使が必要になる。

このようなケースを想定すると、特許を使ったらロイヤルティを払うというイフ・ユースト・ベイシスの契約よりも許諾製品をつくったらロイヤルティを支払うというオーバー・オール・ベイシス (Over All Basis)の契約にしたほうがよい。しかし、これを押しつけると独占禁止法違反になる恐れもあるので、相手から選択させるようにする。イフ・ユースト・ベイシスよりオーバー・オール・ベイシスのほうが割安で有利だと思う条件を設定するのである。製品をつくるために使わなければならない特許はいくつかあるが、オーバー・オール・ベイシスにすれば何件使っても料率がそれほど上がらない、という感じを持たせる契約条件を設定するとよい。

## ●────契約履行の確保を重視する

契約交渉においては、契約締結後争いが起きないようにし、かつ、契約履行ができる条項にするよう努める。契約交渉に当たる知財部門の担当者は、自分の関心の高い契約条件に専念し契約の運用に関することを軽視しがちであるが、契約はそれを運用する人の立場を考慮し、履行しやすい契約内容にしなければならない。契約履行の観点からは、実施料報告書が正確かつ容易にできるような実施料の決め方、営業情報を渡さずに済むような取り決め、経理情報や営業情報の管理に負担のかからない監査条項の取り決めにすることが重要となる。

前項でも述べたように、実施料は関係会社から非関係会社に販売する実売価格をベースとし、それに実施料率を乗じて算出することが多い。この方式では、たとえば外国に輸出する場合には、生産会社から幾多の販売会社、代理店を経由することになるので、実施料額のデータ収集に相当の労力を要し、しかも実販の営業情報を相手に渡すことになる。また、関係会社の組織表に出ていない代理店に販売子会社が投資し、契約上の関係会社になっている場合は、正確な情報収集ができず実施料報告の正確性を欠く結果を招くかもしれない。

管理性と営業情報を考えると、実施料計算のベースを生産会社もしくは

本社からの出荷価格、あるいはメーカー推奨価格にして実施料率を調整するか、実施料率を固定額にするなどの工夫が必要となる。そして実施料報告書は契約管理部門での管理のみの利用にとどめ、他の部門への開示の禁止を明示する条項も必須である。

　管理性で特に気をつけなければならないのは、実施料の適否の監査条項である。契約期間中いつでも相手側の都合で監査できる条項は認めないほうがよい。監査に必要な情報の保管・管理のために過剰の負担を強いられるからである。逆に監査条項に入れたほうがよい項目としては次のようなものがある。

1. 通常の経理情報、営業情報の保管・管理で対応できる条件
2. 監査人は独立の公認会計士とすること
3. 監査結果は実施料額の差分のみを報告すること
4. 当該年度の実施料報告の監査は次年度中に行うこと

　そして、契約締結後の紛争を避けるためには、契約内容がすべてであるという完全合意条項、契約譲渡禁止条項、許諾特許の譲渡条件条項、許諾特許の不争義務条項および契約の準拠法、裁判管轄、調停、仲裁条項について十分な注意を払う。特に準拠法は日本法にするよう努力すべきである。これが適わない場合は、相手方当事者の本拠地以外の法律（アメリカの場合中立的な州法）を準拠法とする。ただし、許諾特許の有効性等の解釈は特許の登録国の法律と裁判所によるとする。立場にもよるが、訴えにくくするためには被告の所在地の裁判所を専属管轄とすることも考えられる。

# 5　ノウハウライセンス

## ●───ノウハウライセンスの5つのポイント

　ノウハウライセンスは、一般的には、研究開発促進のために相手方とノ

ウハウを授受する契約である。この契約には秘密保持契約は必須である。「秘密保持契約締結のリスク」「2条項の問題点（負の効果）」「秘密保持の期間や契約前の情報漏えいに注意する」「輸出管理法の問題（負の効果）」などで述べたことを前提のうえ、ノウハウライセンスを受ける立場で、契約の条件として考慮すべきなのは、①許諾を受けるノウハウを含む技術情報の定義を明確にすること、②実施料を固定額とすること、③支払い対象製品を特定すること、④実施料支払い期限を有限とすること、⑤ノウハウを含む技術情報のライセンスには、技術情報に関係する特許権を含めることを明確にすることの5点である。

　ノウハウの対象となる技術情報は国から権利を付与されたものではなく、秘密として管理している限り期限の制限なく価値を有するものである。ノウハウの対象となる技術情報は開示を受けた技術者の知識となり、技能となって身につく。

　そしてノウハウの対象となる技術情報は製品の設計、製造の段階で使用されるが、製造された製品には残らない。このような特徴があるため、ライセンサーはノウハウの厳密な管理をライセンシーに要求し、ノウハウを使用したら期限の制限なく実施料を得たいと考える。

　しかし、技術者が自身の知識となった技術情報を使用していないことを立証することはきわめて困難あるいは不可能であること、準拠法によって争われる裁判管轄も考慮して、ライセンシーは許諾を受けたノウハウの対象となる技術情報の定義を案件に適うよう明確にし、そして、ノウハウを使用したら実施料を支払うという契約は受け入れるべきではない。使用したら実施料を支払うとすると、期限の制限なく全製品が支払いの対象となる恐れがあるからだ。

　ライセンシーは、実施料は生産量に関係なく固定額とすることを強く求めるべきである。これが不可能ならば、支払い製品を明確に限定し、他の製品は支払いの対象から明確に除く。そして、支払期間は妥当な期間に限ることである。

　また一般に、契約時に自社が所有するノウハウと開示を受けたノウハウが混合するのを防ぐために分別管理すべきと言われる。この方法は理論的

には可能かもしれないが、関係するすべてのノウハウの把握や分別管理はきわめて困難で実際的ではないため、分別管理の条項は入れないようにし、分別管理に頼るのは避けるべきである。

　さらに、ノウハウを含む技術情報のライセンスを受ける時、技術情報の使用に関係する知的財産権も明確に含めることが重要である。少なくとも技術情報の使用に対し知的財産権で権利行使されないようにすることである。両者の保護制度が異なるが、保護領域が重なる場合があるからである。ノウハウを含む技術情報（営業秘密）の保護は不正競争防止法で、技術情報の技術思想（発明）の保護（特許権）は特許法である。技術情報の使用が特許権に抵触することが生ずるのである。コンピュータソフトウエアと特許権、デザインと特許権、立体商標と特許権、意匠権の関係なども同様である。

# 6 ライセンス交渉

## ●──ライセンス交渉では、中・長期の戦略と経験が求められる

　ライセンス交渉では、その目的が相対的知財力を活用し現在、将来の事業競争力の安定的確保、事業競争力の強化、全社事業の最適化を図ることにあるので、案件ごと、相手ごとにこの目的を達成できる交渉の方法を考える。

　知財交渉、特に戦略的包括クロスライセンス交渉で重要なのは、交渉の段取りや対応策をあらかじめ十分に練っておくことである。このための要点としては、大きな弱みを見抜かれないうちに先手を取ること、一貫性を保って交渉するストーリーを用意すること、損しない妥協点を見極めること、交渉相手を見定めること、欲しい技術や知的財産をこちらから言うことなく相手から提案させることなどがある。

このような知財交渉力は、にわかな知識や訓練で得られるものではない。中・長期的な戦略の下、三位一体の知財活動により各事業部の本質的な強み、弱みを十分に認識し、事業競争力を高める全社知的財産戦略を構築するための日々の活動と交渉経験によって身につくものである。プレゼンテーション・スキルや交渉術で補えるものではない。

## ●　　交渉を行うタイミングを見極める

　知財交渉では交渉を始めるタイミングが重要である。そのタイミングとは、基本的には自社の相対的知財力が高まった時である。特に相手が大きな知的財産の弱みを解消せずに戦略的新商品を市場に出した時がチャンスである。

　三位一体の知財活動が不十分で、知財上の弱みを抱えているにもかかわらず、市場での優位性を確保する意図で上市した商品は、その弱みを攻められたとしても販売を中止するわけにはいかない。この場合には、弱みを解決するために必要以上の妥協をせざるをえなくなるものだ。攻め手は自身の弱みを解消するだけでなく相手の競争力の源泉となる新技術に関する知的財産まで獲得することも可能になる。

　このようなチャンスを知財交渉に生かすためには、各社別の常時の相対的知財力強化活動をしていなければならない。相対的知財力は知財力の単なる差ではなく、知財力が相手の事業に与える影響力の差である。したがって知財力の比では弱い事業規模の小さい企業、大企業の新規事業でも、事業規模の大きい企業に対して相対的知財力が高くなることもある。知財交渉においては事業規模が大きければ優位だとは限らないのである。

　一般的に、「ベンチャー」対「大企業」あるいは「中小企業」対「大企業」、「大企業の新規事業部」対「参入しようとしている分野で事業を行っている企業」が知財交渉をした場合、前者はそれぞれ知財力が弱いため、勝ち目が少ない。しかし、局地での相対的知財力の優位性を活用して交渉を行えば、目的を達成できるチャンスをつかめるはずである。

## ●───相対的知財力の確認と脅威の与え方

　交渉にあたっては、自社の強み、弱みの状況を十分に把握するとともに、相手の強み、弱み、相手との相対的知財力を常に正確に評価し認識していなければならない。ところが企業のなかでは、第三者の知財力を軽視する部門も少なくない。開発部門に相手の知的財産の評価を依頼し、自社の技術とは関係がないとの回答を受けて交渉したために失敗することすらある。
　知的財産の評価では、自社の財産を適切に評価するとともに、相手の財産も正しく評価しなければならない。知財力、相対的知財力の公正な評価は、常時の三位一体の知財活動のなかで、知財部門が各事業部の本質的な強み、弱みを正しく把握するとともに相手の強み、弱みを把握し、知財部門自身が各々の知的財産を適正に評価することで可能となるのである。
　そして、知財交渉においては、相手にいかに脅威を与え続けるかが要となる。交渉の過程で相手が感じている脅威を一つひとつ解消してしまうのは得策ではなく、交渉終局まですべての脅威を与え続ける。これが優位に交渉を進める秘訣である。相手に脅威を与える源泉としては、自社の持つ知財力の強さ（知的財産の質と量）、相対的知財力の高さ、事業停止の危険性、実施許諾の拒否の可能性、許諾条件の高騰の可能性などがあり、さらに「アンノウン（unknown：知りえない）」の脅威もある。
　交渉においては、相手はこちらが持ち出す事柄には脅威がないと主張するはずである。理論上は公開された権利は徹底的に調査できるため、相手はこちらの全権利が本当に必要かどうか調べられる。それを理由に交渉を引き延ばしたり、全権利についての議論を申し出たり、検討をしたが関係ないことが明らかになった、あるいは権利を侵害しないように設計変更すると主張する可能性もある。
　個々の主張に対し脅威を与える源泉の活用による優位な交渉が必要であるが、ここに調べられない要素を持たせるのがアンノウンの脅威である。たとえば、交渉の結果による許諾特許を契約締結日に出願済みのものまで契約に含めるというのがこれにあたる。こうすると契約時の1年半前に出

願し、まだオープンになっていない出願中の特許のように、互いに評価できない特許も入る。その結果、相手が現時点の特許情報を基に設計変更を行ったとしても、契約日に非公開であった権利が将来公開された時に、さらなる設計変更が必要になる可能性が出てくる。契約締結日に出願済みのものも含んだ契約に合意しないと、新たな特許が公開されるたびに、設計変更が発生する恐れが残るのである。これは大きな脅威になる。このアンノウンの脅威は戦略的な知財活動を活発に行っている企業の大きな武器になり、実際に非常に効果がある。

## ● 交渉は交渉相手を選ぶ交渉から始める

　交渉は交渉相手を選ぶところから始まる。一般に企業の知財部門の担当者や外部の知財専門家は、特許の無効や非侵害というような反論をしたり、こちらが提案する条件に反発はするが、まとめようとしない傾向がある。そのような相手と交渉しても、延々と議論が続くだけで結論は出ない。契約に結びつく交渉をするには、話をまとめる意思のある相手をその場に引き出すことが先決であり、本当の交渉はここからスタートする。

　相手がまとめる意思を持たない場合には、議論は1回で済ませて結論を求めるようにする。そうすると相手側は結論が出せないため、事業部門の責任者が代わって出てくることが多い。事業部門と真剣に検討していないで無責任に反発だけしていたことがよくわかる。

　全事業部を対象とする契約の交渉に、特定の事業部門のみを担当する知的財産の専門家が交渉に出てきた時も同様である。全社的視点で交渉ができないので交渉相手にはならない。この状況になるのは、相手の社内に全事業部の強み、弱みを実質的に把握している人がいない場合が多い。この時には知恵を使って、全社的な契約交渉権限のある人を交渉の場に出させるようにする。交渉相手を選ぶ交渉から始めるのである。

　交渉相手を選ぶ知恵の使い方は、相手によりケース・バイ・ケースであるが、ある時は相手が本件の交渉にふさわしくないことを率直に諭し、ある時は相手の上司に直接要望し、ある時は相手の上司と親しい自社の者か

ら伝えさせるなど、さまざまな手法を駆使する。
　交渉にふさわしい相手を引き出せれば、その後の交渉はこちらのペースで優位に進行することが多い。

## ●————相手から言わせる交渉ストーリーをつくる

　知財交渉、特に戦略的包括クロスライセンス交渉では、欲しい技術、特許（群）をこちらから言わずに、相手から提案させるように持っていくことがきわめて重要である。この交渉力が契約の首尾に大きく関係する。
　戦略的クロスライセンス契約は、現事業の知的財産の問題を解決するばかりでなく、将来事業の知財力、相対的知財力を強化し事業競争力を高めることを主な目的にしている。交渉当事者は、現事業の互いの相対的知財力の評価はしているが、将来事業計画については相手に話さないし、覚られないように注意しながら目的を達成しようと交渉するものである。
　この種の交渉ではクロスライセンスの対象とする許諾範囲（許諾技術の範囲、許諾特許の範囲、許諾製品の範囲）の決定が正否のカギを握る。これらの範囲を取り決める交渉では、相手が何を求めているかを探り合うことになる。この時は、事前に収集した情報を参考に相手が欲する技術分野、知財分野や製品分野を想定し、それを今回のクロスライセンスの対象から除外する提案をして相手の反応を観察する。顔色やちょっとしたしぐさ、表情などから探るのも一つの方法である。
　逆に、相手がこのような提案をしてきたら、的中していてもまずは素直に同意する。同意したままでは目的が達成できないので、相手が除くことを好まない分野を除く対案を出したり、相手の対案を促し、それに対して新たな案を出すことを繰り返しながら、相手からの提案の許諾範囲に自社に欲しい技術や特許が含まれるように持っていく。
　許諾範囲を決める際には、双方の知財力の認識と自社の事業（現業、将来事業）を優位に展開するため必要とする技術、知的財産の十分な把握に基づき、自社の知財力を高めつつ、相手の知財力を押さえる視点を持って交渉に当たらなければならない。

許諾範囲が合意されたら相対的知財力の差に基づく許諾条件（金銭的）を交渉することになるが、相手から許諾条件の譲歩を求められた時に、それに難色を示し、代償として相手から自社の求める許諾範囲を追加提案させる方法も効果的である。

## ●──一貫性を持つこと、即断できること

　知財交渉では案件ごとに交渉の手法が変わるものの、それぞれの交渉においては主張の論拠に一貫性を持たせなければならない。主張の論拠をたびたび変えると相手からの信頼が得られないばかりか、相手に矛盾点を突かれ交渉に勝てない。

　交渉では案件によって程度の差はあれ、対象となる知的財産の権利解釈、有効性の議論がつきものである。議論を有利に展開する手法は二つある。一つは、案件の事前検討を十分に行い、いっきに論破すること。もう一つは、相手の交渉手法を観察しつつ相手の主張の論拠を全部確認できるまで主張させ、一貫性を欠いた主張しかできない状況を見定めた時点でこちらのエースカードを切ることである。この手法は上司と共に交渉に来た交渉担当者によく適用できる。交渉担当者は上司にいいところを見せようとして必要以上の説明をして攻めてくる。困ったふりをして聞きながら肝心なポイントについて質問すると得意になって詳細に説明してくれる。最後に主張の矛盾点を突いて土壇場で打って返すのである。

　交渉相手の性格、論法、交渉の立場、案件の内容により交渉手法を変えるのは言うまでもない。

　戦略的包括クロスライセンス交渉は、相対的知財力の評価の場面で前述のような議論も伴うが、将来事業をにらんでの交渉が主であるため、複雑で長期間の交渉になりがちである。前項でも触れたように交渉相手を選ぶ交渉が前提になるが、交渉を有利に展開するには相手の立場を十分考慮したうえで、事前に綿密に考えた交渉ストーリーを何通りか用意し、許容できる妥協範囲を想定し、事業責任者、社長から事前に了解を得たうえで、交渉時には妥協範囲であれば即決する手法を取るのが効果的である。

複数の事業部が関係する包括クロスライセンス交渉では、現業および将来計画事業に関する各事業部の本質的な強み、弱みを把握し全社的視点で交渉する必要があるため、知的財産・法務担当の役員を交渉責任者とし、各事業部の事情に詳しい複数の知財専門家を引き連れた交渉団が交渉に当たることが多い。

　このような交渉団と交渉する際には、複数の交渉者に話題を振って相手の反応の違いから交渉の狙いを読み取ることに努める。しかし、議論を深めると知財専門家は自己の立場を主張するだけで妥協はしないことが多い。妥協は決定権を持つ交渉主体がするものと決めているからである。そこで交渉の中心となる事項は交渉主体と直接交渉し、妥協できる範囲であれば即決する。この手法は、相手が各事業部の本質的な強み、弱みの把握が十分でない場合には、特に威力を発揮する。

　交渉は、こちら側も決定権を持つ人物が一人で行うべきである。交渉中は相手の真意を探ることが多いため、幾度となく交渉の方向を事前検討の狙いとは違う方向に振ってみる必要も生じる。それを交渉の過程で察せられないように、一貫性を保ちつつ目的の方向に戻す論理思考は一人でないと無理である。複数の人が交渉に参加すると微妙な差が出てこちらの思惑を読まれる危険がある。

## ●──── 交渉の基本は「損をしない妥協」

　知的財産の交渉、特に戦略的クロスライセンス交渉は、将来の事業を見ながら行うものであり、いくら相手の動向を先読みしたとしても、相手が将来をどのように考えているかに関しては、わからない部分が残る。一件だけの知的財産であれば、ある程度予測もつくが、包括のライセンスをして、そのなかの知的財産をどのような事業展開に使おうとしているかの全貌はわからない。

　互いに相手の意図がわからないなかでの交渉であるがゆえに、Win-Winは絶対にありえない。知的財産の交渉の基本となるのは、自社が損をしない妥協をすることである。それには妥協点がどこにあるかを見定めな

ければならず、妥協点を見出す基となるのは、研究開発部門、事業部門、知財部門による三位一体の常時の知財活動である。知財部門は研究開発部門、各事業部門に働きかけて、自社が損をしない妥協点を探る能力の向上を図り、平素の活動のなかでもその視点を持つ習慣づけをする。こうして企業全体に力をつけていくのである。

　重要なのは、相手の立場も考慮しつつタフでフェアに交渉することであり、「交渉は損しない妥協」であると心得、相手に感謝される手法を取ることである。

# 7　取引契約

## ●──取引契約における知的財産の視点とは

　取引契約は商品の売買に関する契約で営業部門、購買部門が主に関係する契約であるが知財部門に関係する条項も含まれている。

　取引契約において知的財産の視点から検討すべき主な事項は、係争に関する事項、特許補償に関する事項、契約履行に関する事項、基本取引契約と個別取引契約に関する事項などである。

　係争に関する事項としては取引契約の内容に応じ、知財の視点から完全合意事項、準拠法、裁判管轄、調停、仲裁条項に目を配る必要があるが、最も注意が必要なのは特許補償に関する事項である。

　営業部門の担当者は、商品を売りたいために特許保証の条項を軽視しがちである。取引契約で、納入する商品は第三者の特許権を侵害しないことを保証したり、納入した商品が原因で特許権侵害等の問題が生じた場合には一切の損害を補償し、相手には何ら迷惑をかけない旨の特許保証をすることがある。しかし、このような契約の下に商品を納入すると、営業利益がなくなるどころか大きな事業損失を招きかねない。

世界各国の関係する第三者の特許権（商品の納入後特許権となるものを含め）をすべて事前に検討し侵害しないと判断することは不可能である。したがって納入する商品が第三者の特許権を侵害しないことを保証すべきではない。

　理想的なのは特許補償なしでの取引である。しかし、実際にはある程度の特許補償が必要になる。特許補償を考える際のポイントとなるのは補償の対象、補償の限度額である。

　補償の対象、補償の限度額は、具体的案件ごとに対象商品に関する知財力、相対的知財力、リスク・マネジメントの程度に応じて決める。そして基本的には、補償の対象は納入した商品自体が第三者の特許権を直接侵害した場合に限定し、納入した商品と他の商品との結合により侵害となる場合は補償の対象としない。これにあたる例としては、納入した商品が材料であれば、特殊な用途に使用したり加工したことによって侵害する場合、納入した商品が機能部品であれば、他の部品と結合したりソフトウエアで機能させたことによって侵害する場合、納入した商品が装置であれば、他の商品とともにシステムを構成したり、システムを制御したり、ソフトウエアで機能させたことによって侵害する場合などがある。

　相手の指示する仕様や相手の指示が原因で起こった侵害は、当然補償の対象から除外する。この場合は契約だけでなく、商品開発の段階における相手の指示事項を明確にし、共同開発の成果としないようにする開発管理も重要となる。

　特許補償限度額の取り決めは、売り手にとっても買い手にとっても大切である。特に売り手が単価の比較的安い機能部品で、買い手がその部品を内蔵した高価な装置の場合には十分に検討する必要がある。機能部品が特許権を侵害している時には、特許権者が、損害賠償額を多く得る目的で装置メーカーを相手に訴訟を起こすこともあるからだ。このような訴訟事件では、各国の裁判所で損害賠償額を算定する基準が必ずしも同じではないが、部品を装置に組み込む取引において、双方ともが特許補償限度額を案件ごとに対象国の裁判所の判決例も考慮して慎重に考えるべきである。

　侵害を避けるため、取引契約には、侵害の疑いが出た時点で納入品の実

質的な機能、性能を維持する範囲において設計変更を行えるという条項を設ける必要もある。そして特許権侵害訴訟で差し止めが執行され、納品できず契約不履行の損害賠償を請求される事態を避けるためには、確定注文を受ける期間を訴訟の判決が出る期間より短くし、敗訴した後の納入義務がないようにすることも必須である。

購入部品に関して言えば、購入者はその技術的内容を知らないのが普通であり、部品が原因で訴訟を起こされた場合、購入者自身では訴訟に対応できない。そこで、訴訟対応として、取引契約で技術的内容に詳しい納入者を訴訟に参加させるか実質的に訴訟を支援することを義務づける。特許補償を求められている部品の納入者が、訴訟の和解条件についての実質的な決定権を持つようにするのである。

最後に取引契約書についてだが、一般的取引契約は基本取引契約書と個別取引契約書で構成されている。汎用品の取引では、個別取引契約書は取引品目、数量、価格、納期等を明らかにする役割を果たすものであるが、共同開発、開発委託等を伴う取引では個別取引契約書の内容は案件ごとに異なり、取引に重要な条項の取り決めがなされるので、基本取引契約書と反する事項は個別取引契約書の記載事項を優先する規定を設けておいたほうがよい。

# 8 事業提携契約

### ●――事業提携におけるクロスライセンスの諸形態

事業提携は弱みの解消の目的で行う。新規事業を始めようとする時には、これまで自社が形成してきた知的財産がほとんど活用できない市場に行くケースが多く、弱みが増す。また、業界やその企業の状態によっても異なるが、既存の事業を行っているだけでも弱みを持つことがある。このよう

な弱みを解消する一つの手段が事業提携である。

　新規事業においては、自社の攻めの特許だけで第三者とクロスライセンスするのは難しい。たとえ新規事業を始めようとしている分野の画期的なコア技術に関する特許(群)を取得していても、すでにその分野で事業を行っている企業は、業界が違うため参入しようとしている企業が既存事業分野で持つ攻めの特許にかかわる技術を実施している可能性は低いからである。

　そこで、新規に事業参入するために画期的なコア技術(強み)の技術力、知財力を活用してその業界の有力な企業の技術力、知財力(強み)とを結合して弱みを解消し、その業界で優位に事業を展開する事業提携や共同事業という手段を用いるのである。この時には、参入企業としての強い意思を持ち、将来を見定めて、相手のメリットを考慮しつつ自社に有利なアライアンスを考えなければならない。後日、自社ブランドとして事業を展開するためには、中間段階における事業の進め方が大切であり、最後は自力で行うという目標を置きながら、そこに到達できるようなアライアンスを結ぶのである。

　弱みの解消の手段として、アライアンス相手の業界でのクロスライセンス形態を活用することが考えられる。特に包括クロスライセンスの形態の活用が好ましい。

　クロスライセンスの形態は業界によって異なり、例外的なものもあるが、特に電機業界などの情報産業機器分野の業界では包括クロスライセンスを結ぶことが多い。

　これらの業界の製品は多種、多様の技術で構成され、デジタル技術により製品がネットワーク型になったため、他社の権利とまったく関係ない技術だけで自社の製品を開発するのが難しくなった。この状況で通常の個別権利のクロスライセンスを結ぶと、件数が非常に多くなるうえに、将来の事業計画も立てにくい。事業計画を立てるには、自社が進もうとする方向に対して研究開発や事業化の自由度が必要になる。ところが個別権利のクロスライセンスでは、一件ごとに障害の解消をするだけで、広い範囲での自由を一度に得ることができない。このような不都合を解消するものとし

て包括クロスライセンスが採用されている。包括クロスライセンスは、過去や現在の事業が持つ問題の解決というよりは、将来の事業に対して自由度を与えることを目的としたものである。

包括クロスライセンスでは、「包括」に含まれる内容に注意する。相手が強みの特許をライセンスから外していることがあるからだ。全面クロスライセンスならば、全件が対象になるので外される特許はないが、これを行う企業はほとんどない。強みの特許をなんとか残そうとするからである。

そこで提携相手の企業の包括クロスライセンスの内容を検討することになるのだが、目的に適う特許が包含されていることが必須である。このなかに何が含まれ何が含まれていないかを認識せずに契約すると、極端な場合、自社が欲しい権利が含まれておらず、自社の目的が達成できない恐れすらある。

そしてライセンスは有限であることも忘れてはならない。クロスライセンス契約には契約期間がある。一般的には契約が切れると更新をするが、そもそも契約更新ができるかどうかは保証されていない。相手の企業の状況が変わり、クロスライセンスの必要性がなくなることも考えられる。

ただし、包括クロスライセンス契約の形態には2種類がある。一般的には契約期間が切れても契約に含まれていた特許権はその権利の存続期間まで実施が可能であるものが多い。この種の契約の更新は、前の契約の締結日後に出願された特許を含めるために行う。他方の契約は契約期間の終了と同時に特許権の実施も終了するものである。この種の包括クロスライセンスの契約終了後の特許権の実施は、契約が更新されなければ、できない。

提携相手の契約が後者の種類である場合には、その更新日までに自社が強くなれるシナリオを描いておかなければ安心できないのである。

## ●────クロスライセンスにおける子会社の取り扱い

クロスライセンスは原則的に親会社同士が結ぶ。なかには管理会社が代表して結ぶこともあるが、基本は同じで、グループ全体のために代表として契約するのである。したがって、クロスライセンスはグループ企業にも

影響を及ぼす(図表7-2を参照)。

　大企業であるA社とB社がクロスライセンス契約を結ぼうとしているとしよう。A社の子会社としてA1、A2等が存在する。B社も同じである。近年は、デジタル技術の進歩により、異なる事業で同じ技術を使うこともある。このため親会社同士のみのクロスライセンス契約では、親会社であるA社が契約相手の子会社B1社から攻撃を受ける恐れがある。そこで、A社は、契約相手であるB社のグループ会社の特許も含めてクロスライセンスすることを要求する。これはB社側から見ても同じであり、双方にメリットがあるので、クロスライセンスには子会社も含めるのである。子会社は親会社と同じ契約上の権利、義務を有するのである。

　この時に子会社をどのように定義するかだが、株式会社の場合、親会社が50％超の株を保有し、支配しているところを子会社とするのが一般的だ。株式を公開していない場合は、役員の構成のようなものから見て、実質的にコントロールしているかどうかを判断する。

## クロスライセンスとジョイント・ベンチャーによる事業参入例

　クロスライセンスとジョイント・ベンチャー(JV)を活用すると、独自技術を開発した企業は、その技術を利用する事業分野に新規参入することも可能となる。

　部品$\alpha$を開発したX社が、この技術を生かしてP製品という事業分野に新規参入したいとしよう。$\alpha$は独自技術であるため、第三者の特許の影響を受けていないとする。もちろん$\alpha$に対する第三者の特許についても十分に調べなければならないのだが、ここでは$\alpha$だけならば弱みがないということにする。

　さて、P製品の業界で事業を行っている企業としては、A社、B社、C社がすでに存在する。この3社は数多くの特許を保有しており、各社間でクロスライセンスが行われているはずである。このなかで、X社は自社の強みである$\alpha$という技術だけでは、業界にある第三者の特許が多すぎて弱みの解消ができないはずだ。

図表7-2 親会社のクロスライセンスの効果

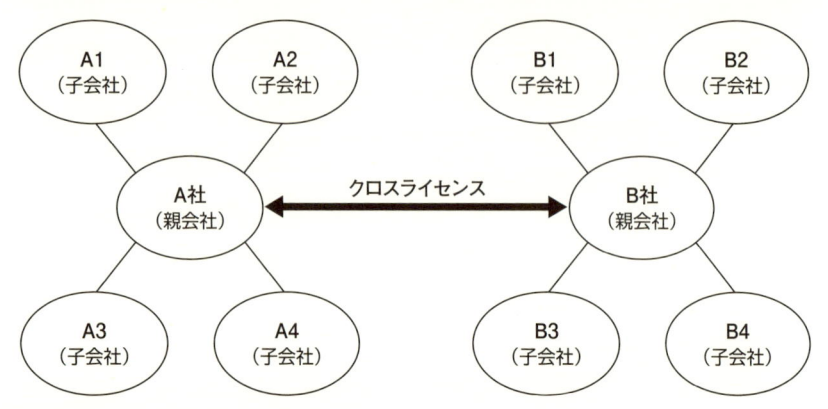

親会社同士のクロスライセンスでは、一般に子会社もその契約に含める。この結果、子会社も親会社と同じ権利、義務を持つようになる。

　そこでX社はこの弱みを解消するために、A社の子会社になったとしよう。子会社になれば、X社はA社がB社、C社と締結しているクロスライセンスの恩恵に浴し、事業参入の障壁である弱みをいっきに解決できる。
　この考え方に則って、X社はA社との間でジョイント・ベンチャーA'社をつくる。そして、A'社をA社の子会社とするために、A社が50％超の権利を保有する。このジョイント・ベンチャーを実質的に支配するのはA社となる（図表7-3を参照）。
　A'社の存在により、X社は弱みを解消して事業参入が果たせるわけだが、このままでは子会社の立場で終わってしまう。次はこのアライアンスから、自力で事業をするまでの道筋を考えなければならない。
　そこでX社が事業できるようなジョイント・ベンチャーの組み方をもう一度検討してみる。
　X社はA社との間で、前述のA'社のほかにもう一つX'社というジョイント・ベンチャーをつくる。A社はA'社の株式の50％超を保有する。X'社はX社が株式の50％超を保有するようにして、A'社はA社がコントロールし、X'社はX社がコントロールしている状態にする。

この二つのジョイント・ベンチャーでは、X社が得意としているαという技術を採用したα部品をX'社が製造し、α部品を搭載したP製品をA'社でつくる（図表7-4を参照）。こうして生産したα部品を搭載したP製品を、A社ブランドだけで売るのではX社のブランドは浸透しない。そこでP製品はA社だけでなくX社でも売ることとする。

しかし、いきなり市場で競争したのでは、X社は以前からこの業界で事業を行っているA社に負ける。X社はα技術の優位性を生かして、販売国、販売先や製品カテゴリーをコントロールして勝つ仕組みをつくらなければならない。A社が海外に弱ければ、海外にはA社の販売網を借りずにX社自身が販売するというようにして、自社ブランドを育てるのである。

また、X社は、自社が強くなれる販売戦略を持つ必要もある。たとえば、市場製品に低・中・高級のクラスがあれば、低・中級クラスの製品の販売はX社が担当し、高級クラスの製品はA社が担当するという方法を取るのである。これは複写機やプリンターをイメージするとわかりやすい。高級な高速機は販売後のサービスも手間がかかるのでA社に売ってもらう。そして低速機はX社が売らせてもらうわけだ。このように自社の能力および

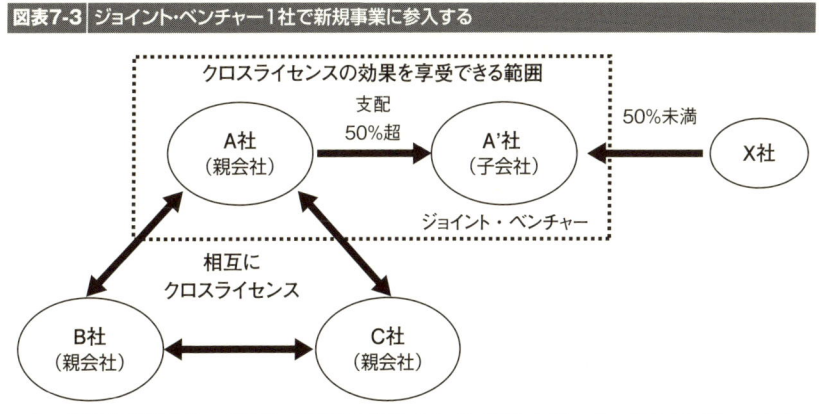

**図表7-3** ｜ ジョイント・ベンチャー1社で新規事業に参入する

αという独自技術を持つX社は、P製品の業界ですでに事業を行っているA社とジョイント・ベンチャーをつくれば、業界内におけるクロスライセンスの恩恵を得て弱みを解消し、事業参入できる。しかしジョイント・ベンチャー A'社はA社に支配されているので、将来X社が独自に事業展開するのは難しい。

市場における自社の販売力を考慮しながらA社との契約内容を決める。

　ここまでは、X社がA社と組むことを想定した例だが、B社あるいはC社と組んでも同じことができる。そもそもX社は、最初にA社、B社、C社のなかから組む相手を選ばなければならないのである。この選定のポイントになるのは、X社が望む販売契約ができるかどうかである。相手が業界で何位かということよりも、相手のブランド力と自社のブランド力を照らし合わせ、どこと組むと売りやすいかを考えるべきなのである。

　もう一つ注意すべき点は、A社、B社、C社が相互に締結しているクロスライセンスの許諾製品として、事業を行おうとする製品が含まれているかどうかである。許諾製品となっている契約を持った企業と組まなければ意味がない。契約はオープンではないので探るには困難が伴うが、それを確認しない限り、業界の1社とクロスライセンスをして、その企業とジョイント・ベンチャーをつくるという方法が使えない。許諾製品をクロスライセンス契約の対象として持っているのは、だいたいその業界で強い企業、あるいは自社が行おうとしている分野に近い製品の事業を行っている企業なので、これを参考に判断するとよい。

**図表7-4** ジョイント・ベンチャー2社で新規事業に参入する

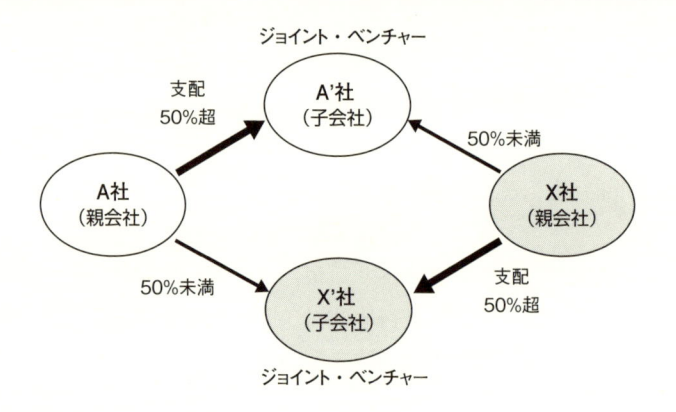

α技術を持つX社が自力で事業をするには、A社が支配するA'社のほかにX社が支配するX'社というジョイント・ベンチャーもつくり、X社自身がα技術を搭載したP製品を販売できるようにする。

## 9 契約の一括管理と運用の一貫性を保つ

### ●────知財契約の一括管理の必要性

　この章で説明した秘密保持契約、共同研究開発契約、ライセンス契約、取引契約、事業提携契約などの知財に関する契約や知財に関する条項を含む契約（知財契約）は、契約を締結した会社のみならず契約で取り決めた関係会社に契約履行面で強く影響を及ぼすことが多い。
　そのため、本社で締結した契約のほか、グローバルで関連会社が締結した契約も含めて権利義務の内容を認識することが契約履行上必要となる。
　また、知財契約は契約内容が知財契約相互間に強く影響を及ぼすことが多い。先行契約と矛盾がない契約の締結と履行の一貫性の観点から、契約の一括管理が必要になる。

### ●────契約相互間の影響

　知財契約は、同種の契約間での影響はもちろんのこと、異種の契約間でも影響を与え合うことが多い。
　たとえば、海外子会社が締結した取引契約の取引商品の開発・生産では本社も直接影響されるし、独占・優先供給条項、秘密保持条項、特許係争、特許補償条項の内容も本社に直接影響を与える。さらに本社の他の契約にも影響を与え、他の契約の影響を受ける。
　特に、秘密保持契約における2条項（開示の禁止、目的外の使用禁止）の内容は、他の秘密保持契約に影響を与えるほか、すべての知財契約に影響を与える可能性がある。
　先行契約や将来契約に特に影響を与える契約・条項は、権利の譲渡、独占的許諾、技術情報や営業秘密の独占的許諾、使用、開示の制限、研究開

発成果の独占許諾・共有、それに、研究・開発・生産・販売の独占的契約などである。

## ● グローバルな契約ルールの取り決め

矛盾のない知財契約の締結と履行の一貫性を確保するには、契約の一括管理が必要であるが、一括管理で最も重要なことは、グループ企業が締結する契約に前項で述べた独占、共有、制限、禁止、補償などに関する条項が含まれる場合は、契約に先立って本社の関係部門の了解を得るルールの確立と的確な運用を行うことである。これは、知財契約を担当する知財部門の重要な役割である。

知財契約は、契約単位として、契約全体として矛盾なく管理、運用ができる契約の締結を心がけるべきである。

## ● 運用の一貫性を確保する

三位一体の事業戦略、研究開発戦略、知的財産戦略には、グローバルの既存の知財契約の活用と新たな知財契約の締結は欠かせない。

それぞれの戦略の実践において、あるいは全体の戦略の実践において知財契約の運用の一貫性を確保することがきわめて重要となる。

知財契約の場当たり的運用では既存契約に違反となり、無用な係争事件に巻き込まれることにもなる。

# 第8章
## 紛争の予防と解決の活動

# 1 事業競争力を高め、持続する長期的、戦略的、予防的、臨戦的活動

### ●―――長期的視点

　事業の持つ強みを増し、弱みを解消するための武器となるのは、「守りの権利」「攻めの権利」であるが、これらの権利を形成するには事業戦略に連動した中・長期的戦略に基づく権利形成活動が必要である。そして形成した権利を活用する目的は、事業戦略を優位に実行せしめること、すなわち現業のみならず将来事業の強みを強化し、弱みを解消することである。したがって、知財部門における活動は、中・長期の知的財産戦略および研究開発戦略、事業戦略の見通しや判断、業界や技術の動向について先を読みながら行わなければならない。このような権利の活用活動は、知財部門が主体となるが、意思決定は研究開発部門、事業部門、知財部門が三位一体となって行う。

### ●―――訴訟は戦略に組み込めない

　ここまで何度か繰り返してきたが、弱みの解消のための戦略はあくまでも交渉が主であり、ここに訴訟を組み込むべきではない。権利の不安定さ、解釈の不確定さ、裁判制度の影響などにより、判決を予見できないからである。そして、高額な訴訟費用、多大な人的負担、敗訴の場合の損害の大きさなどリスクも多い。訴訟によって目的を達成しようとするのは事業戦略上好ましくないのである。また、訴訟になると、法的には全世界の公知公用技術も対象となり、予想外の先行資料が出てくるかもしれない。勝てると考えていたにもかかわらず負けるような事態も起こるのである。訴訟

はどうしても交渉で解決できない場合の最後の補助手段として活用すべきものである。すぐに訴訟で解決を図ろうとするのは、戦略性に欠け、交渉力がないとも言える。

## ● 交渉力と契約力で解決する

　現状を認識したうえで将来を予測し、事業戦略の実行に影響を与える第三者の知的財産の障壁を事前に解決して、戦略を優位に展開するためには、戦略的、予防的活動が必要になる。この基となるのは全社戦略の機能と各事業戦略の機能、および関連企業を含めた知的財産統括機能を持ち、全社的視点で各事業戦略を優位に実行せしめる知財形成活動である。

　現業のみならず将来事業を見据えて全社的視点で事業の強みを増し、弱みを解消するためには、戦略的クロスライセンスを目指すのが好ましい。攻めの権利の活用で相手の攻撃力を排除して強みを増し、弱みを解消するのである。この目的を遂げるために、交渉相手との相対的知財力を強化し、相互の知的財産を公正に評価したうえで、適時に交渉をしかける。強い知財力があるので、攻められたらいつでも反撃できるという考えは間違っている。攻められる側となると、大きな弱みを突かれ、相対的知財力が極端に低下して解決のために思わぬ損失を招くこともある。

　交渉で目的を達成するには、高度の交渉力と契約力が求められる。単純な金銭交渉ではなく、双方の知財力の認識と現事業および将来事業を優位に展開するための技術、知的財産の認識を基に、こちらの知財力を高め相手の知財力を弱めることが交渉の主眼となる。この交渉はきわめて複雑な要素を含んでおり、刻々と変化する交渉の過程で、少なくとも損をしない妥協点を見出せる交渉能力が求められる。そして交渉内容を適切に盛り込んだ契約を締結する契約能力も必要となる（知財力、相対的知財力の強化については第4章を、交渉力、契約力については第7章を参照）。

　アメリカでは交渉に先立って訴訟を提起することが多い。相手に脅威を与える意味もあるが、交渉の過程で警告状を出すと、相手によって非侵害と知財無効確認の訴訟を相手の有利な裁判所に提起されることがあるので、

これを避けるためとも考えられる。

　交渉では基本的に市場が大きく、効果の大きい国の知的財産を活用する。そのためアメリカ流の手法も考慮する意味はあるが、経験によれば、質と量に基づく知財力、相対的知財力が強い場合には、交渉に専念すれば目的は十分に達成できるはずである。

　訴訟となると、事業規模の大きい企業ほど思いのほか弱い立場に置かれる。どれだけ多くの知的財産を保有していても、訴訟で使うのは10件にも満たないはずだ。それに引き換え、大企業の新規事業、中小企業、ベンチャーのように事業規模の小さい場合は、わずかな知的財産しかなく知財力では極端に負けていても、相対的知財力が極端に高まり、訴訟においては事業規模の大きい企業と互角の強みが出る。したがって、自社の事業規模が大きければ大きいほど、どのような相手に対しても訴訟は避け、知財力の強さを活用して交渉で解決するよう努めたほうがよい。

　逆に、大企業の新規事業、中小企業、ベンチャーは相対的知財力を活用し、相手に訴訟の脅威を与えながら交渉で目的を達成する知恵と度胸を持つべきである。

## 2 妥協のない訴訟での解決

### ●——訴訟対応力の必要性

　事業戦略を優位に実行させるための知財活動は、交渉力と契約力で解決するのが基本であるが、訴訟で解決せざるをえない場合もある。一つは相手から訴訟を提起され、被告となるケースである。この時には訴訟の過程で相手の弱点をつかみ、「攻めの権利」と交渉力で損をしない妥協を図る。もう一つは、自社の事業競争力の源泉となる「守りの権利」を侵害され、交渉で解決しがたい時である。この場合は、相手の事業を阻止するために

原告として妥協のない訴訟を提起する。

 被告、原告いずれの立場にせよ、訴訟になってからあわてて対応するのでは勝ち目はない。訴訟に対応できるよう常に気を配ることが大切である。

 国外の訴訟では、各国の法制度、運用が異なるため、国別の対応が必要になることは言うまでもないが、基本的には自社の事業として市場が大きく、訴訟が多発する国での訴訟への対応を第一に考える。グローバルに事業展開する企業にとってはアメリカと中国がこれにあたる。

 アメリカには他国に類を見ない制度や厳しい訴訟手続き、域外適用（通常、知的財産権は権利を付与した国でのみ権利を活用できるが、ある一定の行為については、国外にも影響を及ぼす制度）もあるため、アメリカで直接、間接に事業を展開する企業は、まずアメリカの訴訟に対応できる常時の知財活動と訴訟対応体制を築くことを優先すべきである。

 中国は不透明な要素もあるが、法整備も急速に進行しつつあり、権利主張が強く、外国企業が高額の損害賠償を請求された事件も発生している状況から、早急に対応力をつける必要がある。

 中国の輸出入管理条例は、技術を必ず実施できるという保証、特許権者が許諾した特許・発明の実施について、第三者の権利を侵害しないという保証を求めるという、驚くべき特異な内容を含んでいるので、技術移転、ライセンス契約、委託生産、合弁契約などの契約に関係する訴訟にも十分な対応力をつけなければならない。

 対応力強化のためには、先読みの知財活動と社内体制を築くとともに国際法務、情報ネットワークを活用し、内外の信頼できる能力の高い専門家と有機的に連携した活動が必要になる。

## ●　　訴訟対応の基本

 国内、国外の訴訟ともに、勝つための準備や行動を取らなければならない点に変わりはない。特にアメリカでの訴訟は中途半端な準備では絶対に勝てない。これは肝に銘じておくべきである。

 訴訟対応としてまず求められるのは、守りの技術の権利化に際しては裁

判を想定して、権利化プロセスや手続き面での遺漏がないようにすることである。具体的には権利の承継の資料、開発者のノートの記述内容を整える。困った、困ったとの調子で記載されたノートは好ましくない。そして、発明に深く関係すると認識している先行技術の開示あるいは出願手続きなどへのサインは、内容を読んで理解した宣誓の意味にもなるので、内容を確認しないでサインしてはならない。開発する過程の資料、知財検討の資料なども、いつ訴訟で開示を求められてもよいようなやり方で一貫性を持って作成しておく。また、検討結果の「黒」は「白」になるように実態を変える必要もある。

　アメリカでは電子ディスカバリーも導入されているので、普段のメール交信にも細心の注意を払う。反トラスト法による反訴も予想されるため、研究開発部門のみならず、事業部門、営業部門の交信も要注意である。

　また、訴訟になる前に資料の廃棄基準も社内規定として決めて、それに沿った管理体制にする必要もある。ディスカバリーの際に社内の記録が「ない」と言えば、「それはおかしい」ということになるし、社内規定により廃棄したと主張したくても、訴訟が起きている間は社内規定の変更は認められないためである。

　ディスカバリーで求められても、依頼者秘匿権（Attorney-Client Privilege）の記録のある資料は出さなくてもよい制度もあるが、依頼者秘匿権は訴訟が起きてから、あるいは警告を受けてから交換するものについて適用される。したがって訴訟の要となる資料は裁判官の提出命令があれば提出を免れない。

　ディスカバリーを受けた時には、まず資料収集責任者を決めて資料の収集にあたる。両当事者の弁護士が定めたディスカバリーの範囲で責任者が関連部門から必要な資料を収集すべきで、責任者は非常に重要な任務を担うこととなる。

　また、デポジション（証言録取）で呼ばれる証人を想定し、その人の適性を調べたり、リハーサルをすることも必要になるが、これには訴訟が起こった国の弁護士に協力をあおぐ。そして、不適任と思われる人は呼ばれないように工夫をしてもらうのである。

訴訟で勝つためには、味方の弁護士にどの範囲の情報を与えるかも一つの要点となる。相手の戦略を予測できずに、必要な情報を与え損なってしまえば負ける。しかし多量の情報を出しても混乱するので、適切な情報提供がポイントとなる。このため、訴訟手続き上、相手が出してくるであろうものを予測して、しかるべき情報を弁護士に渡せる人、そして弁護士に技術的な問題をわかりやすく説明したり、陪審員にわかるように論旨や専門用語をかみ砕いて説明できる人の存在が、訴訟の勝敗を分けるカギとなる。この人物は訴訟においては、いわば黒子であるが、訴訟に勝てるか否かは優秀な黒子がいるかどうかにかかってくる。企業内部の人間でなければわからない分野については、企業の知財部門がよほどしっかりした黒子にならないと勝てない。

　アメリカでは、交渉の前段階として、とにかく訴訟を起こす傾向があるが、これに対して、すぐに和解をしようとすると不利になる。逆に求める核心事項を知っていると思われる相手の関係者を証人として要請し、ディスカバリーで収集した資料から有利に活用できる資料を抽出して、デポジションで相手の弱点を突き止め、1本取ったところで、自社に有利な和解に持ち込むべきである。実際にディスカバリーを行って、それを証拠にデポジションをかけ、証人の弱点を引き出すというのは優秀な弁護士なら案外できるものだ。

　アメリカで訴訟を起こされた場合には、陪審制であることにも配慮しなければならない。陪審員がどう思うかによって判決が決まるため、いかに心証形成するかが最大の勝負になる。

## ● デポジションでは一貫性を保つ

　アメリカの訴訟では、デポジションにおける証言が裁判の勝敗に大きく影響する。デポジションとは、法廷外で相手の弁護士の質問に証人が答えるもので、証人が供述した内容を記録する手続きである。

　デポジションは、これまで、質疑応答が録音され、それを公認の速記者が文章にし、その内容を証人と双方の弁護士が確認して正式な記録とする

という方法で行われていたが、最近はビデオを使用して音声と証人の映像が記録されるようになった。

デポジションでのねらいは、弁護士にとってはディスカバリーで得た証拠の確認、および証拠からでは確認できない事実を知り、心証を得ること、原告側にとっては侵害の事実、故意侵害の事実をつかむこと、被告側にとっては知的財産の権利行使不可能な事実、無効性の事実をつかむことが主となる。

デポジションにおいて、日本人が最も失敗しがちなのが「英語がわかるか」という質問に対する答えである。日本人は「英語がわかるか」と尋ねられると、英会話ができるか否かを基準として答えがちである。実際に、ある証人がデポジションで、英会話ができないというつもりで「英語はわからない」と答えたところ、「英語がわからないのに、なぜ英文の資料を読んで理解し、これができたのか」と突かれて、一審で負けたという例もある。

デポジションで「英語はわからない」と答えた人間が、交渉の場で英語を使っていたので、驚いて足を蹴って注意を促したこともある。一度「わからない」と答えたら、最後までそれで通し、英語をしゃべったりしてはいけないのである。

また、単純に「英語はわからない」と答えるのではなく、どの程度なのかを注意して表現しないと、回答を逆手に取られることも多い。そして、語学の問題のような些細な点につまずいて勝負が決まってしまうことも少なくないのである。いずれにせよ下手な英語で答えるより、訴訟事件に慣れた公認の通訳者を選び、事前に特有の技術用語になじんでもらったうえで、通訳を介して受け答えしたほうがよい。

英語は一例であるが、訴訟になったら、普段の行動すべてを通して一貫性を保たないと、どこで証言と逆の証拠をつかまれるかわからない。一貫性を保っていなければ、まず負けると思うべきだ。

このようななかで嘘をつき通すのは、非常に難しい。相手方は時間を置いて同じような質問を何回もするので、その場しのぎで答えていると辻褄が合わなくなる恐れがある。

一貫性を保つには、相手のねらいを読んで何を聞かれるかを予想し、流

れを通して記憶する。そして相手の尋問について味方の弁護士が「オブジェクション（異議あり）」と言ったら、発言に気をつけろとの合図と理解して慎重な対応に努める。尋問の意味がよく理解できない時は、必ず確認する。とりわけ、初めてデポジションに出る技術者、知財担当者には、相手のねらいを含め、このあたりをリハーサルでよく教え込んでおいたほうがよい。

## 専門家に鑑定を依頼する真の理由

　アメリカでは故意侵害による3倍賠償を避ける一つの手段として、外部の専門家に知財鑑定を依頼することがある。鑑定があれば裁判になっても、「『白』であるという鑑定結果を得てから事業を行っているので故意侵害ではない」と主張できるし、裁判に負けても3倍賠償が避けられる。最近になって専門家の鑑定は必須でないとの判決も出ているが、事業を実施する前に専門家から「白」であるとの判断を受けておくべきであろう。第三者の知的財産をまったく調べなければ故意侵害は避けられると言う人もいるが、故意侵害が避けられたとしても侵害訴訟が多発して事業は成り立たなくなる。十分な調査、検討と、「グレー」なものについては事前に専門家の「白」の鑑定を得るのが無難である。

　日本においても企業が外部の専門家に知財鑑定を依頼することがある。この目的は第三者による公平な意見を求めることである。そして、第三者から見ても「黒」ならば、それをどのようにして「白」にするか、すなわち、どのようにして弱みを解消するかを考える。ただし、鑑定で「白」であっても訴訟が起きないという保証にはならない。訴訟は相手が勝手に攻めてくるものだからである。たとえ社長から「訴訟を起こされないようにしろ」と命じられても、そう都合よくはいかない。同じ社長命令でも「訴訟で負けないようにしろ」というのならば、まだ対策の立てようもあるということだ。

　また、企業経営においては第三者による鑑定が別の側面も持つ。社内専門家が鑑定しただけでは、大きな事件が起きた時に株主のような社外の相

手に対してエクスキューズにならない。しかし、外部の専門家の意見を得ていれば、企業としてのエクスキューズとなることもある。鑑定は株主総会や株主代表訴訟での対応を考えての、安全対策の一つであるとも言える。

外部の専門家に鑑定を依頼すると、知財部門の責任者は、自分の判断が信用されていないのかと感じるかもしれないが、外部による鑑定はいくつも理由があって行うものなので、自分が真剣に判断をしているのなら自信をなくすことはない。

# 3 妥協のない訴訟

## ●──国内での訴訟：訴えられた例

訴訟では、訴えられる側に回ることもある。この時に大切なのは、証拠を整えることと、自社の主張を裁判官に理解してもらえるように伝えることである。

振り返ってみると、40年にわたる経験のなかで国内での訴訟を起こしたことは一件もない。国内の訴訟の経験は被告となった1回だけである。

課長時代のことであるが、キヤノンの主力商品の一眼レフカメラが特許権侵害の警告を受けた。特許は一眼レフカメラの測光技術に関するもので大手電機会社と外部の人との共有である。

準備した先行技術資料を基に特許の無効と非侵害の理由を説明し、交渉による解決を試みたところ、共有の一方の当事者である大手電機会社からは訴訟を起こさない旨の同意が得られた。しかし、もう一方の当事者である個人からは同意を得られず、要求された和解の条件は事業が成り立たないほど厳しく、とても妥協ができる状況ではなかった。

訴訟に踏み切る前に社長に呼ばれ、「訴訟に勝てるのか、負けるのか」と尋ねられたので、「侵害訴訟では負けるが、無効審判で勝つので、結果と

しては勝つ」と答えたが、この時は、胃がキリキリするほどの重圧と緊張を感じた。

　もちろん、専門家から勝つ確率が高いこと、その確率がどれくらいであるかという鑑定は得ていたが、社長が求めているのは確率ではなく結果だと考え、前述のように答えたのである。

　当時は出願公開制度がなかったので、出願してから相当の期間を経過しないと第三者の特許を知ることができなかった。このため相手の特許が出願公告になった時には、すでに対象となるカメラを販売していた。また、キヤノンも一眼レフカメラの測光技術に関する発明を出願していたのだが、出願日が後であることがわかった（先後願の関係であった）。相手の特許は「並行平板を用いる測光」を特徴としたものであった。これに対し、キヤノンの出願は「並行平板を用いる測光」と「コンデンサーレンズを用いる測光」の実施例を含むもので、このうちコンデンサーレンズを用いる測光をカメラに使用していたのである。先後願の関係であったので、キヤノンは並行平板タイプの実施例を削除し、コンデンサーレンズタイプの特許を取得した。

　実施形態は相手の特許とは異なるが、発明者が二つの実施例を含めたことは技術的に類似するとも取れるので、万全を期して徹底的に無効資料の調査を行い、有力な先行技術資料を得ることができた。

　本件は東京地方裁判所での侵害訴訟と特許庁での特許無効審判が並行してなされた。この時キヤノンは、侵害訴訟では非侵害の主張、無効審判ではドイツの実用新案を証拠として、相手の特許が無効であると主張した。相手の特許の出願前に同じ原理の先行技術があり、ドイツで実用新案として登録されていたからである。そのため、ドイツの実用新案が特許法第29条（特許の要件）に掲げられた「頒布された刊行物」に該当するか否かが争点となった。

　ドイツの実用新案は特許庁でマイクロフィルムの閲覧はできるが、公報は出していない。しかし、ドイツのカメラメーカーを調べたところ、各社とも予約して実用新案の複写版（紙）を定期的に購入していたことがわかった。そこで、各カメラメーカーからその事実を証明する書類をもらって証拠に

加えた。そして同業社が事実上、定期的に購入していることを証明できたおかげで、刊行物であるとの判断が得られ、無効審判はキヤノンが勝ったのである。

　この事件では、カメラメーカーを回って証明書を集め、証拠とする準備をしたことが勝因の一つとなっている。

　侵害訴訟のほうは、一眼レフカメラの測光技術に関するもので、前述のように相手は平板を使う方法で特許権を取得していた。一方、キヤノンの技術ではコンデンサーを使う。しかし、両方とも技術的な観点からすると類似する技術であり、当社製品は特許権侵害だとして訴えられたのである。

　キヤノン側の弁護士は「平板とコンデンサーは違うから、この訴訟は勝てる」と言う。そこで平板とコンデンサーの違いを技術説明会で説明することになったのだが、これが難しかった。光学系の問題なので、まず光学の専門家に説明してもらった。「平板に焦点を結ぶ」ことが相手の特許の要件でもあったため、「キヤノンのカメラは、コンデンサーレンズには焦点は結ばず、拡散マット面に焦点を結ぶので相違する」というミクロンオーダーの光学理論の説明をしたが、裁判官に理解してもらえない。途中からカメラ技術者にも参加してもらったところ、「並行平板は全反射を繰り返すが、コンデンサーでは飛び出すものがあるので全反射を繰り返さない」と幾何光学的にわかりやすく説明をしてくれた。相手の特許は「全反射を繰り返す」ことを要件にしていたので、この説明によって違いが明らかになり、非侵害との判決を得てキヤノンが勝った。ちなみに、この判決は先に社長に問われた時に答えた私の判断とは異なっていたが、勝ったので問題はなかった。

　相手方は地裁の判決、特許庁の無効審判の審決に不満で両件とも東京高等裁判所（現・知的財産高等裁判所）に控訴した。

　東京高裁では無効審判の審決取消訴訟を優先し、判決は特許無効の審決を支持するものであった。これで一件落着と思っていたが、相手は高裁の判決に不満で最高裁判所に上告した。

　主張は「ドイツの実用新案は刊行物でない」ということであった。しかし判決で刊行物と見なされキヤノンが完勝した。この事件は、刊行物の判

例として吉藤幸朔著『特許法概説』(有斐閣)でも紹介されている。
　これは、先行技術文献の十分な調査が重要であること、そして自社の主張は技術者の論理でなく、誰にでもわかるように説明することが裁判において大切だという実例である。
　本件では、綿密な調査の結果、特許を無効にできる有力な先行技術資料を得ていたので、勝つ自信はあったが、胃が痛むような厳しい判断を迫られる臨戦的な活動より、予防的な知財活動を重視し、安心して事業競争力を強くすべきであると強く感じた。私流の知的財産戦略をいっそう強く意識づける契機になった忘れられない事件である。

## ●───アメリカでの訴訟：訴えた例

　国内では起こしたことのない訴訟を海外では何度か提起した経験がある。その例を紹介する。インクジェットプリンターのインクカートリッジに関する特許権と商標権についての訴訟である。
　アメリカにおいて、キヤノンプリンター用の互換インクカートリッジを製造・販売している企業があった。インクカートリッジはプリンター事業にとって重要な商品で、これに関する知的財産権は守りの権利でありライセンスはできない。また、この権利を侵害されたら、相手の事業を止めなければならない。そこで警告状を出したが製造・販売を中止しないため、同社を相手にカリフォルニア州の地方裁判所に特許権と商標権侵害の侵害差し止めを求める訴訟を提起した。カリフォルニア州の地裁を選んだのは、キヤノンの開発拠点と製造工場が存在するからであり、いわゆる有利な裁判所の選択をしたのである。商標権のほうは、相手がキヤノンの商標をそっくり真似していたわけではないが、消費者がキヤノンの商品と思うような紛らわしい使用の仕方であったため提訴した。
　そして訴訟に勝つための準備は徹底的に行った。訴訟に活用する特許権は、アメリカの信頼できる弁護士を含め、知財部門の関係者で慎重に選択した。反トラスト法の反訴を想定した対応も検討した。商標に関しては模擬トライアルも行い、さらに陪審員にわかりやすく説明できるようにプレ

ゼン専門業者との連携も図った。

　模擬トライアルは、裁判に先立ち、商標権侵害ついての陪審員の判断を予測する目的で行った。第三者に依頼して3組の陪審員グループを構成し、同じ内容を同じ弁護士がそれぞれの陪審員グループに説明し、商標権侵害か否かの評決を出させたのである。結果は2組が侵害、1組は非侵害であった。このトライアルにより、陪審員のリーダー格となる人物の判断が評決に影響を与えることがわかった。

　このように準備を進めたが、商標に関しては訴訟を提起した後、被告が紛らわしい商標の表示を中止したので事実上問題は解消した。

　反トラスト法反訴の対応のほうは、専門家の意見を求め、消費者の意向調査も実施して十分に対応できることを確認していた。

　訴訟手続きのなかで、特許権の問題を優先することに成功したので、反トラスト法の問題はディスカバリーを含めて後回しとなり、戦いは特許権に集中した。弁護士の調査によれば被告は特許保険を活用していた。弁護士の見解では、被告のような第三者の知的財産権を十分に検討しないで事業を行っている会社には保険の適用はないであろうし、適用されても少額であるとのことであった。しかし、被告には大事務所の弁護士が継続的に関与していることも判明した。

　ディスカバリーとデポジションを行い、当方としては故意侵害を主張できる有利な情報も含め多くの有利な情報を収集した。そのうえで、被告の製品は明らかに2件の特許権を侵害しているとしてサマリー・ジャッジメント・モーション（略式判決申請）を提出した。被告はこれに対し2件の特許は明らかに無効であるとしてサマリー・ジャッジ（略式判決。法律判断で陪審員の評決を得ないで裁判官が判決できる）を求めた。

　サマリー・ジャッジでは、結果は1件の特許については当方の主張が認められ、他の1件の特許は相手の主張が認められた。双方ともこれを不服とし、連邦巡回控訴裁判所（CAFC）に控訴した。

　その後、業績が悪化した被告による米国破産法11章に基づく破産申立を契機として、訴訟手続が停止となった。私は、この段階で会社を定年で退任したので、その後の訴訟には関与しなかったが、聞くところによると、

一件落着となったそうである。
　妥協のない、勝たねばならない訴訟では、万全の準備が求められる。妥協し、権利を許諾して現金を得る訴訟とは本質的に違うのである。これはその一例である。

## ●───香港での訴訟：訴えた例

　同じく訴訟を提起した例だが、これは、まだイギリスの統治下にあった香港での電子写真複写機のプロセスカートリッジに関する特許権、著作権についての訴訟である。
　プロセスカートリッジは、複写機本体に出し入れできる交換ユニットで、感光体、現像剤、クリーニング手段など電子写真の心臓部を内蔵したものだ。サービスコストの軽減を実現した独創的なコンセプトの商品である。そしてプロセスカートリッジはキヤノンのオリジナルであり、複写機事業の競争力を高める重要な商品でもある。プロセスカートリッジに実施している特許権は守りの権利であり、ライセンスしない権利である。これについては、イギリスの特許権を得ており、当時の香港ではイギリスの特許権が香港の特許権として登録できた。
　このプロセスカートリッジの特許権に関して、イギリス人が経営する香港のグリーンカートリッジ社からライセンスを受けたいとの申し出があった。しかしこれを断ったところ、グリーンカートリッジはキヤノンの複写機用の互換プロセスカートリッジの製造・販売を開始したのである。
　早速、懇意にしていたイギリスの弁理士と慎重に検討し、グリーンカートリッジ社を被告として、香港の地方裁判所に特許権と著作権侵害の侵害差し止めを求めた訴訟を提起した。これも相手の事業を止めるための妥協のない、勝たねばならない訴訟である。
　当時、イギリスでは著作権で工業製品の部品を保護する制度は廃止されていた。しかし、イギリスの弁理士に確認したところ、香港ではまだ有効であることがわかったので、特許権と著作権の侵害とした。
　提訴にあたっては、イギリスの弁理士から弁護士（バリスター）を紹介し

てもらった。イギリスの訴訟では、法廷に立つ弁護士（バリスター）とクライアントとの事務連絡を担当する弁護士（ソリスター）が必要になる。

この訴訟では、プロセスカートリッジのオリジナリティを強調することが重要であると考え、まず、キヤノンの最強ライバルであるゼロックス社の電子写真技術の責任者に、テクニカルエキスパートとしての証言を依頼した。ライバル会社のことでもあり不安もあったが、快く引き受けてくれて、これには感激した。この責任者は、第1章のコラムで述べたアメリカゼロックス社との案件が円満に解決した後、ゼロックス社を訪問した際に「プロセスカートリッジのコンセプトに驚嘆し、そのオリジナリティを尊重している」と語ってくれたことがあり、この言葉を思い出して証言をお願いした次第である。

訴訟の準備は証人の依頼だけではない。被告の製品を購入し、分解して内部構成の検討も行った。その結果、基本特許を含め複数の特許権と多数の部品が著作権を侵害していることに確信を強くしたのである。

一方、担当のバリスターから面談も求められた。バリスターは直接クライアントには会わないと聞いていたのだが、明確に特許権の侵害を主張するには自信が持てない点があるので議論したいとのことであった。

直接に会って主張の論旨を聞いたところ、十分な検討がなされていることはすぐ認識できた。そのうえで疑問点を指摘された。これについては、技術者も含め議論をしたが納得が得られない。先行技術との関係で強く侵害の主張ができないとのことである。先行技術との全体的な相違は明確だが、被告の製品が侵害だと主張する観点からの相違点を明らかにしてほしいというのが、バリスターからの要望である。難題ではあったが、よいアイデアがひらめいたので相違点を説明すると、バリスターは両手を打って、「これで勝てる」と言ってくれた。

難関を一つ突破したような気持ちであり、これほどバリスターが深く検討していることにも驚いた。あとでわかったことであるが、これは法廷で弁論に勝つためには欠かせないことだったのである。

裁判当日には法廷の傍聴席で、弁護士の弁論による戦いぶりを観戦した。日本の法廷とはまったく違い、裁判官も弁護士も黒いガウンに金髪の鬘姿

で、まるで映画の一場面のようであった。

　日本では書面審理が中心なので、弁論を聞いていても訴訟の論争の詳細はわからないが、ここでは論争の詳細が双方の弁護士の口頭弁論の応酬でよくわかる。書面も見ずに長時間の口頭弁論が行われた。弁論を聞くほどに、技術的な内容が多い知財訴訟でよくここまでできると感心するばかりである。同時に弁護士の役割の重さを実感し、こういう仕事をしてみたいという思いも頭をよぎったものだった。

　3日間の弁論が終わり、あとは判決を待つだけである。やがてキヤノン勝訴との吉報が届いたものの、被告は香港の高等裁判所に控訴し、キヤノン側もすべての主張が認められたわけではないので控訴した。

　しかし新たな争点が出たわけでなく、高裁でも地裁の時と同様な論争が行われ、被告製品は侵害にあたると判示された。地裁の判決より侵害を認めた権利が増えたので、キヤノンに有利な判決であった。

　この判決を受けて、被告はさらにロンドンの最高裁判所に上告した。最後の戦いの場である。ここで勝たなければ、これまでの努力も水泡に帰す。闘志もいっそう湧いたが、その一方で、当時の社会情勢から、イギリスでイギリス人を相手にアジア人が訴訟を起こして勝てるのだろうかという不安も多少あった。しかし、不安よりも、イギリスの最高裁の裁判に参画し、法廷での口頭弁論による論争を見極めることへの関心のほうが強かった。

　法廷に入って驚いたのは、想像に反して裁判官は全員背広姿であり、弁護士が弁論する位置より低い場所に並んでいたことである。弁護士は、地裁、高裁と同じように黒いガウンと金髪の鬘姿である。弁護士の説明によると、植民地からくる案件はこのような形をとるとのことであった。

　法廷内は傍聴席も含め、キヤノンの知財部員以外は全員白人であり、心細いような一種異様ともいえる雰囲気の中で口頭弁論が行われた。あとは最終判決を待つだけである。まさに「人事を尽くして天命を待つ」の心境であった。

　最終判決はキヤノンの完勝だった。判決ではオリジナリティが強調されており、活用した知的財産の全件の主張が認められた。長い間の緊張がやっとほぐれ、とてもうれしかったことを覚えている。

振り返って勝因を考えると、会社が全面的に支持してくれたことが前提にある。しかしとりわけ大きかったのは、画期的なオリジナル商品としてプロセスカートリッジを開発した開発陣の功績と、その商品を守る適切な知的財産権を取得した知財部員の功績が挙げられる。また、優秀な外国の弁理士、弁護士を確保し、彼らと密接な連携活動をした知財活動の成果に加え、ライバル会社の技術者によるオリジナリティに関する証言を得られたこと、および弁護士の疑問に適切に応えられたという訴訟センスを持っていたことも大きかった。そしてなにより、全員が最後まで勝つ意識を持ち続け、知恵を出したことが挙げられる。

## ●────外国での訴訟：訴えられた例

① 訴訟の概要

　訴えていただけでなく、外国で訴えられたこともある。これはフラットパネル・ディスプレイの特殊な電子発生源の技術に関する訴訟である。
　発端は、フラットパネル・ディスプレイの研究過程でアメリカのSIダイアモンド社から電子発生源の特許のライセンス・オファーを受けたことだった。検討の結果当社の研究している電子発生源とは関係ないので断ったところ、しばらくして、仲介者を介し、資金に困っているのでライセンスを受けてもらえないだろうかという要望がきた。
　知的財産戦略の基本は、研究段階では研究の方向が発散する可能性を考慮して、研究開発の自由度を確保し、技術者が第三者の知的財産を気にせず安心して研究開発に専念して最善の技術を創造できる環境を整えること、そして研究開発の有効な知的財産として確保し、事業競争力を強めることにある。そこで研究の自由度を確保するという意味から、電子発生源に関係する全件の特許のライセンスを受けられるのであれば考慮してもよいと答え、双方が満足する形で契約が成立した。
　この契約は一時金払いの通常実施権で、キヤノンの支配する子会社にも実施権は及ぶが第三者へのサブライセンス権はないことが明記されていた。キヤノンの契約の履行は完結しているので、契約は取り消せないという条

項も入れた。

　これと同時期に、キヤノンでは大手電機会社と特殊な電子発生源を用いたフラットパネル・ディスプレイの共同研究開発の話が進行していた。テレビ受像機事業はキヤノンにとって新規事業である。この事業分野に進出するには、テレビ受像機事業を現に行っている企業とアライアンスを組むのが有効であるとの判断に基づいてのことであった。キヤノンの強みの技術、多数の有効な知的財産と相手方の強みの技術、知的財産を活用し、画期的なフラットパネル・ディスプレイ・タイプのテレビ受像機の研究開発ができることを期待していた。

　こちらも双方満足する共同研究開発契約が成立し、共同研究開発が開始された。この契約では共同研究開発に必要な双方の技術と知的財産の取り決めがなされていたが、許諾権限のない技術、知的財産は明確に除いてあった。

　この共同研究開発が進行した段階で、事業化に必要な量産技術も共同開発することになり、量産技術の共同開発も含む共同開発契約を締結した。このなかでは共同研究開発が目標を達成した時点でジョイント・ベンチャーの設立も考慮されていた。私が関与したのはここまでであった。1999年に私は役員を定年退職して非常勤顧問に就任し、これ以降は本件にまったく関与していなかった。

　退任して7年後となる2006年のこと、キヤノンから突然、前述のアメリカ企業との訴訟の証人になってほしいと連絡があった。現役の時代には、デポジションの経験はあったものの証人になったことは一度もなかった。相手側から証人の要請を受けたことはあるが、その時には、こちら側からも相手企業の役員を証人に要請すると、相手は出たがらず、それで帳消しになっていたからである。

　この時も同じ作戦で証人に立つのは避けようと思った。ところが、当方の弁護士からの依頼であり、ほかに適切な証人はいないのでぜひにとのことである。内田恒二社長の要請もあったので証人になることを受諾した。

　私を証人としたのは、前述のアメリカ企業とのライセンス契約、および大手電機会社との共同研究開発契約の両方を担当役員として関与したため

だった。

　原告はSIダイアモンドから企業名が変わったNANO-PROPRIETARY INC（以下ナノ）、キヤノンは被告の立場であった。

　訴訟の概要は次のとおりである。前述の電機会社とキヤノンが設立したジョイント・ベンチャーであるSED株式会社はキヤノンの子会社ではなく、子会社でないSED社に、キヤノンはナノからライセンスを受けた特許のサブライセンスを許諾したことは契約違反である。このような契約違反を犯したのであるから契約は打ち切る。そして、子会社でないジョイント・ベンチャーに実施を認めたことにより、ジョイント・ベンチャーの相手方にライセンスする機会をなくしたため、その損害賠償を求めるというものであった。この訴訟はテキサス州オースチンの連邦地方裁判所に提起された。

　被告であるキヤノンは、自社が一株多く所有するジョイント・ベンチャー（SED社）が原告とのライセンス契約上の子会社にあたることの確認を求めたサマリー・ジャッジメント・モーションを提起した。しかしキヤノンの主張は認められず、SED社は子会社ではないとのサマリー・ジャッジがあった。

　その後、知財仲間で話題になった「死んだ犬は狩りをしない、死んだ魚は泳がない。そして被告の死んだ投票権はSED社における議決権付き株式の過半数を与えるものではない」という表現は、ディスカバリーで得た運用に関する証拠を基に、1株多い子会社は実質的な支配をしていないので子会社でないとの判決で使用されたものである。

　原告であるナノはこの判決を得て、次の3点を求めるサマリー・ジャッジメント・モーションを提出した。①被告は、契約で禁止されているサブライセンスをジョイント・ベンチャーであるSED社とジョイント・ベンチャーの相手方当事者に許諾し、重大な契約違反を犯した。②原告はこの重大な契約違反により契約を終了させることができる。③原告はすでに被告に通告して契約を終了させており、SED社のリストラクチャリングは手遅れであるがゆえに、この契約終了は有効である。

　これについては、2007年2月にナノの主張を認める中間判決があった。

このモーションが提出される前にSED社はキヤノンの100%子会社に変更されていた。

　キヤノンはこのサマリー・ジャッジを不満として第5巡回控訴判所に控訴した。一方、ナノのほうも損害についての地裁判事の訴訟指揮を不服として、第5巡回控訴裁判所に控訴した。

　地裁で残された争点は、被告が子会社でないジョイント・ベンチャーとジョイント・ベンチャーの相手方にサブライセンスを許諾したことによる原告への損害賠償およびサブライセンス許諾の行為は原告とのライセンス契約の時から意図していたとする詐欺罪である。この訴訟は事実審なので陪審裁判となった。

　私が証人として関与したのはこの陪審裁判であり、2007年4月30日から公判に付されることになった。私の役割は詐欺行為を行っていないことを立証することである。当初は、詐欺行為などまったくしていないので簡単に立証できると思ったが、やっていないことを立証する術はない。その反面、相手もディスカバリーで詐欺行為の事実を何らつかむことができない。勝負は、いかに陪審員の心証を形成するかにかかっていた。

② デポジションの準備

　公判の準備では、最初にそれまでにデポジションを受けた証人の発言内容を確認した。契約交渉に関与した証人、共同研究、開発の契約に関与した証人、共同研究、開発に関与した証人、ジョイント・ベンチャー設立と運用に関与している証人のものである。これは、各証人が実際に証言した内容が、私の証言したい内容と一貫性があるか否かを確認するためである。

　この結果、多少気になる点があったので、弁護士にこれを指摘して公判での証言に備えてもらった。弁護団のチーフ格の弁護士は私が現役時代に一緒に仕事をした人で、私の仕事ぶりを熟知していたおかげで、準備は順調に進んだ。

　弁護士と相談の結果、証言は以下の点を中心に行うことにした。

1. ライセンス契約の内容
2. 共同研究開発契約の内容

3. ライセンス契約は原告の希望であり契約に満足していたこと
4. ライセンス契約を受けたのは研究の自由度を確保する目的であったこと
5. 以前から研究開発の自由度を確保するライセンス契約はしていたこと
6. ライセンス契約時被告はアメリカ特許を含め多数の特許権を取得していたこと
7. ライセンス契約を得た特許で製品開発ができたのではないこと
8. 世界中でいまだにだれも研究開発に成功していないこと、実用化には生産技術が重要であること
9. 画期的なフラットパネル・ディスプレイであること
10. ジョイント・ベンチャーの設立には、私はまったく関与していないこと
11. 私は原告の弁護士と同じ弁理士（パテント・アトーニー）であること
12. 私は経団連の知財部会長を務め、産業界の立場で政府機関の知財改革に参画していること
13. 私は大学教授として知財人材育成に参画していること

　要は研究開発にライセンスを受けた特許は重要な意味を持っていないこと、私自身が社会で信頼されており詐欺行為などするわけがないことを陪審員にわかってほしかったのである。また、陪審員の理解を促すために、わかりやすい説明図も準備した。

③　デポジションを有利に導く

　公判での証言に先立って、2007年2月に裁判所外でのデポジションを受けることになった。場所はニューヨーク州マンハッタンの法律事務所であった。

　私は、1969年に仕事で最初にマンハッタンに行って以来、アメリカ人に負けない仕事をするために、ここ一番という時にはステーキを食べてパワーをつけることを常としていた。この時にもデポジション前日の夕食においしいステーキを食べた。

　そしてデポジションの日となった。デポジションは従来の録音方式からビデオ撮影による記録に変わっていた。ビデオ撮影によるデポジションは私にとって初めての経験だ。カメラは証人のみを撮影する。このため両脇

にいる質問者のほうを向きながら証言した私の映像は、顔を落ち着きなくあちらこちらに向けているように見えるものになってしまった。

　また、書類の内容を説明するようにと言われたので、その書類をテーブルに置いて読んだところ、ビデオには書類は映らず、単にうつむいているように見えた。

　デポジションのビデオは公判の際に陪審員が見るものである。ビデオを見た陪審員が、顔を始終動かす証人、下を向いた証人をどう考えるか、これが陪審の評決に影響を与えるのは言うまでもない。ビデオで記録が残される場合には、常にカメラを意識し、ビデオを見る人に自分の意図を理解させるよう行動することが重要になることがわかった。

　デポジションでの答え方だが、一般的に「レスポンド(Respond)」をして「アンサー(Answer)」はするなと言われる。レスポンドとは「イエス(Yes)」「ノー(No)」を言うことであり、アンサーとは理由を説明することである。

　この方法は、デポジションが初体験の技術者には有効である。デポジションの時には相手の弁護士が、同じ内容の質問を表現を変えて何度も繰り返して尋ねてくるからだ。これにアンサーすると、どこかで一貫性が保てなくなる恐れがあるため、馴れない人ほどレスポンドでとどめておくべきである。

　しかし、相手の弁護士の質問の仕方によっては、レスポンドだけでは、自社が不利になるように導かれてしまうこともある。相手の弁護士が陪審員の気持ちを自分の側に引き寄せるような質問の仕方をすることもある。このような質問にレスポンドしていては負けるので、的確なアンサーをしなければならない。たとえば、相手側の弁護士は「共同研究開発の話が進行していましたね」「はい」、「共同研究開発契約では双方の特許を使用できるようになっていましたね」「はい」、「共同研究開発契約ではジョイント・ベンチャーも視野に入れていましたね」「はい」、「契約ではジョイント・ベンチャーでも双方の特許を使用できるようになっていましたね」「はい」、というように「はい」で答えるしかない内容の質問をしかけてくることがある。これで終わると、陪審員は原告からライセンスを受けた特許を共同

研究開発でもジョイント・ベンチャー(JV)でも使用していたと想像するであろう。これでは勝てない。

　このような場面では質問者の意図を素早く察し、アンサーをしなければならない。「はい」に続けて「双方の特許を使用できるようになっているが、契約では双方とも許諾権限のある特許に限っている。原告とのライセンス契約ではサブライセンス権はないので、ライセンスを受けた特許は対象から明確に除外している」というようなアンサーをするのである。この答えなら、陪審員は原告からライセンスを受けた特許はサブライセンスする意図はなかったと理解するであろう。

　このデポジションでも「はい」で答えるしかない質問が多かった。すぐに相手方弁護士の意図を察したので、質問のたびにアンサーをした。私がアンサーをしたところ、最初はこちらの弁護士が困惑したようだったが、最後には「よかった」と褒めてくれた。

　デポジションでは、常に教科書どおり、弁護士に言われたとおりに答えればよいわけではない。その場で何を言ったら勝てるかを素早く判断し、それをきちんと証言しなければならないのである。

　証人としてデポジションに参画したのは初めて、しかもビデオ撮影によるデポジションは初めての体験だったが、これまで尋問する側としても、される側としてもデポジションには何度も参画してきたおかげで、対応力は十分あると自負していた。この時の結果もよかったので対応力を確信できた。と同時に、このようなよい結果を得られたのは、経験豊富な公認の通訳者に負うところも多かった。

　知財活動は案件ごとに内容は異なる場合がほとんどであるので、各案件に的確に対応できる力を持つことが重要になる。

④　公判での証言

　いよいよ公判である。公判は、当初の予定が変更され2007年5月1日～2日に行われることになった。飛行機便の関係でシカゴで証言の準備をし、いつものようにステーキを食べてパワーをつけようとしたところ、肉をのどに詰まらせて救急車で病院に運ばれるというハプニングに見舞われ、

周囲に心配をかけたが、公判日には無事にオースチンの連邦地方裁判所に到着できた。

控え室から法廷に入ったのは、証言開始時間の少し前で、ちょうどビデオを陪審員に見せながらの弁護士の弁論が終了する直前だった。弁論の終了後、裁判長が原告の弁護士に何やら話し、それを受けて、原告の弁護団が協議しているように見えた。話し声は聞こえない。しばらくして原告が詐欺罪の訴えを取り下げた旨が伝えられた。

私の証言は損害賠償に限られることになった。詐欺罪が取り下げられてホッとしたものの、詐欺罪に対する証言ができないのをいささか残念にも感じた。

尋問は味方の弁護士から始まった。詐欺罪に関係するような内容も含まれていたが、陪審員のほうを向いて自信を持って証言できた。ここでも、知財訴訟に十分な経験のある公認の通訳者に通訳を任せたおかげで、感情までも表現してくれてとてもスムーズに進行できた。原告の弁護士からの尋問は少なかった。

証言が終わって、翌日、ホテルで陪審の評決の結果を待っていたところ、陪審員全員一致で原告は損害賠償を受ける権利はないとの評決が届いた。完勝であった。

その夜は、ニューヨークから来た主弁護団とオースチンのローカルの弁護団の人たちを含めて祝賀会を行った。皆喜んでいたが、なかでもキヤノンUSA（アメリカの販売会社）の副社長である社内弁護士のシーモア・リープマンが長いスピーチで喜びを表していたのが印象的だった。「負けていたら会社の信用が失墜し、取り返しのつかない損害を受けたであろう。勝ってよかった」という内容だった。

⑤ 訴訟に勝って思うこと

オースチンの連邦地裁で勝訴した後、これを受けて、2008年7月に第5巡回控訴裁判所の判決がありキヤノンが勝った。「ライセンス契約に『契約は取り消せない』と書いてあるので取り消せない。契約は有効である」との判決であった。SED社が100％の子会社に変わっていたこともあってか、

契約違反の件は判決で触れていない。

　原告が上告しなかったのでこの判決は確定した。キヤノンは完全に勝ったのである。本件は勝たなければならない訴訟であったので、勝ってよかったと思う。知財部門、技術部門を含め訴訟に参画した人たちの努力には敬意を表したい。ただ、訴訟を提起されない手を打つことはできたかもしれない。たとえば以下のような代案が考えられたのではないか。

　ジョイント・ベンチャーの事業役割を分担し、一方の当事者が技術、知的財産の強みを持つジョイント・ベンチャー1（一方の当時者が、だれが見ても子会社であると見られる、十分なマジョリティを持つ）と、他方の当事者が技術、知的財産の強みを持つジョイント・ベンチャー2（他方当事者が十分なマジョリティを持つ）の設立で事業目的を達成する、ということも考えられたのではないかと感じる。知的財産経営における活動の一貫性を保ち、事業目的を達成することが重要なのである。

# 4　知的財産経営におけるリスク・マネジメント

## ●────技術の先読みによってリスクを軽減する

　同業、あるいは同業に近接し技術的に関連する企業に対する弱みの解消は、知財力、相対的知財力を強化すれば、攻めの権利の活用で行えるが、自社の攻めの権利では目的が達成できない相手に対するリスク・マネジメントも必要になる。

　異分野の発展期の技術による将来事業のリスク軽減はきわめて重要である。現在の事業ではまだ関係がなくとも、将来の事業に関係する技術の先読みと早めの解決が必要になる。発展期にある技術分野は知的財産が多く蓄積され、係争も多発するものであるため、使いたくなった時に解決しようとしても手遅れとなるからである。

たとえば半導体技術を考えてみよう。セット・メーカーは、まだ単機能のトランジスターで回路を構成している頃に、半導体技術が急速に進歩し、IC、LSI、システムLSIのように、この技術が将来、機器の機能を高めるための要素技術として重要になることを予想し、主力半導体メーカーからの知的財産による攻撃を受けないようにリスク・マネジメントをしなければならないのである。

その方法の一つとしては、不争契約の活用が挙げられる。たとえば、半導体を主事業としていないセット・メーカーにおいては、機器に使用する半導体素子の開発アライアンスの機会やセット・メーカーの強い技術を活用してクロスライセンスを結ぶ機会などに、クロスライセンスの対象技術のなかに半導体技術を含める、あるいは不争契約を結ぶことである。

ここで言う不争契約とは、当社の機器に組み込んで使用している半導体には、他社から購入した半導体も含め、当社に権利行使をせず、権利行使は半導体製造メーカーに対して行ってほしいという意味である。このようにユーザーの立場でのリスクを軽減する方法は、半導体に限らずすべての部品に適用できる。

また、取引契約の際に、購入部品の特許保証を求める方法も考えられるが、これは損害賠償を避けるには効果があるものの、事業が差し止められるリスクを軽減するには不十分である。

## ●──強いビジネスを活用してリスクを軽減する

市場が求める強いビジネスを行っていれば、多くの企業がそのビジネスに参加を望むものである。この場合には、強みの根幹となる技術、知的財産を除いてライセンスを許容し、事業の拡大発展に必要な弱みの技術、知的財産を獲得する。また、事業発展のリスクを軽減する知財活動や事業拡大発展の弱みとなる部分ごとに、それぞれ強みを持つ企業とのアライアンスを組むことでリスクを軽減する知財活動が必要になる。

肝心なのは、事業の強みを維持する要である守りの権利については排他権を維持しながら、どこをどのようにオープンにするか、クローズにする

かを決めることである。これは現代の技術系企業の経営においては、必須の事柄である。

デファクト標準の技術の許諾を利用したり、無料で技術を開放して誘い込み、抜け出せない状態をつくってから、特定の技術を使用する商品にかかわるすべての知的財産権の主張を直接・間接に禁止するような契約で弱みを軽減する手法を取ることも現実に行われている。しかし、このような強引な手法は反トラスト法的観点から問題があるのではないだろうか。

## 5 国際法務、情報ネットワークの構築と活用

● ───攻撃、防御に適った信頼できる国際法務ネットワークを構築する

企業がグローバル展開するためには、海外の法律専門家との連携が必要になる。各国にはその国独特の法制度と法習慣があり、なかには日本人では理解できないものもある。日本の常識が通用するとも限らない。海外で事業を行っていくには現地の法律専門家の協力が不可欠なのである。

法律専門家の選定にあたっては、権利形成や訴訟等の臨戦的対応のみならず、交渉や契約、想定する将来事業に関する法的検討などの予防的対応にも優れた法律事務所のなかから信頼できる専門家を探す。そして、自社を最優先し、第一の顧客の立場で対応してもらえる関係を築くよう努める。

このような関係ができていても、案件によっては利益相反が生じることもあるのでリスク回避のため主要国にはメインとサブの事務所の確保が必要になる。

そのうえで、各国の事務所間の連携活動が可能な国際法務ネットワークを構築する。これは、同時に各国の法律専門家と連携をとる必要のある案件に対応するためである。

## ●───専門能力に優れた法律専門家の助言を得る

　現地の専門家に相談したおかげで、類似品の差し止めを行えた実例がある。キヤノンで7色のカメラを開発して世界に販売した時のことである。台湾製の類似品がアメリカで販売されたため、キヤノンUSAから類似品の販売を差し止めてほしいという要請があった。類似品に付されているブランドは「Canon」ではなかったものの、形状は非常によく似ていた。その時点でキヤノンはアメリカで7色カメラの意匠を出願していたが、まだ登録されていない状態であった。日本的思考に従えば、権利行使は意匠登録されてから行うものである。このため日本側は、その時点で類似品を止めることはできないと考えた。

　ところが、アメリカの法律専門家に相談してみたところ、消費者が7色カメラはキヤノンの製品であると認識していれば、トレードドレスで権利行使ができるという答えが返ってきたのである。そこでカメラ雑誌を通じて7色カメラの認知度調査を行ったところ、「7色カメラ＝キヤノン製カメラ」と認識している人が多いという結果が出た。これを受けて、キヤノンはニューヨーク州の地方裁判所に台湾製の7色カメラの差止訴訟を起こしたのである。そして7色中6色を差し止めるという判決を得られた。この時に差し止められなかった1色は「黒」で、これは一般的にカメラに使われている色であるという理由からであった。黒色の類似品については、意匠権が登録されてから差し止めることができた。アメリカの代理人に相談していなければ、意匠が登録されるまで提訴を待ち、その間少なくとも6色の類似品が売られ続け、事業にもブランドにも影響を及ぼしたと考えられる。

　先に述べた香港での訴訟においても現地の専門家に助けられた。これは特許権と部品の著作権侵害の訴訟であったが、部品の著作権保護については、本国であるイギリスではすでにその制度はなくなっていた。しかし、現地の専門家に相談したところ、香港にはまだ残っていたことがわかり、これを利用して有利な判決を得られたのである。

これらの例に見られるように、訴訟においては、その国の制度の運用実態を知ることが大切となる。知財担当者が知らないから、「ない」と決めつけてはいけない。世界には自分の知らないことが満ちていると認識すべきであるし、知らないことを補ってもらうには、案件ごとに確認の意味も含めて現地の専門家に相談するのが一番よいのである。
　信頼できる専門家を見つけて仕事を依頼する段になったら、技術単位、事業単位というように、関係の深いまとまりごとに一つの事務所に任せるようにする。複数の事務所に細かく分散させて任せていると、ある技術単位で知財力をまとめて検討しようとした時に、それぞれの事務所がほかの事務所の仕事は評価できないという理由で協力してくれないことも起こる。これは実際に経験したことである。こうなっては、その技術の知財力をまとめて検討するという目的を達成できない。この反省に基づき、私自身は技術単位、事業単位などのまとまりごとに同一事務所に任せるようにした。

## 法律事務所の第一顧客の立場を得る

　連携すると決めた事務所とは信頼関係を築くよう努め、自社が第一のクライアントであるという条件で仕事を依頼する。相手にこの立場を認めてもらうことで利益相反の問題を回避し、安心して付き合うことができる。そして事務所や専門家が必要とする情報をできる限り提供し、事務所側が自社のために最大限努力して知恵を出してくれるという状態をつくる。この関係が権利の活用段階において、攻撃にも防御にも役に立つ。勝負は交渉、訴訟で決まるのであるから、事務所とは平素から強い絆を結ぶよう努め、自社への理解を深めてもらうことが大切である。
　たとえば、特許出願の対象となる発明のなかには、内容的に非常に高度なものもある。代理人には、その技術を思想化して特許出願するために、相当勉強してもらうことも多い。このあたりの事情は国内外を問わずに同じであるから、海外でもそのような仕事のできる代理人を得ることが重要になってくる。また、企業が海外に子会社をつくり、そこで発明が出された時には、当該国を第一国として出願しなければならない。この時のため

にも、自社の技術を理解して対応力のある代理人を確保しておくことは大切なのである。

イギリスの研究所で画期的な技術が創造された時、難解な技術の理解に努力し、見事に目的とする権利形成に成功した経験があるが、これはまさに信頼関係を築いた能力の高い代理人のおかげである。

第一の顧客として信頼関係の構築に努力したのは、過去にアメリカとドイツの代理人を、多量の仕事を条件にして最大のライバルメーカーに取られてしまった苦い経験があるからである。代理人との連携は、いったん関係を築いたからといって気を緩めることなく、常に細心の注意を払って関係の維持に心がけなければならない。

ところが、社内にはこのような努力を理解しようとしない人も存在する。仕事が遅いとか、費用が高いなどという批判を受けることもある。しかし、速さや費用だけで評価していたのでは、よい代理人を得られないし、せっかく出会った代理人も去ってしまう。批判をする人は、よい代理人を得ることがどれだけ大変であるか、わかっていないのである。批判に屈しては、将来的に自社に有利な権利を形成して適切な活用をすることができず、事業に負ける恐れもある。

また、企業のなかには費用の節減を優先して、その場その場で事務所や代理人を選び、いざ訴訟となったら別に専門家を頼むというところもあるが、これは賢い方法ではない。企業と事務所との間に情報の共有も信頼関係もないので有効な権利の獲得もできず、訴訟に勝つことなど望めないからである。

## ●───各国の代理人同士のネットワークを築く

グローバルな事業を円滑に進めるには、各国の事務所や代理人と企業が緊密なネットワークを築くと同時に、事務所同士のネットワークの形成も目指す。世界に点在する事務所の横串での連携を図るのである。

たとえば、アメリカで知財訴訟が起きると、ほかの国に出した対応出願情報もディスカバリーの対象になる。ディスカバリーでは相手から要求さ

れた項目に対し、該当する資料はすべて調べなければならない。これには他国の資料も含まれるため、それぞれの国の代理人と連絡を取りつつ進めることになる。したがって、代理人同士が国をまたいで調整を取れる関係ができているか否かが、訴訟の勝敗に大きな影響を与えることになる。

アメリカの知財訴訟では、しばしば反トラスト法違反の反訴が伴う。この時には知財専門の事務所と反トラスト法専門の事務所との連携が必要となるが、事務所間では学閥、人種閥が日本人の想像以上に強く、良好な連携を取るのが容易ではない。両事務所の弁護士団の中心となる人物の相性が重要な決め手となることが多い。これはアメリカのITC（国際貿易委員会）での輸入差し止めと、地裁での損害賠償請求訴訟を同時に同じ案件で起こした時に身をもって知ったことである。キヤノンが関係する反トラスト法専門の弁護士と、私が選んだ知財専門の弁護士との相性が合わなかった。そこで、私が選んだ知財専門の弁護士と彼が信頼する反トラスト法専門の弁護士に頼んだところ、両者の密接な連携で両訴訟とも完勝したのである。ITCでの評決は6対0であった。

他国の事務所や異なる分野の事務所間での円滑な連携は、事が起こってから、いきなりできるものではない。日頃から事務所同士のネットワークを育てておくことが大事である。

# 6 「知財の先読み」機能を果たす情報ネットワークの構築

## ●────先読み情報収集のためのネットワーク

海外で事業を行うには、先読みの基となる情報を現地から直接集めるためのネットワークも必要になる。技術系企業で収集すべき情報を大別すると、法務的なものと技術情報的なものになる。そこでこの二つについての

情報収集ネットワークをつくる。

　収集する情報は、ある国で法律が制定された、あるいは規則が決まったという段階のものでは古い。いま、何が議論されているのか、この国はどのような方向で動こうとしているのかという早い段階から情報をつかまなければならない。最新情報をいち早く入手して予防的な戦略を取っていくのである。今日では変化の激しいアジア諸国、特に中国とインドの先読みがきわめて重要となる。

　キヤノンでは知財本部での情報収集機能に加え、1987年に社内に製品法務委員会を創設し、そこで広く事業戦略に関連する最新情報を収集し、分析し、内容を検討して、予防的戦略に取り入れていた（後述のコラム「製品法務委員会」を参照）。

　最近ではインターネット上に情報が氾濫するようになったため、情報の評価、選択を行って私意のない情報を得るのに苦労する。必要なのはバイアスのない真の情報である。

　1980年代には最新情報を入手するのは簡単なことではなかった。アメリカでは立法府のあるワシントンのロビー活動の情報に詳しい法律事務所、ヨーロッパでは欧州委員会の動きに敏感なブリュッセルの法律事務所から最新情報を得るようにしていた。

　知財政策、環境政策、関連する法律、規制の改正の動向などを素早くキャッチして分析し、新しい法律や規制に適応した体制にすることだ。規制の内容によっては研究開発のテーマも変えるという動きをタイミングよく行いたいものである。これを可能にする情報を収集できるネットワークが必要なのである。

## 製品法務委員会

　日本が、後にバブルと言われる好景気に沸いた1980年代後半、キヤノンでは、事業部が急成長を続け、1988年には、アメリカ『フォ

ーチュン』誌による世界の製造業500社のランキングで、売上伸び率が世界一となった。

　このようにビジネスが順調に拡大するなかで、キヤノンは一つの問題に突き当たっていた。海外展開を図り、輸出が増大するにつれ、事業部門の組織・人員が急激に増大したため、既存の法務部組織では、事業にかかわる外国法務の吸収・普及に手が回り切らなくなったのである。一方、外国企業との間で知的財産をめぐる紛争、加えてアメリカの国際貿易委員会（ITC）への提訴や反トラスト法に関連した事件、ダンピング事件への対応も迫られた。

　そこで、知的財産だけでなく製品に関係する法務の紛争を未然に防ぎ、事が起こった場合にはその処理を的確に行うことを目的とし、1987年8月に全社規模の「製品法務委員会」を設立した。研究開発から販売まで、製品関連の法務すべてをこの委員会が担当することとしたのである。

　委員会のメンバーには、知財や法務部門の人はもちろんのこと、事業企画部長クラスの人、加えて品質管理や品質保証、サービス部門の人、研究所や技術部門の人、営業や人事、経理部門の人など、社内のさまざまな部署からの参加を求めた。そして委員長は、代々、特許法務本部長が務めた。これは、製品法務委員会の設置を本部長の私が提案したことによる。

　委員会においては、知的財産に関係する法律、契約に関係する法律、独占禁止法、輸出入管理法、移転価格税制、環境規制やダンピング法、PL（製造物責任）法をはじめとした事業戦略上必要な関連する諸国の法律や制度、運用、最新動向の研究・普及を図るとともに、問題の早期発見、早期解決を図った。

　また、社内の各部門からの情報も製品法務委員会を通じて流れるようにしていたため、委員会は、会社全体で横の連携を図る役割も担っていたことになる。80年代後半から90年代にかけての急成長する事

業を、キヤノンが大きなトラブルを起こすことなく治められたのも製品法務委員会の存在があってのことだった。

## 「提案」は秘密情報として扱う

　技術系企業には、いろいろなアイデアが持ち込まれることがある。「カメラについてこういうアイデアを持っているので、ぜひ提案したい」という電話がかかってくるのもアプローチの一つである。

　この電話の扱いが難しい。

　電話を受けた人によっては、相手を胡散臭く感じて、そっけなく電話を切ろうとするかもしれないし、相手のアイデアが自社の事業にどれくらい関係するのか話を聞き出そうとするかもしれない。

　しかし、どちらも正しい対応ではない。提案は一種の秘密情報の受け入れになるため、慎重に扱わなければならない。しかも、うっかり相手の気を損ねようものなら、「自分のアイデアが無断で使われた」という訴訟を起こされる恐れもある。

　実際にキヤノンUSAでこの種の訴訟事件があった。相手は個人の発明家で、ある新商品を発売した時に、いきなり「私が1年前に提案したアイデアを真似した」と主張してきたのである。ところが、その提案書なるものはキヤノンUSAにも、日本のキヤノン本社にも見当たらない。そのうえ、相手自身も提案書の控えを持っていないという。「訴訟を起こせば折れるだろう」くらいの気持ちだったのかもしれないが、こちらとしては、相手が提案したという証拠を示せないのだから、訴訟では勝つだろうと考えていた。

　幸い対象となったのはキヤノンのメイン商品ではなく、無事に和解も成立したが、メインの商品で訴訟を起こされてしまうと、その影響は計り知れない。この事件では、相手が提案書の控えを持っていなかったので、実際に提案がなされたかどうかは確かではないものの、キ

ヤノンUSA側でも、提案書を受け取ったのかはっきりしない。いずれにしても受け取らないことを立証することは不可能であった。

提案に対しては、組織上で、知財部門が一元化して扱うようにし、それを社内に徹底させるとよい。キヤノンでは知財部門に提案を処理する担当者を置いていた。

提案は、電話や郵便、電子メール、あるいは直接来社するなどの方法で持ち込まれる。それぞれへの対応方法だが、電話や来社に対してはその場で内容を聞かずに、提案の内容を知ってもなんら義務が生じないことを確認のうえ、書面で出してもらうようにする。提案の記録を残すためである。将来、自社の研究開発がその提案と同じ方向に進んだ時、提案との関係をチェックするのに、この記録が必要になる。提案が出願されていない場合には、受け取った情報を永久に秘密情報として扱わなければならないので、長期間にわたって自社の技術との関係に注意を払い続けることになる。また、提案の記録は、訴訟を起こされた時の証拠としても重要である。

提案の書類は、販売部門、技術部門など社内のあらゆる部署に郵送されてくる可能性があり、それを受け取った人は、何げなく開封してしまうこともある。受け取った書類が提案であることに気づいたら、内容を読まずに知財部門に引き渡してもらう。これは日頃から社内のルールとして周知させておく。知財部門では、電話などの場合と同じように、内容を知っても義務が生じないことを確認してから、提案書類に目を通す。

私の現役時代にはメールによる提案はなかったが、メールは受信してしまうものであり、受信したメールは開封してしまうものである点を考慮した対応が必要になる。この場合も、まずは、内容を知っても何ら義務が生じなければ検討する、そうでなければ提案は受けないという返信メールを出すべきだろう。そして提案のメール、返信したメールは保存しておかなければならない。

外部から持ち込まれた提案の処理を担当することになる知財部門では、全員に、提案はあくまでも秘密情報であることを意識して扱うよう徹底させる。とりわけ新たに配属された人たちが提案の電話を受けて、対応を間違わないように教育することは重要である。
　提案のほかにも見逃しがちな秘密情報の扱いや秘密保持契約がある。
　第7章で述べたように、アメリカの企業のなかには、入門票の裏側に秘密保持契約を記載しているところがある。この企業を訪問すると、入門票にサインをしたと同時に、秘密保持契約に同意することになるのである。
　入門票に書かれた秘密保持契約の内容は、たいていの場合、社内で見聞きしたことは秘密情報として扱うという一方的なものである。
　実は私も同行の弁護士に指摘されるまで、これに気づかずにサインをしていた。それがわかってからは、秘密保持契約の文面に大きくバツ印をつけてからサインをしたのだが、これでは中に入れてもらえない。しかたがないので、訪問先の相手を呼び出して、「私は秘密情報にかかわる仕事で訪ねたのではないから、サインしなくてもよいだろう」と言ったところ、「いいだろう」ということで、ようやく中に入れたという経験もある。
　これとは逆に、社内で語られたことは一切機密に扱わないという契約にサインさせようとする企業もある。そこを訪問して語ったことは、秘密情報にしてもらえないということである。何を秘密情報とするかは、企業の立場、考え方によって変わるということだ。

# 第9章
# 知的財産立国、技術立国への論点

# 1 産官学の三位一体の実現へ

　ここまでは、企業の知的財産経営、知的財産戦略について扱ってきたが、技術の標準化（第6章を参照）においても見られるように、いまや一企業だけでは解決できない問題が数多く存在するようになりつつある。このため、企業はこれまでとは違った形で互いに連携を深めたり、大学等との共同研究開発を進める必要に迫られている。

　本章では、世界中で新たなビジネスモデルが模索されるなかで、企業が勝つためのみならず、日本という国家がイノベーションを促進する態度を貫きながら、国力を高め、国際競争で勝つという目的を達成するために、何が求められているのかを私見を述べていきたい。

　一つの企業において知的財産経営をするには、研究開発部門、事業部門、知財部門が、その役割を明確にし、三位一体となって密接な関係を保ちながら活動することが重要である。そのうえで、事業部単位の事業戦略のみならず、全社の技術力、知財力を結集して企業として国際競争力のある新しいビジネスを起こす戦略を立案し、実行する。1社で無理なら業界として、さらには異業種業界と連携して実現することが求められる。

　同じように国家のレベルで技術、知的財産を活用して勝つにも、やはり三位一体が必要であろう。国家レベルでの三位一体とは、産官学の融合、連携活動である。

　ここで言う「産」は、大企業からベンチャーまでのあらゆる規模の企業、日本経済団体連合会のような団体のほか、企業内であるいは事務所を構えて活動している弁理士、弁護士などを含んでいる。「官」は立法機関、行政機関、独立行政法人、司法機関そして法学者などを含む。「学」には大学、大学院などが入る。

　企業が事業競争で勝つことを目的に、研究開発部門、事業部門、知財部門が部門の壁を超えて三位一体の連携をするように、国家のレベルにおい

ても、産官学それぞれが自分の担当するごく狭い範囲の仕事のみに没頭することなく、広い視野と明確な目的を持ってベクトルを合わせた連携を実現するシステムを築いていく必要がある。

ここに含まれる各当事者は、利害も時間感覚も異なるため、三位一体の実現には非常な困難が伴うが、この成否が技術力、知財力で勝ち、ビジネスでも勝てる日本になるカギであると考える。競合する国々は産業政策と知的財産政策においてこの三位一体の活動がなされているはずである。

## 勝ち組の戦略

第6章「ビジネスモデルと技術標準化戦略の関係」で述べたように、企業、産業界の競争力を高めるために最も重要なのは、協調して競争力を高め、市場で競争する考えをもって、国際市場をリードする新しいビジネスモデルを創造すること、およびそのビジネスモデルのなかで国際競争力を高め、持続する事業戦略（技術戦略、知的財産戦略、標準化戦略）を取ることである。

肝心なのは、事業の強みを維持する要である守りの権利については排他権を維持しながら、事業の拡大と弱みの解消のためにどこをどのようにオープンにするか、クローズにするかを決めることである。これは現代の技術系企業の経営においては、必須の事柄である。

たとえばプリンター本体とカートリッジの結合部はクローズ戦略を取っている。

アップルの多機能携帯端末（スマートフォン）〈iPhone（アイフォーン）〉のiOSも同じくクローズ戦略だ。これに対しグーグルは多機能携帯端末（スマートフォン）のAndroid OSでオープン戦略を取っている。

このような戦略の相違は、それぞれのビジネスモデルにおいて勝つ要素としているものの違いから生まれる。プリンターのクローズ部分とアップルのクローズ部分は事業競争力を高める根幹となっているコ

ア技術である。一方、グーグルのAndroid OSは、事業競争力の根幹となる主事業の検索エンジンPage Rank（ページランク）におけるクローズ戦略での事業拡大のための補完的役割を果たす技術なのである。

また、弱みの解消のためと思うが、グーグルはデファクト標準のAndroid技術を無料で開放して誘い込み、抜け難い状態になってから、Android OSの動画コーデックWebMでグーグル特定の技術VP8のみを搭載し、日本勢が技術と知的財産で優位な技術H264のサポートを中止すると発表したり、グーグル傘下のYouTube上の全動画をWebM対応に変換すると発表している。これはH264技術を使用している日本勢には脅威を与えるであろう。

そして、WebMを使用する者はクロスライセンス契約を要するという戦略を取っていると報じられている。クロスライセンスの内容は定かでないが、このような契約で弱みを軽減する手法も現実に試みられている。

このクロスライセンス契約が、もしWebMを使用するすべての者同士との無償のクロスライセンス契約であり、契約の許諾製品がWebMのみで許諾特許がWebMに関係するすべての特許権だとすると、クロスライセンスの形態はとっているが、マイクロソフトが過去にパソコンのOS契約に盛り込んでいたNAP条項（Non-Assertion of Patents：特許非係争条項）と実質的に似ているようにも見える。ちなみにNAP条項はヨーロッパ、日本で独占禁止法違反と判断されている。

そして、許諾製品が　WebMを使用する機器だとすると、WebM対応の携帯端末に使用するすべての特許権が対象になることになる。

WebMの技術内容も変化するであろうし、契約が変化したWebMも対象になっているか、同様な契約を更新せざるを得なくなるであろう。

一方で、WebMに搭載のVP8はH264技術の特許権を侵害しているとし、H264技術の必須特許権を有する各社（日本勢も多く含まれて

いる)でパテントプールを結成し、VP8に対抗する動きがあると報じられている。

　このような状況で、グーグルの戦略に対し日本企業がどう対応するのか興味深いところである。なぜなら、対応次第で、端末技術で優位性がある技術力、知財力が生かせて優位な立場になるか、知財力を無力化されて不利な立場になるか、だと思うからである。

　知財力が無力化された場合は、グーグルの強み(支配力)が増すだけでなく、発展途上国の企業も含め競業する会社が増加し、価格競争がますます激化し、国際競争力を失うことが予想されるからである。何とか知財力の無力化を避け、端末技術の優位性を活用し日本勢が優位になる仕組みづくりに各社の知恵を結集することを期待する。

　ここで頑張らないと、これは携帯端末事業にとどまらずすべての産業に影響を与える可能性があるからだ。近い将来、デジタルカメラ、プリンター、テレビ、冷蔵庫、空調機、自動車などのあらゆる機器はネットワークで接続され、ユーザーはそれらを携帯端末から扱うようになるだろう。携帯端末は単なる電話機ではなく、デジタル機器を制御するツールという地位を獲得するのであろう。この時に携帯端末のみならず、各種の機器にAndroid OSが採用されていたら産業界はいったいどうなるだろうか。グーグルのAndroid普及担当副社長によれば、「グーグルの野望はすべての機器にAndroidを搭載することである」そうだ。

　同じ野望を持つのはグーグルだけではない。マイクロソフト、アップルその他の企業も同様のビジネスに参入し、各種機器のコントロールをめぐって熾烈な競争が繰り広げられるはずだ。そして、その勝者がネットワークに接続するあらゆるデジタル機器事業の覇者となる。このような世界がやってきた時に、現状のままで日本の技術系企業が事業競争力を維持する余地があるのだろうか。非常に心配なところである。

その一方では、戦略的な知財活用も活発に行われている。アップルはAndroid端末を対象としてサムソンに知的財産権侵害訴訟を提起し、サムソンのほうもiPhoneを対象にアップルに特許権侵害訴訟を提起している。さらに、マイクロソフトはAndroid端末メーカーから5％の実施料を得ており、さらに他のメーカーからは7％以上の実施料を要求する意向であるとも報じられている。まさに勝ち抜くための知的財産の戦略的活用を積極的に行っているのである。

技術は絶え間なく変化し、進化し続け、それに応じて企業間の競争も激しさを増し続けている。まさに技術の戦国時代で誰もが勝ち組になるチャンスがある。いまこそ、産官学の連携で日本企業が勝ち組として事業ができるビジネスの創造が求められているのである。国力の維持、強化のためにも勝ち組のビジネスの創造を団結力で適時に成し遂げることを期待する。

## オープン・イノベーション（垂直・水平混合型共同研究開発）

オープン・イノベーションには大きく分けて二つのタイプがあると考える。一つは、その分野の専門家と組んで、一人のプレイヤーが最終的にシステムにまとめる形のもの。もう一つはいわゆる学際的にいろいろな人と共同研究開発するという形のものである。

前者の成功事例に、オランダのASML社の半導体露光装置（ステッパー）がある。日本では、キヤノン、ニコンもそうだが、高精度な光学系から制御系、機械的な部分まで、基本的には1社で開発して製品にすることが多かった。アライアンスを組むのはごく狭い範囲で、垂直のアライアンスである。これに対して、ASMLは、制御系、光学系などをそれぞれの専門企業に任せ、それを集めて製品をつくり上げている。素晴らしいコンセプトである。

そして、このアライアンスは比較的やりやすい。個々の専門分野を

目的に従って特化するため、その時に生まれた知的財産はそれぞれが自分のものにできるからである。参加企業から見ると、知的財産を得て自社の事業競争力が高まるので、これが一番実施しやすく、参加しやすいオープン・イノベーションだと言える。

　問題は、二つ目のいろいろな人や企業が集まって、事業化に向かって一つの技術を完成させようというものである。これも理屈のうえでは素晴らしいが、それをマネジメントできる人材を探すのが最も難しく、重要となる。

　この形のオープン・イノベーションにおけるマネジャーは、ビジネスの方向を定めたうえで、イノベーションの度合いに応じて、どのようなビジネスに持っていくかを決めなければならない。これをいつの段階で行うかのタイミングの見極めも重要だ。その後はビジネスに沿った関連技術の開発も必要になる。同時に標準化も考えなければならない。標準化するのかしないのか。どの部分をどう標準化するのかなどである。知的財産についても同じような活動が求められる。これらをマネジメントしていくのはかなり大変なことだ。しかも大学、企業など別組織の人材をまとめあげるのだから、よほどの人でなければ務まらないだろう。日本が得意とするベクトルを合わせた団結力を発揮する必要がある。

　参加する研究者、技術者のほうも、常識として知的財産および標準化を正しい意味で理解している必要がある。オープン・イノベーションをしようというのなら、当然、デファクト標準くらいは視野に入れるべきである。開発した技術がデファクト標準にならなければ、国際標準にして、どこでどう勝つかを考える。これが正しい順序であろう。

　そして、オープン・イノベーションのための仲間と技術の標準化の仲間を混同してはいけない。オープン・イノベーションにおいては、知的財産の活用は共同研究開発の仲間の競争力を優先するが、標準化の仲間には必要に応じデファクト標準の技術の使用を許す場面もある

はずだ。

　昔は、一つの企業が長い時間をかけて自前で技術を開発し、事業化していた。それでも革新的な技術であれば勝てたのである。ところが変化の激しい現代では、開発に長い時間をかけていること自体が負けの要因になる。もはや、1社だけで事業を実現するのが難しいことは明白である。

　これに対応しようと、オープン・イノベーション、ビジネス生態系、エコシステムなど、いくつもの概念が登場しているが、名称はどうあれ、事業で勝つためには、自社以外のプレイヤーにも儲けさせながら仲間としてビジネスをしていかなければならない。その相手は日本国内の企業や大学などだけではなく、全世界から探すことになるだろう。

　しかし、知的財産制度一つとっても国によって異なっており、グローバルな連携がすぐにうまくいくとは言い切れない。また、オープン・イノベーションをするには、日本の企業、行政庁、大学にも課題がある。日本においては、まず、産官学のそれぞれが協調して動く形をつくり上げることが大切であろう。そして、グローバル市場で競争できるよう、諸制度の早急な改革も求められている。

## 共同研究開発者の事業競争力強化が優先

　産官学が長期的プロジェクトとして事業化を目的に行う共同研究開発については、大学が直接参画できないことに問題がある。このタイプの共同研究開発を促進するためには、大学の協力が必須であり、研究に専念する大学の研究者、起業を目指す大学の研究者が積極的に参画できる制度改革が必要である。

　また、混合型共同研究開発は協調領域であり、協調領域の成果を共有とし、競争領域の企業が活用して事業を強くしたらいいのではないかという考え方もあるが、ここで言う協調領域の共有とは、共同開発

の成果として生まれる特許権から排他権をなくして財産権化し、それを共有するという考え方であり、これでは協調領域に入った企業の事業競争力がなくなってしまう。

　たとえば、自動車のバッテリーの性能を上げる研究を協調領域として産官学で行ったとする。その成果を自動車会社が利用すれば事業競争力が上がり、共同研究開発の恩恵に浴せる。しかし、その他の協調領域に入ってしまった企業は、排他権を持てなければ何のメリットも得られない。

　大学や独立行政法人は特許権の使用料を得られればよいかもしれない。ところが、企業は金をもらっても事業競争には勝てない。参加した企業、たとえばバッテリー会社、素材会社、化学会社自身が競争力を持てるようにならなければ共同研究開発を行う意味がないのである。

　したがって、共同研究開発を企画する者、参加する者は参加企業の事業競争力を高めることを前提にベクトルを合わせ、研究開発の促進、研究開発の成果（技術、知的財産）の配分、活用を優先することが必要になる。

## 2　法学者の合意形成の加速

　産業や知的財産に関する法律は、産業の発展および技術の発明を促し、イノベーションを活性化させるという面から考えていく必要がある。産業界の変化が世界的に加速するなか、国際競争力の観点から、法学者には、少しでも早い合意形成を図っていただけないかと願うのである。

　いま、日本における法律改正には長い期間を要している。およそ10年かかる例も少なくない。変化の激しいこの時代に、国であれ企業であれ、

ましてや技術やビジネスは、10年同じところにとどまっているはずはなく、ようやく法律が改正されても、その時の状況に適しているとは言えないかもしれない。産業政策、知的財産政策に関連する制度改革においては、問題が発生してから法改正を検討するのでなく、戦略的に変化を先読みした必要な法改正が求められる。

法律の改正においては、法学者の意見が多大な影響力を持つ。行政庁は法学者の意見を尊重し、賛意を得てから法改正を行うからである。少なくとも産業政策、知的財産政策に関連する法律の時宜に適った改正のためには、法学者の早々の決断が不可欠なのである。

## ライセンシー（通常実施権者）の当然保護の立法化に10年も要した

待望の「ライセンシーの当然保護」（特許法等の一部を改正する法律）と「刑事訴訟手続における営業秘密の適切な保護」（不正競争防止法の一部を改正する法律）の内容を含む法律が2011年6月8日に同時に公布された。まだ施行されてないが（2011年8月現在）、改正特許法の施行は公布の日から1年以内、改正不正競争防止法の施行は公布日から6か月以内と規定されているので、まもなく施行されるだろう。この改正法により、本書で述べている知的財産戦略の実効が高まるので早期の施行を期待する。

今回の改正にいたる経緯は次のようなものであった。

2001年、産業構造審議会（産構審）の「産業競争力と知的財産を考える研究会ワーキンググループ」において、特にライセンシーの当然保護の必要性が強調された。このワーキンググループは当時の知的財産政策室長小宮義則氏の呼びかけにより産業界から実務経験豊富な知財部門長、著名な弁護士、弁理士、公認会計士、学者、行政庁の方など総勢30数名の参加を得て、技術立国、知的財産立国に向けて必要な諸問題について活発な議論を展開し、あるべき姿と方向の意識づけ

のための活動を行っていた。

その中で、ライセンシーの当然保護、営業秘密の訴訟手続きでの保護、職務発明制度の見直し、模倣品退治の制度、運用の構築の問題に関しては、産業界の委員の考えは一致していた。しかし法学者、弁護士の委員は既存の制度との整合性にこだわり、知的財産制度での改革には賛意を示されなかった。たとえば、欧米ではライセンシーの当然保護が成されているにもかかわらず、「日本の民法の原則は『物件（特許権）は債権（通常実施権）に勝る』であるから、知的財産での特例は無理だ」「『特許権の表示のない契約』をするのは乱暴な仕事で法的救済を受けるのは無理だ」というように国内法と国内慣行に拘泥した意見を持つ委員も少なからずいた。

2001年12月、ワーキンググループの意見を基に産構審は「産業競争力と知的財産を考える研究会」中間論点整理において、「研究会では、ライセンシーの保護を図るべきであるとする点では概ね共通の認識が形成されたが、（中略）今後は、ライセンシー保護の具体的な法制度のあり方をさらに検討していくことが必要である」との見解を示した。

これを受けて2002年7月3日、知的財産戦略会議が公表した「知的財産戦略大綱」では具体的行動計画として、ライセンシー保護が取り上げられた。

そして、2003年3月1日に知的財産基本法が施行された。この基本法に従って2004年3月1日知的財産戦略本部が設置され、「知的財産の創造、保護、活用に関する推進計画」を作成することになった。これ以降は、推進計画に基づいて、ライセンシー保護の問題は法務省の委員会に託され、「特許権者が破産した場合のライセンシーの保護は従来の登録制度で保護」されるようになった。

しかし、財団法人知的財産研究所（IIP）の委員会における2008年度の検討では、「現行の登録制度に関する問題意識の下、通常実施権を適切に保護することができ、諸外国の制度とも調和するものとして、

当然対抗制度の導入が妥当であるとされた。当然対抗制度の導入に当たっては、議論の前提となった登録対抗制度の問題点に係る指摘や、諸外国におけるライセンスの対抗制度等について、更に調査、分析する必要がある」(IIPのウェブサイトより)として、議論が先送りされた。

その反面、産構審の流通・流動化委員会では2003年から「包括ライセンス契約による通常実施権の登録制度の創設について」の検討を行い、「産業活力の再生及び産業活動の革新に関する特別措置法」で、特許等の番号が特定できない契約も登録できるようにしたといういきさつもある。

こうした紆余曲折を経て、2011年6月8日にようやく「ライセンシーの当然保護」(特許法等の一部を改正する法律)の内容を含む法律が公布されたのである。2001年の「産業競争力と知的財産を考える研究会ワーキンググループ」で、ライセンシーの当然保護を主張して以来、私は委員会に参加して訴え続けてきたが、「民法の原則」の壁を突破するのは容易ではなかった。

今回の法律の成立において、多大なご尽力をされた当時の知的財産政策室長小宮義則氏(現大臣官房審議官)、知的財産研究所の委員会、流通・流動化委員会など多くの場において「ライセンシーの当然保護」の方向で民法学者としてリードされた早稲田大学法学部教授鎌田薫氏(現早稲田大学総長)の両氏には心から敬意を表したい。

ライセンシーの当然保護については、本書においても、たとえば第7章「水平型共同研究開発の成果を流出させないために」(189ページ)で、ライセンシーの当然保護制度の導入の必要性を述べている。そして、同じく第7章「許諾技術・許諾特許の契約上の注意」(210ページ)で、包括のライセンス(通常は専用実施権でなく通常実施権)では、「許諾製品は定義で特定するが、許諾特許は特許番号で特定するのでなく『許諾製品に使用できる特許』と定義されることが多い」と記述しているように、情報機器産業分野をはじめ多くの産業分野で戦略上重要な

共同開発契約における成果の取り決め条項、ライセンス契約の許諾特許の定義条項等では、成果が出る前なので出願番号や特許番号を特定できない、あるいは数が多いため事実上全部を特定できない場合も少なくない。

現行制度ではライセンシーの地位（第三者に対する対抗力）を確保するには登録が条件であり、特許庁への登録には特許権等の番号の特定が必要であるにもかかわらず、共同開発契約では、特許等の特定ができないため登録できないのである。そして、このような契約のライセンシー（通常実施権者）の地位の確保は難しい。

その一方で、前述のように「産業活力の再生及び産業活動の革新に関する特別措置法」（平成11年法律第百三十一号）によれば、特許等の番号が特定できない契約でも登録できる。しかし、ライセンサー（通常実施権許諾者）の同意が必要などの条件があり、使いやすい制度とは言えず、実効性に欠けていた。

今回の「特許法等の一部改正する法律（平成23年6月8日法律第63号）では「（通常実施権の対抗力）　第九十九条　通常実施権は、その発生後にその特許権若しくは専用実施権又はその特許権についての専用実施権を取得した者に対しても、その効力を生ずる」と規定されており、登録しないでも契約の発生の事実で第三者に対抗できることになっている。いわゆるライセンシーの当然保護を規定しているのである。これが施行されれば、やっと欧米並みの制度が誕生することになる。

「刑事訴訟手続における営業秘密の適切な保護」については、本書においてもたとえば、第3章「営業秘密を保護し、技術流出を防止する」（78ページ）で早期の改革を望むと述べているとおり、営業秘密の保護と不法な技術流出防止の実効性を高めるために、きわめて重要なことである。

不正競争防止法の平成21年の改正では、営業秘密を侵害した者に対する刑事措置の対象が拡大されたが、「刑事訴訟手続において営業

秘密の内容が公になることを恐れて被害企業が告訴を躊躇する事態が生じていることにかんがみ、早急に対応すべき」との付帯決議もなされた。今回の改正はこの付帯決議に基づいたものである。改正法の実効を高めるよう裁判所の運用に大いに期待するところである。改正法の詳細については、不正競争防止法「第6章刑事訴訟手続の特例」の条項をご覧いただきたい。これも施行されれば、以前に改正された民事訴訟手続きに加え刑事訴訟手続きが改善され、民事訴訟手続きの実効にも相乗効果をもたらすものである。

　私は産構審の不正競争防止法の委員会に約8年間参加しているが、およそ20年前にも今回と同様な改正の試みがなされたものの、改正には至らなかったと聞いている。今回の改正に尽力された知的財産政策室長の中原裕彦氏をはじめ関係各位に敬意を表したい。

## 3 行政庁には、連携と長期的視点が必要

　知的財産経営という観点から見て、行政庁には、大きく分けて3つの課題があると考える。第一に、①縦割りかつ短期的見地に終始していること。第二に、②知的財産権の安定化が図られていないこと。そして第三に、③知的財産をグローバルに活用できる制度・施策などの遅れ、中小企業の競争力強化・維持への対策が十分なされていないことである。以下、この3点を中心に行政庁への要望を述べる。

①横串の連携と広い視野：行政庁による規制が効いている業界ほど、行政庁の方針に忠実に従う。行政庁が国内市場しか見ていないと、それに従う業界も国内市場で勝つための戦略に終始し、グローバル市場を見据えた戦

略に欠ける傾向になる。日本の国際競争力が弱い原因の一つがここにあると言える。いまこそ、行政庁は業界の先頭に立ってグローバルで勝つための活動をすることが求められている。

それには、各省や局、課などが個別に戦略を考えるのではなく、横串での連携をし、より広い視野からの戦略を立てる必要がある。日本企業が海外に出ていきやすい、あるいは海外の企業と共同研究をしやすい、産学連携が進む、その結果投資を呼び込める、という勝ちパターンの好循環を生み出すバックボーンとなる行政庁であってほしい。

まずは、もう少し人事異動の間隔を長くしていただけないだろうか。短期異動する行政庁の人事は、多くの分野を経験するという意味では有益だが、これでは国力を高める産官学三位一体の研究開発の大型国家プロジェクトによる新しいビジネスの創造、このビジネスで国際市場で勝つための知的財産戦略、技術の国際標準化戦略等の中・長期の一貫した戦略的活動を要する施策の実行は難しい。

技術系企業にとって、国際競争力を高めるために行政庁の力を借りたい事柄の一つに技術の国際標準化がある。第6章でも述べたとおり、技術の国際標準は一国一票の投票で決まるため、国家間の協力が欠かせない。これにはどうしても行政庁の助けが必要となる。各省庁が密接な連携の下、外交の重要課題の一つとして日本企業の国際標準化戦略に適う中・長期の戦略に基づく活動を取り入れていただきたいと思う。

②**知的財産権の安定化**：企業が知的財産経営を行うためには、知的財産立国にふさわしい権利行使可能な知的財産権の付与と、付与された権利の安定化が必須である。権利付与の制度と運用においては、創造的技術開発を促進し、十分に権利が活用できることに重点を置く必要がある。

そして、日本企業の国際競争力を高めるために、権利付与の対象も拡大すべきである。たとえば、医療技術の発展を考えれば、差し止め請求権をある程度制限するなど活用の方法を考慮したうえで、医療方法の発明も特許付与の対象にすべきであろう。さらには、ボーダーレスに細分化し、分担して実施されるビジネス手法に対しては、権利行使可能な権利付与と制

度の改革も必要になるはずだ。

　権利行使と権利の安定化において、何よりも重要なのは、特許庁と裁判所が特許要件である発明の進歩性について同じ判断基準を持つことである。ところが、現行制度においては、特許の有効／無効の判断が特許庁と裁判所の二カ所で行われており判断基準が異なっているという問題がある。

　この問題が生じた発端は、1990年代にテキサス・インスツルメンツが富士通に自社の特許技術を使用しているとして、ライセンス料の支払いを求めたことであった。これに対して富士通はテキサス・インスツルメンツを相手に、損害賠償請求権が不存在であることの確認を求める訴訟を起こした。いわゆるキルビー事件（キルビー特許事件）である。この訴訟において、2000年に最高裁判所は、特許の無効性が「明白」な場合には裁判所が特許の有効性を判断できる旨の判決を下した。それ以降、裁判所での特許権侵害訴訟では特許の有効性が争点になり「明白」「明白でない」との論争が展開されるようになったのである。

　これと並行して特許庁の無効審判では、特許の有効性に関して別の視点で争っていた。さらに、法制度改正委員会においては、質問に対し法学者が「裁判所が判断できれば『明白』である」との解釈を述べている。法制度改正委員会に所属する産業界の私を含めてすべての委員が期待したのは、裁判所の特許権侵害訴訟の場で特許の有効性も含め攻撃と防御を一貫性を持って展開でき、訴訟が適正に判断され進行することであり、特許性の判断が特許庁と裁判所で異なることは、まさに想定外の事態であった。

　本来、対世効（判決の効力が当事者だけでなく、第三者にも及ぶこと）を有する特許の有効／無効を決める権限を持っているのは特許庁であるが、特許庁での決定を不満として裁判を起こすと、特許要件である発明の進歩性の判断の相違から特許庁の判断とは正反対の判決が出ることがある。特許庁が有効としたものを裁判所ではかなりの確率で無効とすることも起こるようになったのである。

　裁判所の判断は訴訟当事者に効果を持つ当事者効ではあるが、事実上は特許庁の特許性の判断に影響を与えることになり、その結果として、特許庁が裁判所の判断を気遣うあまり、特許権を取得するのが極端に難しくな

るという状況が生じた。しかし、この傾向を好ましくないと真剣に考える尊敬すべき裁判官も出てきている。ところが、これは組織としてではなく、あくまでも個人、グループの考えなので、裁判官全体の足並みはそろわず、裁判所の中が二つに分かれてしまっているのが実情である。

　特許の有効／無効の判断が二カ所で行われ、しかもその内部で意見が分かれており、それを良しとしている現状では、企業の立場からすると、まさに予見性がまったくない状態だと言える。これを解消するには裁判所は特許要件のうち発明の新規性のみを判断し、高度の専門性を要する発明の進歩性の判断は特許庁に任せるようにする必要がある。そうでないなら、知的財産立国にふさわしい特許付与のベクトルを合わせたうえで、発明の進歩性の判断について予見性が得られる特許庁と裁判所の連携、融合活動が必要であろう。

　特許の有効性の判断を裁判所に任せたらよいとの意見もあるが、知的財産経営を行う企業の知的財産戦略、特に予防的観点からは、特許庁における無効審判制度は必須であり、ぜひとも存続すべきであると考える。適切な制度の改革および裁判所と特許庁との連携を強く望みたい。

③グローバルな活用：知的財産権のグローバルな活用については、活用する国の制度（特に裁判制度）に適う権利の取得が必要であり、取得の時期も早期の権利化と遅い権利化の両方が選択できる制度、運用が望まれる。これを実現するには、全件早期の審査を目指す運用や経費節減と効率を重視するグローバル権利取得ハーモナイズ政策から、権利の活用を重視した政策への転換が必要である。

　また、市場の大きいアジアの新興国が知的財産大国を目指して活発な活動をしており、新興国の特許出願が急激に増加する傾向にあることも見逃せない。少し前までは、特許文献は日米欧が圧倒的に多かったが、近年、日本語、英語でない特許文献が急激に増加する傾向が見られる。中国語、韓国語でしか読めない特許文献は、1996年では9％だったのが2009年では39％にまで増えている。これは、中国語、韓国語のみならずアジア諸国の言語に弱い日本人が理解できない特許文献が増加しつつあることを意

味する。この傾向が続けば、日本企業の知財経営に大きな支障を来すことになるのは明らかだ。一刻も早く日本人が理解できる言語への特許文献や先行技術文献の機械翻訳技術の完成が望まれる。

　さらに、特許文献を検索するためには言語に依存しない特許分類も必要である。現状は特許分類が統一されておらず、世界で共通の特許分類の整備の動きが活発になりつつあるところであるが、このようなインフラの早急な整備に特許庁をはじめ関係行政庁が力を尽くされることに期待する。

　加えて、中小企業の競争力を高めるための施策についても触れておきたい。グローバルな事業展開が必要な時代に大企業が市場の大きい国に進出するのは当然のことだが、弱小の中小企業にまで海外進出を促すのではなく、国内で競争力のある事業ができる特区を設けてはいかがだろう。

　産業の加工技術の下支えをしている多くの弱小の中小企業は、特許権で事業の強みを守る状況になく、営業秘密（ノウハウ）を強みの知的財産として経営している。そして海外生産でノウハウを守り切る力（日本人作業者赴任、資金力、交渉力、契約力、進出国の政策対応力など）を持っていない企業が多い。海外生産では日本の加工技術が外国企業に流出し、競争力も失う結果となる。

　このことからも、日本の国力を高め、弱小の中小企業のノウハウを守り国際競争力を強化・維持するには、外国に進出するのではなく、日本国内に外国人も参加できる複数の特区を設け、ノウハウ力をさらに向上させて維持しつつ、事業競争力を高める施策をとる必要があるだろう。

　特区の創設は、グローバル化の急速な拡大にも対応でき、雇用の安定化、少子高齢化対策ともなり、加工技術を欲する先進国のみならず発展途上国の企業からの発注や投資も期待できるはずだ。行政庁の産業競争力強化政策の一つとして実現できないものだろうか。

## アメリカのスリートラック制と日本の特許庁

　アメリカが先発明主義制度を先願主義制度に変更する法律が、ようやく上院、下院で可決され最終段階に来ており、その内容が最終的にどのようなものになるか関心が持たれている。先願主義になれば大きな土俵が同じになり、日本の企業にとっては望ましいことである。
　その一方、アメリカでは従来の制度に加え、特急で出願から1年で特許権が取得できるという第1トラック制度、権利化を遅らせることができる第3トラック制度が新設され、「スリートラック」制度も始まった。
　第1トラック制度の特徴は、外国人によるPCT出願からのアメリカ移行出願には適用されず、審査官の採用費用も含め、すべての経費を出願者側が負担するということにある。費用が高額になることから、大企業のための制度とも見られたが、発明を早く権利化したいベンチャー（経費負担の軽減の恩典あり）も、これで出願しようとする動きが感じられる。技術の進歩、ビジネスの変化の激しいこの時代に、市場が大きく権利行使がしやすいアメリカの特許権を短期間に取れるのは、活用面でとても有利だからである。
　そうなると当然のことながら、この制度を用いて（優先権制度やPCT出願には頼らずに）アメリカを第一国として出願しようという日本企業も増えるはずである。おそらくグローバル展開している企業はその方向へ移行するであろう。
　第3トラックを設けた趣旨は、アメリカの特許商標庁が出願増に対応するためであると考えられる。審査を遅延できる制度を設けることにより、審査の負担軽減を狙っているのであろうが、企業にとっては遅く権利化したい権利取得に活用できるメリットがある。
　アメリカの制度がこのように変化しているなかで、日本特許庁は、企業が日本の特許庁を頼ることのメリットを出していく必要があるの

ではないか。

　少なくとも、産業界の多くが望んでいない、全件の早期審査政策は止めて、早期審査制度の充実と出願審査請求期間の延長制度を採っていただけないだろうか。その上で、出願人に魅力のある審査運用制度の改善を望みたい。

　思うに、アメリカの大企業は、戦略的に第1トラック制度を積極的に活用し早期に大量の特許権を取得し、自国の大きい市場で、急速に変化、発展している技術分野、事業分野で自国での事業の優位性確保と共にグローバル市場での事業の優位性確保に積極的な活用を意図することも十分可能なのである。

　当然のこととして審査官の大幅増員と費用の相当な高騰を伴うが、大企業であればこの高額な費用負担や大幅審査官増員の支援も可能であろう。

　スリートラック制はアメリカの大企業に有利になるのではないだろうか。

　このことは、知的財産大国を政策に掲げ、その促進のため特許出願を支援し、特許出願が急増している中国でも、アメリカと同じようなスリートラック制をとることが十分予想されるのである。

　アメリカや中国に負けないためにも前向きな政策を期待したい。

## 4　政府は、知的財産戦略の単年度主義の再考を

　日本が知的財産立国となり、国際競争に勝つという目的のために内閣府に設けられているのが知的財産戦略本部である。知的財産戦略本部の下には知的財産戦略事務局があり、そこが実際のシナリオとなる知的財産推進

計画を作成している。

2011年現在、知的財産推進計画は競争政策とリンクさせ、政府がそれを承認するという制度になっている。これは政府の姿勢として評価すべきであろう。

しかし、これを実行に移す段になると、施策に継続性がないという問題が浮かび上がってくる。知的財産推進計画には中・長期にわたるものも記載されているが、年度内予算であることから、年度内に行えることしか実施されない傾向が見られる。

内閣府に長期の産業競争政策があり、それに連動した長期の知的財産推進計画があったとしても、知的財産推進計画を具体的に動かしているのは、年度内予算なのである。そして、次年度の推進計画は、次年度に検討するという形になっている。

知的財産戦略本部のテーマとして「日本の産業の国際競争力強化」が掲げられているが、これでは中・長期計画を実行するだけの継続性に欠け、本当の意味での国際競争力強化の推進とはならないのではないか。知的財産立国を実現するためには、なによりもまず、知的財産戦略本部のあり方を見直す必要があろう。

## 5 中小企業・ベンチャーは、大企業と賢く連携を

日本の大企業の課題の一つに、ベンチャーや中小企業とのアライアンスに消極的なことがある。たとえば、大企業はベンチャーの技術よりも、すでに他社が利用している技術を使いたがる傾向がある。ベンチャーの技術を使って失敗し、責任を取らされることを恐れるあまり、安全なほうを選びたがるのだ。この結果、いくら優れた技術を開発しても認めてもらえないと悩んでいるベンチャーも少なくない。

その一例として、次のような話を聞いたことがある。ある日本のベンチ

ャーが、現行の磁性体よりはるかに磁力の強い磁性体の発明をし、試作品をつくってその性能を確認後、アメリカの特許権を取得した。この技術を日本の大企業に紹介したところ、技術陣からは評価されたものの、学会が発明の理論を認めていないことを理由に、大企業はそれを採用しなかったというのである。

　大企業は、学会や学者の意見に左右されることなく、自身で新技術を見極める能力を身につけ、そして新技術の採用に挑戦する勇気を持ってほしいものである。

　ただし、一般的にはベンチャーの技術が必ずしも既存技術より優れているとは限らないし、自社の事業に有益であるとも限らない。ベンチャーの技術を採用するのは、ある程度のリスクを冒すことになるのは事実である。大企業の担当者は、このリスクを認識したうえで事業として成り立つか否かをしっかりと判断しつつ、ベンチャーや中小企業との連携を図る必要がある。

　その一方で、大企業はベンチャー支援と称して、ベンチャーの技術を横取りするかのような動きも見せている。たとえば、ある大企業はベンチャー支援企業を経営し、ベンチャーの目ぼしい技術に対して資金援助や経営支援をするものの、技術開発が成功するや、そのベンチャーを自社の中に取り込んでしまい、親会社である大企業の事業にしたという話も聞く。

　あるいは、技術力の高い中小企業が高性能の機能部品を開発し、大企業の装置メーカーに採用を検討してもらうために部品を提供したところ、大企業にその機能部品を使用する装置の特許権および機能部品の改良特許権を無断で取得され、その大企業のみにしか供給できない状態となったという話もある。しかも大企業の改良特許に基づく機能部品の納入には、実施料の支払いまでもが求められるようになったそうである。

　このような例は枚挙にいとまがない。そしてこれが原因となってベンチャーや中小企業のほうも、大企業とアライアンスをすると自社に不利になるのではないか、技術を取られてしまうのではないか、と不安がっているのも事実であろう。しかし、アメリカのものづくりのベンチャー、中小企業の成功例にならい、大企業と組むからこそ勝てるという仕組みを考え、

実践してほしい。

そのためには、ベンチャー、中小企業の経営者は技術力を高めるだけでなく、知的財産の知識と知財力の向上も図らなければならない。同時に交渉力と契約力を強化する必要もある。自身でできなければ社内に有能な人材を育成するか、社外で信頼できる知財経営に資する優秀な参謀を見つけ出し、味方につけるべきである。

知財経営の実践こそ、ベンチャー、中小企業が大企業に勝つチャンスを与えてくれる手段となるはずなのである。

## 技術の目利き

ベンチャーの技術を採用するには、その技術が事業になるかを見極める「目」を持たなければならない。キヤノンでその「目」を持っていた一人に、電子写真方式の普通紙複写機の開発のリーダーであった田中宏氏がいた。

ある時、イスラエルの発明家から、円筒にインクジェットで画像を形成するという技術の売り込みを受けたことがあった。画像はとても美しいもので、それを見せられた私は「すごい技術だ」と感心したのだが、田中氏は「事業にはならない」と言った。試作品程度ならできるが、事業化はできないということだった。

結局、キヤノンはその技術のライセンスを受けなかったが、日本ではたしか2社がライセンスを受けた。しかし、どちらの企業も事業にはできなかったようだ。

この技術は、もし競合他社が事業化したら、自社は負けてしまうようなものであった。それを不要と見定めるには、よほどの「技術を見極める目」が必要だ。その目を持った人がいなければ、キヤノンもおそらくライセンスを受けて、それを無駄にしただろう。

キヤノンは、他社と比べて、ベンチャーの技術を積極的に取り入れ

ていた。経営者も技術陣も、ほかの企業にありがちな安定した技術への志向が少なかったとも言える。これができたのも、社内に優れた「技術の目利き」がいたおかげである。

# 6　職務発明の課題

　知財経営の立場からは、発明者の権利を尊重したうえで、権利（外国で発明された権利も含む）の承継の安定と予見可能で適正な発明の対価の支払いを行える制度であることが望ましい。しかしながら、現行の制度では外国で発明した権利の予約承継も不安であり、裁判所で強行規定として決定される発明の対価も合理的だとは言えない。抜本的な制度改正が待たれる。

　企業の役員や従業員が、職務として研究開発を行った結果生まれた発明は職務発明となる。現行の職務発明制度は特許法第35条に規定されており、発明の特許権を取得する権利は、本来、発明者自身が持っているのに対し、職務発明は企業が無償の通常実施権を有し、企業が契約、就業規則その他の定めにより、あらかじめこの権利を譲り受ける予約承継ができることになっている。

　この職務発明制度のなかで、現在、権利の承継と対価の金額について問題が生じている。とりわけ、権利の承継の問題は、海外の企業と共同研究開発を行おうとする際の不安要因ともなっている。

　共同開発では、成果の配分を事前に契約で取り決める必要がある。このなかには、日本企業の従業員が日本で発明をして外国で取得した権利、および日本企業の従業員が外国で発明して、外国で得た特許権も含まれる。前者については、日立製作所の元従業員が在職中の発明の対価を請求した事件（いわゆる「光ディスク事件」）についての最高裁判所の判例（平成18年

10月17日)がある。

　この最高裁の判決は、外国の特許は特許法35条(職務発明)の規定を直接適用できないとした。しかし、日本企業で働く日本人が日本で発明し、契約が存在し、会社と発明者の間に特許を受ける権利の譲渡契約の成立および効力につきその準拠法を日本法とする旨の黙示の合意が成立しているとの原審の事実認定に基づき日本法が準拠法となるとした。日立製作所に権利の承継を認め、一方で、特許法35条は従業者を保護する趣旨のものであるとし、外国特許を受ける権利の基となる発明は、共通する一つの技術的創作活動の成果であり、当該発明に関する従業者と使用者の法律関係を一元的に処理しようというのが当事者の通常の意思であると解されるから、対価は特許法35条の規定を類推適用して支払うべきとしたものである。

　しかし、後者のように日本企業の従業員が、アメリカ、ドイツなどの外国で発明し、外国の特許権を得た場合に企業がそれを予約承継できるのか否かが定かでない。予約承継できたとしても対価の問題などが残る。

　この不安が存在していては、そもそもグローバルなオープン・イノベーションなど望めないのではないか。現在のところ、外国で発明した外国における権利も予約承継ができるだろうという善意の解釈の下に共同研究開発が行われている。外国の企業・大学との連携が広がるなか、安心して権利が継承できる制度の確立が急がれる。

　もう一つの問題が対価である。職務発明の対価は企業などと発明者との間で取り決めることになっている。しかし現実には金額についての争いが起こり訴訟になると、裁判所が強行規定として特許法35条(平成16年改正法35条も実質は同じ)で規定する相当の対価を決めることになっている。この「相当の対価」の金額は次の式によって算出される。

**発明の独占の効果(排他権)による利益(ライセンスによる利益も含む)**
**×　(1－発明への使用者等の貢献度)**

　職務発明対価請求訴訟における多くの判決では、使用者の定めた基準による対価は「相当な対価」と認められず、承継時(出願時)の対価ではなく

判決時までの現実の利益を基礎とし、特許存続期間までの利益を想定して「相当の対価」が決められている。そして、利益は裁量で決められており、「○○が妥当」というように表現され、明確な計算根拠は示されていない。発明者の貢献度は5％前後とした例が多く、出願せずにノウハウとしている技術、出願中、出願公開中、特許存続期間中の技術のすべてにおいて、発明の独占の効果による利益があるとしている。

　このような判決における問題点としてまず考えられるのは、承継時に「相当な対価」を予見できないことである。判決例を積み重ねても予見性は高まらない。発明の独占による利益に関しては、業界による違いが考慮されているとは言えない。そして、情報通信産業の分野の製品のように、職務発明が数百件以上使用されている場合には、1件5％として計算すると20件で100％となり、利益がなくなるという矛盾もある。

　ほかにも、自社の職務発明群と戦略的包括クロスライセンスで、多くの第三者の特許権の効力（排他権）を排除して製品に合わせて多数使用している場合には、1件の職務発明の独占の効果による利益と1件の職務発明者の貢献度を決めることは、ほぼ不可能であろう。同じように、数千件にも及ぶ特許権のクロスライセンスの利益に対する1件の職務発明の発明者の貢献度を決めるのも困難である。このように複雑な状況下であっても、特許法35条は強行規定なので、裁判所が1件の職務発明の独占の効果による利益と発明者の貢献度を裁量で決めているのが現状なのである。

　総じて言えるのは、裁判所が職務発明の対価を決めるのは、合理性に欠け不適切であり、知的財産経営の視点からはきわめて不都合だということである。人材流動化に拍車がかかっている現在、優秀な技術者を企業が尊重しなければ、人材流出が起こって競争に勝てなくなる。このような状況のなかでは、技術者の発明の対価は企業の前向きな判断に任せるべきであろう。

　また、1件5％ではなく、職務発明群の「相当の対価」を決めるには以下の式を使うのが合理的であり、この計算による対価を職務発明群の全発明者でそれぞれの発明の価値に応じ分配すればよいのではないか。

製品に実施しているすべての職務発明（群）の独占の効果による利益
× 　職務発明群の全発明者の貢献度（X％）

## 個人でなく、グループを評価する制度

　私が課長時代にキヤノンの職務発明規定（考案、意匠も含む）をつくった時のことだ。その時の上司であった鈴川溥氏から「一人だけを評価するな」と言われた。鈴川氏自身が、社内でいわば天才肌とささやかれる人物であっただけに、優秀な研究者を表彰する制度をつくれと命じても不思議ではなかったし、突出した人物だけを大事にしたいのなら、そうしたはずである。しかし「一人だけを評価するな」である。私はこれを「発明は一人の力だけで生まれてくるのではない、みんながいてこそ生まれるものだ、発明の事業化にもみんなの協力が必要だから、みんなを評価しろ」という鈴川氏からのメッセージだと受け止めた。

　基本発明者はその発明の事業化にはかかわらない場合もあるし、基本発明を事業化するには、多くの技術者の協力が不可欠であり、事業化に必要な技術のブレークスルーも必要である。実際の商品にするにはさらに関連技術も含め多種、多様な技術開発も必要である。

　このなかで、基本発明者のみを評価し、事業化に貢献した技術者の評価を怠ると協力体制が崩れ事業化を達成できない危険性と開発効率が低下する可能性もある。評価にあたっては、日本特有であり日本の強みでもある、一つの目標に向かってチームとして協力して目的を成し遂げる開発環境（団結力）を維持するための配慮も欠かせない。

　もちろん基本発明をした人は大事なので、それは最初に評価するとして、どうしたらみんなを評価できるか。考えたすえ、「グループ賞」を設けることにした。みんなに協力して仕事をしてもらうためのインセンティブとしてつくった賞である。これは、特別に優れた発明でな

くてもある技術、装置に関係する発明があれば、その技術、装置に関係した人をグループで表彰するというものだ。キヤノンでは発明、出願をしている技術者は大勢いたので、それこそ、みんなが賞をもらえたのである。おそらく、当時「グループ賞」などというものがあったのはキヤノンだけだっただろう。

　もう一つ、研究所の職務発明への対価の支払いを早めるという観点からの規定も設けた。それ以前は、同じ技術者であっても、研究所の研究者と事業部の開発者とでは、対価の支払いを受けられるまでの時間が違っていた。研究所で生まれた発明は実施されるまでに時間がかかるため、それが評価されて実施対価を受け取れるのもずっと先のことになる。これに対し、開発のほうはすぐそこに事業があることがわかっていて発明し、実施される。すぐに実施対価をもらえるのである。

　そこで、私は研究者のために、事業化される前に発明のみを評価して特別社長賞、優秀社長賞という名目の下、賞金を渡す制度にしたのである。研究者にインセンティブを与えるには、従来の出願対価、登録対価だけでは低すぎるため、早い時期に一時金を支払えるようにしたかったのだ。

　この制度のユニークな点は、対価はその時点での評価によって決まるため、事業計画が変わって事業の売上げが増えたら再評価するという仕組みを取り入れたことだ。発明者は評価が低いと感じたら、いつでも再評価を申請できたのである。現実に再評価、再再評価を受けた発明者は多数いた。

　この制度の発足当初、発明の最終的な評価は研究所担当、技術担当、各事業部担当の役員が行っていた。しかし、事業部の数も増え、技術も多岐にわたるようになってからは、各技術部長、各事業部長、特定以上のランクを申請した発明者の所属長そして特許部長で構成する委員会で評価するようになった。私が委員長で最終決定権を持っていたが、実際には知財部門でも独自に評価をしていた。委員会の席で各発

明者の所属長が発明の価値を説明し、委員の質問に答えた後に、委員全員の投票で表彰のランクを決め、知財部門の評価と大差がなければそのランクで決定し、大差があった場合は理由を説明して再投票で決めていたのである。

これが全社表彰であるが、ほかにも各事業部で独自の表彰制度を持っていた。技術者に発明する意欲を高めてもらうためである。

その後、少し遅れたがソフトウエアの創作を対象とした表彰制度も設けた。ソフトウエアは法的には対価の支払いの対象とはならないが、キヤノンは「右手にハード、左手にソフト」を合言葉にソフト開発を重視することとしたため、ソフト開発者にも発明者と同等の表彰制度を設けたのである。

ほかにも、三位一体の活動促進の意味から、知財活動に貢献した社員に対しても優秀社長賞も含め多くの賞を与える制度もつくった。

## 従業員の評価・処遇を大切に

私が職務発明規定をつくり、評価制度を考えた頃には、職務発明の対価にかかわる訴訟は起きていなかったので、私も訴訟は意識しなかった。

ところが、私の退職後に訴訟が起こった。相手は研究者で、発明への対価が低かったということで会社に再評価を求め、しかもかなり高額な要求だったそうだ。その時点でなんとか折り合いをつけられればよかったのだが、会社側も研究者も妥協することができず、訴訟になったようである。

実は、最初の対価は私が決めたものだった。私は、彼と親しかったこともあって、訴訟の本当の原因は発明の対価ではないとにらんでいたが、はたして原因は処遇のほうにあったようだ。だいたい職務発明の訴訟は、対価そのものより処遇に不満があることから起きることが

多い。世間で話題になる職務発明にかかわる訴訟は、ほとんどその背景に処遇の問題があるようだ。

　在職中に処遇の不満を直接訴えられる制度があれば、このように処遇の不満のはけ口として、退職後に間接的に職務発明制度を利用して訴訟を起こすような歪んだ職務発明訴訟は少なくなるだろう。

　職務発明規定をつくる時に多くの技術者から話を聞いたが、結局のところ技術者がやりがいを感じるのは、自分が没頭してできるようなテーマを与えられることであり、喜びを感じるのは、自分の成果が実施されることだという声が多かった。職務発明訴訟のことと考え合わせると、人はお金だけを求めているのではなく、やりがいや正当な評価・処遇を求めているのだということがよくわかる。

# 7　日本の大学関係者はみずからの役割の認識を

　産業政策上では、大学の知識は産業にフィードバックすることになっている。これを基に、産業界からの要望もあって大学改革が推進された。大学が法人化され産学連携がしやすい環境が整ったのである。ところが、産学連携においては、企業側が「事業」を前提とするのに対し、大学は「研究」を前提とする。各々の前提が異なるため、しっくりとした連携になっていない現状がある。

　産学連携をしても、大学側は研究こそが使命であり、事業化にはかかわらないという立場を取り続けている。このため、大学は事業化まで進まずに、研究段階の成果だけを持って離れていってしまう。グループで研究をしていたにもかかわらず、大学が抜けてしまうと、その成果の使用目的を変えざるをえなくなることもある。これが産学連携という協業活動を阻害

する要因の一つであろう。

　これを解消するために、産学連携には事業化を優先に考える先生に参画していただけるようにはできないものか。先生のなかには基礎研究に関心の高い人もいる。このような先生は産学連携に加わらずに、基礎研究に専念できるような制度になることが望ましい。

　大学の先生の発明をどう扱うかにも問題がある。先生の発明は職務発明であり、大学に帰属するような流れがある一方、産学連携による発明が職務発明であるかに疑問の声も上がっている。産学連携の成果を企業が大学から承継を受けたとしても、それは職務発明ではないという大学の先生からの訴訟が起こる可能性があると論じる学者もおり、権利の承継に不安が残る。

　大学にはもう一つ課題がある。大学の知財本部の役割、働きである。まず、先生が画期的な発明をした時に、それをただただオープンにするのが世界のためだという考えは捨てていただきたい。大学の知財本部にお願いしたいのは、大発明があったことを見つけ、その特許権を取ってほしいということである。

　先生が発明をオープンにすると、大きく言えば人類全体の役に立つという考えがあるかもしれないが、日本の大学の先生が自分の発明をオープンにすると、他国でその技術の改良特許や事業化に必要な特許権を次々と取られてしまう。日本の先生はせいぜい日本の特許権しか取らないため、日本人の発明であるにもかかわらず、外国では日本企業がその国の特許権で縛られることになる。大学の知財本部は、国という視点に立った時に、これがどれだけマイナスであるかを認識し、学内での発明の最初の権利だけはしっかり評価し、国際的に特許権を取得してほしい。

　現在のところ、大学の知財本部は産学連携の契約をしたり、日本企業から不実施補償のような一時金を取ることにばかりに専念しているように見える。

　大学の先生による本当に優れた発明を見つけられるのは大学の知財本部だけであり、その最初の権利化ができるのもまた、知財本部だけである。たしかに大学の知財本部は人員、予算などの面から、先生の発明に対して

事業化に必要となる周辺の権利を含めて、戦略的な権利形成をするのは難しいであろう。知財本部が各国での権利取得を適切にできるようアドバイスを与える、あるいはその業務を代行してくれるような実力のある機関の早急な設置が望まれるところである。

## 8 弁理士、弁護士は日本企業の国際競争力強化へ貢献を

　グローバルな事業展開がますます求められるようになった日本の企業は、欧米のみならず、アジアを含め市場の大きい新興国に進出することになる。これに伴い、企業の知財部門も真剣にグローバルな知財経営に資する知的財産戦略を早急に構築し、実行する必要がある。

　ビジネスがボーダーレスになったのと同じく士業の活動もボーダーレスになるであろう。アメリカや中国が国家戦略の下で着々とその活動を開始していると聞く。日本の識者と言われる人が考えるよりはるかに熾烈な知財戦争が起こるに違いない。

　日本の弁理士、弁護士は国内活動に安住するのでなく、日本企業が国内のみならず海外での知財戦争の勝ち組になることに寄与するボーダーレスな活動を積極的に行ってほしい。個々に、早急に実行するのは困難だと思うが、日本弁理士会、日本弁護士連合会などの組織が会として総力を挙げて積極的に対応策を立て、実行することを願う。特許戦争に負ければ国力が減退し、士業も負け組になるのは明らかである。

---

### グローバルに働く韓国の弁理士

　韓国は市場が小さいため、国家戦略で海外に進出している。弁理士

の世界でもそれは同じだ。韓国の弁理士事務所は、英語、中国語、日本語など複数の言語に通じ、グローバルな出願に対応している。アジアのハブ機能を目指し韓国を中心に全世界に出願していると言っても過言ではない。

　こうなってくると、日本企業も外部出願を韓国の事務所に頼んだほうが、1カ所で全部できて便利だということになる。そうした時に、日本の弁理士事務所は生き残れるだろうか。日本弁理士会は士業のエゴの対策でなくユーザーに期待されるよう早急に戦略性を持った対応策を打ち出す必要があろう。

　何より大事なことは関係企業との信頼関係を構築し、企業と情報を共有し、企業戦略に適った活動を基軸にすることである。

## 登録率を上げるより、勝てる権利の形成を

　特許の登録／出願の率がいわゆる登録率だが、これが低いと企業の知財部門は経費の無駄遣いをしていると言われることがある。出願はたくさんしているのに登録される件数が少ないからだ。私自身もそう言われたことがある。その当時のキヤノンの登録率は3割程度だった。社長からこれを指摘された時に、私は「企業は動きながら判断しているのであり、行政庁は1年の結果から登録率を出して評価しているだけです」と答えたものである。

　動きながら判断しているというのは、たとえばこういうことである。研究所から研究テーマの技術の出願がきた時には、出願審査請求しないわけにはいかない。もちろん、その後に諸々の情勢が変化して、出願した技術の研究そのものが中止になれば出願審査請求はしないが、それが決まるのにも時間がかかる。出願審査請求をしなくてよいと決められるのは、特許性がないことが明らかになったものしかない。研究所のテーマに関係している技術であり、特許性があるかもしれない

と思われるものは捨てられないのである。いきおい出願審査請求する件数は増え、登録率が下がることもある。

　この傾向にさらに拍車をかけたのが、出願審査請求までの期間の短縮である。以前は7年間だったのが、2001年から3年間に変わったのである。技術系企業においては、出願してから3年以内に研究テーマが中止になることはめったにない。3年たった時に継続中の研究テーマが多ければ出願審査請求も多くならざるをえない。

　実際、特許庁の予測に反して、この改定後に出願審査請求件数が急増した。特許庁はその抑制策として登録料を下げて出願審査請求料を極端に高額にし、ほかにも審査対価の削減のための施策を次々と打ち出したが、結果として知的財産経営を営む企業にとって魅力のない制度になったことは否めない。審査官の増強ができない事情があったとしても技術立国、知的財産立国に相応しい政策であったのだろうか。

　企業は全件の早期審査を望んでいるわけではない。早期に権利化したいものは早期審査制度で早く権利化し、他は遅くてよいのである。

　一部の業界からは、研究開発が旺盛な企業ほど出願審査請求までの期間が短いほうがよいという意見も出ているが、これは、そもそも出願件数が少ない業界からのものである。そのような業界では早期審査制度を活用すればよく、出願審査請求期間の短縮制度とは関係ないはずだ。

　多くの業界はこの逆で、盛んに研究開発をしている企業ほど、出願審査請求までの期間が短くなったことで無駄な仕事が増えたと言える。

　私は出願審査請求の期間の短縮には反対であった。委員会等でも強く主張した。後に、本当は2年にするところ、私が猛反対したために1年延ばして3年にしたとの話を聞かされたほどである。

　いずれにせよ、権利を取る目的は、それを活用することであり、活用できる権利を取得するためにロスが出るのはやむをえない。ただ登録率を上げても事業で勝てるわけではないので、知財担当者は事業競

争力強化に活用できる権利の取得に専念すべきで、登録率をあまり気にする必要はない、というのが私の持論である。

## 著者あとがき

　結びに述べておきたい。知的財産経営の要諦は「権利の尊重」にあるということである。まず、他社（第三者）の権利を尊重すること。相手の権利を尊重することは、他社の権利を、自社の事業に対し、適正に評価することである。これができなければ、自社と第三者との相対的知財力を正しく測り、強みをより強くし、弱みを解消する戦略が立てられるはずもない。そして、自社の権利を尊重すること。自社の権利を心から大事にしなければ、知的創造のサイクル（創造→保護→活用）がよどみなく回る体制を築くこともおぼつかない。

　2011年現在、企業あるいは国家が知的財産権を互いに尊重しているとは言えない。知的財産制度の整備途上にある中国に代表されるような新興国において、あるいは、第9章で述べたように、グーグルはAndroid OSにおいて、権利を尊重する枠組みそのものを自分の都合に合わせて変えるかのような動きがある。オープン・イノベーション礼賛の声のなかで、自社の権利、という考え方そのものが陳腐だと指摘する声もある。

　それでも日本企業は、自社と相手の権利を尊重する立場を貫いてほしいと思う。相手の権利を尊重し、自社の権利を大事にするのが、グローバルな視点で見た場合、日本企業にふさわしい生き残りの戦略であると考えるからだ。

　誤解してほしくないのは、他社の権利に過敏になり、厳格に自社の権利の主張をせよ、と説いているわけではないところである。自社権利の侵害に対して事あるごとに訴訟を提起したり、他社の権利の範囲にけっして入っていくまいとするなら、事業はむしろ弱くなっていくだろう。

　本書で繰り返し述べたとおり、事業を行う際に、他社の権利が障害とならないことは少ない。「NoをYesに変える」努力が行えるかどうかは、研究開発担当者、事業担当者、知財担当者、そして経営陣が他社の権利を尊重する意識をどれだけ持っているかにかかっている。

　また、今後、特定の技術分野について国際協調のためにオープンにしな

ければならない事態が生じることもあるだろう。各国がインフラ的に必ず共通に必要とする技術、たとえば長さを定義するためのメートル原器のようなものが新たに生まれたような場合である。このような技術は、地球規模で共有する必要がある。しかし、どの国でも使えるようにするためという美名の下に、すべてをオープンにすることを強いるべきではない。国際標準として、リーズナブルなライセンス料を支払うのは当然のこと、権利を開放するか否かは本人が決めるべきである。

　国家における知的財産権をめぐる制度には3つの要素がある。第一は国家単位での競争の側面である。国家は、自国の企業が他国の企業と比べ、不利にならないよう制度を整えなければならない。第二に外交的な要素がある。自国の企業が優位になることだけを考えていると、国際社会から「保護主義的である」「参入障壁が高すぎる」などの非難を受けるであろう。これは避けなければならない。さらに第三番目として国内産業を保護する必要もある。日本には、他国の企業の権利、自国の企業の権利の両方を尊重する、これらの要素のバランスがとれた制度が必要である。

　どの国・地域においても、基本的には自国の企業に有利な制度設計となるのは当たり前であり、日本企業は、ある地域では、自社の権利を尊重してもらえないことがあるかもしれない。しかし、それでも他社の権利も自社の権利も尊重し、そのなかで競争をすることの重要性を広く主張し続けるべきではないか。

　IT技術の進歩に伴い、新たなビジネスモデルが登場し、また新興国の台頭や、EUなどの地域経済化が浸透するなかで、知的財産権を守るルールそのものも変貌しつつある。他社の権利、自社の権利に敏感になれる感性、まだ権利化されていない技術にまで目配りをする先読みの力をつけることによってこそ、激しさを増す国際競争下で、日本企業と日本国の生き残る道が見えるはずだと信じている。

　最後に本書を上梓するにあたって、お世話になった方々に感謝申し上げ

たい。

　まず、入社以来、三自の精神（自発・自治・自覚）を行動規範とし、実力主義で進取の気性に満ちた社風の下、知的財産を尊重する経営を営み、事業化に先立ち、研究開発活動、知財活動を積極的に実践できる社内環境を与えていただいたキヤノン初代社長・御手洗毅氏以来の歴代社長、役員の方々に心から感謝申し上げる。

　特に、知的財産経営活動でご支援を賜り、アメリカでの知財活動で公私にわたり大変お世話になった現会長の御手洗冨士夫氏、配属された特許課を統括し技術部門の最高責任者で、私が知財活動に専念する動機づけと全社的視点で活動するようご指導賜った鈴川溥氏、電子写真技術を中心に研究開発活動、知財活動、事業活動を連携、融合して実行し、三位一体の活動体制を社内に根付かせた田中宏氏に敬意と感謝の意を表したい。

　知的財産部門で、自社および他社の知的財産を尊重し、共に事業強化の知財活動に真剣に取り組み事業の発展に知的財産面から貢献された長澤健一氏（現知的財産法務本部長）はじめ、多くの知財部員および知財活動にご協力いただいた弁護士、弁理士の方々には、いくら感謝しても足りない。

　「知財の仕事に対する人生観」までも教えていただいた、谷山輝雄先生、坂本吉勝先生、吉藤幸朔先生、有賀美智子先生には、いまもって感謝する次第である。

　外国での予防的、臨戦的知財活動の参謀役として活動していただいた知的財産専門家のJoseph M. Fitzpatrick氏、Keith Bersford氏に特別な感謝を捧げたい。

　実践でお世話になった永島孝明先生、岡部正夫先生、山田隆一先生、岸田正行先生には、とにかく感謝の念に堪えない。

　さらに、産業界、知的財産制度改革の審議会、委員会、研究会での活動、知的財産関係機関、団体での活動、大学、財団、社団、機関、会社等での知財人材育成活動においてお世話になった稲盛和夫氏、西口泰夫氏、浜田

広氏、桜井正光氏、酒井一弘氏、吉田庄一郎氏、小林陽太郎氏、北岡隆氏、平林庄司氏、出井伸之氏、樫尾和雄氏、安井義博氏、清水有氏、西室泰三氏、東実氏、庄山悦彦氏、桑原裕氏、棚橋祐冶氏、荒井寿光氏、野間口有氏、小宮義則氏、奈須野太氏、中原裕彦氏、鎌田薫氏、中山信弘氏、玉井克哉氏、土肥一史氏、相澤英孝氏、飯村敏明氏、竹田稔氏、岩倉正和氏、末吉亙氏、平野高志氏、妹尾堅一郎氏、渡部俊也氏、勝田正文氏、高林龍氏、三宅伸吾氏、清水啓助氏、森康晃氏、笹島富二雄氏、秋元浩氏，宗定勇氏、大津山秀樹氏、板生清氏、馬場錬成氏、森健一氏、済藤友明氏、泉屋利吉氏、杉光一成氏、村木清司氏、加藤浩一郎氏、江藤学氏、平松幸男氏、中村嘉秀氏、加藤恒氏、宇野永紘氏、佐久間陽一郎氏、清水弘氏、田浪和生氏、青木朗氏、大場正成氏、松居祥二氏、石井正氏、熊倉禎男氏、浅村皓氏、石田敬氏、稲木次之氏、中川周吉氏、佐藤辰彦氏、恩田博宣氏、吉田稔氏、高橋昌久氏、花水征一氏、菊池純一氏、林いづみ氏、山田行一氏、山崎順一氏、田中正治氏、玉真正美氏、世良和信氏、鈴木正剛氏、森泰比古氏、小澤壯夫氏、村山信義氏、鶴本祥文氏、岩井將晃氏、大洞正嗣氏、杉浦靖也氏、その他多くの方々にも、深く御礼申し上げる。

　本書の発刊に際し、早稲田大学「ナノ・ＩＴ・バイオ知財経営戦略講座」、東京理科大学大学院「技術経営専攻」、日本弁理士会「知財ビジネスアカデミー」の修了者で構成する「幹事会」に大変お世話になった。代表幹事の井上一氏、会員の鈴木康介氏、森山英之氏、深海明子氏、小倉真哉氏、田邉孝氏、長谷部善太郎氏、吉田玲子氏および金沢工業大学大学院知的創造システム専攻「丸島ゼミ」の長澤直和氏、羽矢崎聡氏らの協力がなければ、本書の上梓はさらに遅れたかもしれない。

　本書の編集に際し、多大なご支援をいただいたダイヤモンド社のDIAMONDハーバード・ビジネス・レビュー編集部の木山政行氏、ワイツープロジェクトの岡田泰子氏に深く感謝申し上げたい。

　最後に43年にわたり、健康で、我が家の教育、厚生、経済、財政、総

務大臣として家庭を支え、私には専ら総理、労働大臣としての業務に専念することを認めてくれた妻、文代に心から感謝する。

　2011年　9月吉日

丸島儀一

## 解説──丸島儀一の人と仕事

### 西口泰夫 元京セラ社長・博士(技術経営)

　著者・丸島儀一氏とは、仕事のかかわりから始まった旧い友人関係なので、彼の著書の上梓に一役買えるならと、気楽に解説を引き受ける気でいたが、送られてきた校正ゲラを読んで考えは変わった。これは、日本製造業にかかわるすべての企業人、知的財産の専門家、政策関係者がぜひ読むべき本であり、本書ほど「知的財産経営」について幅広く書かれた本に出合ったことはない。この本のために丸島氏の主張や仕事ぶりなどについて若干の解説を寄せるという私の責任は重い、と緊張した。

　本書の考え方を端的に言うなら、「知的財産を活かす経営とはいかにあるべきか」ということになろう。これは私自身が長年、企業人として務めながら感じてきた問題意識とまさに重なるもので、同テーマを含む領域の学術研究で日本の企業社会に貢献すべく、私は技術経営に関する学位論文を書き、現在も産学官の同志と「技術を活かす経営」の探求を行っている。
　私の研究に基づく理解を少しだけ説明する。製造業を中心とする日本企業は、「研究開発→新技術→特許」という流れで仕事をするのには熱心だが、これを事業に結びつけ、利益を生み出すのが苦手である。私が研究した日本を代表するエレクトロニクス企業の研究開発投資額は全売上高の約7％、これに対して営業利益率は約3％でいかにも低い。研究開発投資はかなり重荷であり、事業につながらず利益に貢献しないとすれば、コストとしてはかなり性質が悪い。
　定量的な研究から、研究開発投資額や知的財産(特許)の件数と、業績(営業利益)との間にはっきりとした相関がないことが確かめられた。しかし、研究開発や知的財産が、業績と関係ないわけではない。私が「特許消滅率」と呼ぶ数値(特許が登録されて6年以内で放棄される割合)と業績とは、反比例の関係にある可能性が示されたのである。

以上の事実は、本書に綴られた丸島氏の知見に対してどのような意味を与えるだろうか。
　たとえば丸島氏は「代替技術の脅威に対して、事業を守るために特許で対抗する」という考えを持ち、自社が実施しない技術についても特許を出願することに積極的である。これは、単に新技術が生まれたから特許を取るという素朴な考え方とは一線を画す、「特許を戦略的に事業へ活用する」という意思を示す考え方だ。これなどは、「知的財産をいかに事業に結びつけるか」を考え抜いた末の発想の表れに思える。
　そうした積極的な姿勢も手伝っているだろう。丸島氏が長年貢献したキヤノンは特許登録件数が非常に多い。しかし、注目したいのは、私が上に定義した特許消滅率である。キヤノンは同業他社に対して突出して低い（詳しくは拙著『技術を活かす経営』〈白桃書房、2009年〉を参照いただきたい）。
　比較検討した同業他社のなかには、キヤノンの約20倍の特許消滅率を持つものもあった。各特許の背景にある研究開発投資額に大小はあるだろうが、この差が大きな業績の差を生まないはずはあるまい。特許は使われない限り、業績に貢献しないのだ。研究開発投資や知的財産を業績に貢献させるには、単にスローガンだけではない仕組みが必要なのである。
　一方、本書に示された「知的財産と事業を結びつける」丸島氏の考えたさまざまな仕組みや哲学が、現在のキヤノンにも生かされているとするなら、同社の事業業績に特許を中心とした知的財産群がどれほど貢献しているか、想像に難くない。

　丸島氏との出会いは、私が京セラの電子部品開発部長であった25年ほど前にさかのぼる。私は当時主流の材料に比べ、寿命に優れた新型の複写機用のドラムの研究開発を行っていた。しかし、研究のなかでキヤノンの

持つ特許群が参入障壁となることがわかり、同社と特許交渉をすることとなった。その交渉相手が丸島氏だった。

丸島氏の交渉は実に巧みで、とにかく特許をうまく使って、キヤノンにとっての武器にする印象だった。丸島氏の姿勢は特許を資産としてお金を儲けようということではなく、両社が新素材を活用した事業を効果的に展開できるように、という視点が常に感じられた。その後も丸島氏と特許交渉をする機会はあったが、彼のこの態度は一貫していた。

改めて当時のことを振り返りながら、本書の主張を考えると、「事業を強くする」「三位一体」「攻めと守りの権利」「相対的知財力」「損をしない妥協」などといった丸島氏独特のコンセプトが、当時から実践されていたことを痛感する。

なぜ、このような知的財産経営がキヤノンで発展したのかには興味が尽きないところだが、やはり普通紙複写機におけるゼロックス特許群に対抗した成功体験が大きかったのだと思う。会社（キヤノン）としても個人（丸島氏）としても、感受性の高い若い時代の強烈な成功体験が、知的財産に取り組む独特の態度を生み出したのではないか。おそらく、キヤノンでは「事業を成功させるためにどのように知的財産権を形成するか」という考え方が普通であり、それを力強く推進する立場に丸島氏はいたのだと思われる。

丸島氏は「知的財産の仕事」を「知的財産経営」と呼べる経営モデルにまで高めた。本書によって、知的財産経営を志す人に「自社の知的財産で事業をいかに強くするか」という命題に関する方法論が幅広く共有され、製造業を中心とする日本企業の力となることは間違いないだろう。もちろん丸島氏は実務家・教育者であり、本書は学術書ではないので、実証研究等

による厳密さに乏しいという指摘はあるだろうが、本書の価値がそれでいささかも曇るものではない。丸島氏の実業における実践から語られる説得力は、それほどまでに大きい。

# 索引

## あ

相手から言わせる .......................................... 221
アップル ........................................... 161, 275
アライアンス .......... 37, 70, 72, 93, 131, 148, 149, 150, 184, 192, 227, 230, 253, 261, 278, 293
アンサー（Answer） ........................................ 257
アンノウンの脅威 ........................................ 219
意匠（権） ............... 18, 22, 60, 146, 217, 263, 299
意匠登録 ................................................. 263
一眼レフカメラ .................................... 151, 244
一括知財管理 ............................................. 154
一貫性 ... 47, 217, 222, 233, 240, 241, 255, 288
イノベーション ...... 1, 159, 164, 274, 278, 281, 297
依頼者秘匿権 ............................................. 240
インクカートリッジ ........................... 73, 121, 247
インターフェース技術 ... 70, 74, 122, 158, 161, 178
インド ............................................. 132, 267
営業秘密 ....... 18, 22, 75, 78, 82, 192, 193, 212, 217, 233, 282, 290
延命化 ................. 1, 70, 72, 75, 116, 118, 121
延命技術 ................................................. 70
オープン・イノベーション ............... 1, 278, 297
オブジェクション ........................................ 243

## か

開発型標準化 ............................................. 158
改良技術 ........ 24, 27, 33, 70, 72, 99, 117, 118, 196
改良特許権 ....................................... 25, 27, 294
改良発明 ......................................... 24, 196
カシオ ........................................... 66, 149
課税 ............................................. 152, 153
カタログ ................................................. 197
活用戦略 ........................................ 184, 191
カリフォルニア ........................................ 247
監査条項 ................................................. 214
間接侵害 ................................................. 121

鑑定 ............................................. 243, 245
管理性 .................................. 80, 82, 193, 215
管理団体 ........................................ 131, 171
希釈化 ................................................. 136
技術移転 ................................................. 239
技術研究組合 .............. 36, 131, 149, 153, 192
技術思想の権利化 ........................................ 115
技術戦略 ........................................ 161, 275
技術の先読み ........ 21, 28, 34, 35, 45, 125, 202, 260
技術の目利き ..................................... 2, 295
技術標準化戦略 .......... 158, 159, 161, 162, 275
技術立国 ................................. 2, 282, 306
基盤技術 ................... 35, 62, 70, 71, 75, 159
脅威の与え方 ............................................. 219
強制実施許諾 ............................................. 168
競争領域 ........................................ 107, 280
協調と競争 .................... 125, 164, 169, 205
協調領域 ........................................ 107, 280
共同開発における成果の配分 ........................ 45
共同研究（開発） .... 45, 91, 93, 95, 97, 99, 149, 150, 151, 152, 184, 185, 188, 189, 191, 192, 193, 195, 200, 225, 253, 274, 278, 280, 281, 284, 285, 287, 296
共同研究開発契約 ............................... 233, 253
共有特許 ................................. 93, 186, 188
許諾特許 .... 207, 210, 213, 215, 219, 221, 276, 284
キルビー事件 ............................................. 288
銀塩フィルム ............................................. 149
グーグル ........................................ 161, 275
グループ管理信託 ........................................ 154
グループ賞 ................................................. 299
クローズ戦略 .............................. 107, 161, 275
クロスライセンス .......... 26, 47, 105, 127, 128, 134, 146, 155, 202, 203, 205, 208, 211, 221, 226, 228, 229, 237, 261, 276, 298
クロスライセンス交渉 ......... 46, 217, 221, 222, 223

317

契約履行の確保 ..................................... 207, 214
研究開発アライアンス ................................. 184
研究開発委託 ................................... 184, 193
研究開発の自由度 ........................ 128, 140, 252
権利形成 ....45, 56, 62, 63, 67, 74, 75, 99, 114,
　　118, 120, 124, 125, 132, 133, 141, 236, 262,
　　265, 304
権利の承継 ..................... 75, 102, 240, 296, 303
権利不主張 ............................................... 210
源流と下流 ................................................. 55
コア技術 ........27, 45, 70, 71, 74, 75, 114, 116,
　　118, 121, 124, 127, 147, 148, 159, 161, 173,
　　180, 205, 227
故意侵害 ........................ 132, 173, 242, 243, 248
交渉相手 ............................. 217, 220, 222, 237
交渉責任者 ............................................. 223
更新登録 ................................................ 137
公正取引委員会 .................................. 172, 177
公知 ........ 24, 78, 118, 127, 197, 199, 201, 236
口頭弁論 ................................................ 251
合弁事業戦略 ............................................ 184
子会社 ........... 60, 135, 146, 155, 208, 214, 228,
　　230, 233, 252, 264
国際競争力 ......... 159, 161, 163, 169, 205, 274,
　　275, 281, 287, 293, 304
国際標準 ...... 33, 105, 106, 163, 165, 167, 170,
　　172, 179, 279, 287
国際標準化活動 ................................. 104, 163
国際標準（化）機関 ....165, 166, 168, 175, 177
国際標準化センター ................................... 178
コダック ................................................... 51
国家強制標準 ............................................ 168
国家標準化管理委員会 ............................... 168
混合型共同研究開発 ..................... 191, 278, 280
コンデンサーレンズ .................................... 245

## さ

サービスマニュアル .................................... 197
最高裁判所 ............. 74, 78, 246, 251, 288, 296

材料メーカー ............................................ 185
差し止め請求 ....................... 132, 173, 210, 287
サマリー・ジャッジ ............................. 248, 254
サムソン ................................................. 278
産官学 ............... 164, 169, 191, 274, 287
産学連携 ................................... 99, 287, 302
産業構造審議会 ......................................... 282
参入障壁 ...... 1, 66, 74, 105, 117, 118, 120, 166
三位一体 ......... 2, 21, 23, 39, 50, 54, 60, 61, 65,
　　71, 122, 128, 147, 159, 164, 179, 184, 185,
　　202, 218, 219, 224, 234, 236, 274, 287, 301
事業競争力 .... 1, 18, 26, 35, 38, 40, 49, 70, 71,
　　102, 105, 110, 112, 114, 123, 129, 140, 147,
　　148, 149, 154, 159, 161, 164, 168, 177, 178,
　　184, 192, 196, 201, 203, 205, 206, 209, 210,
　　211, 212, 217, 221, 236, 238, 247, 252, 275,
　　277, 280, 290, 306
事業参入障壁 ...................................... 44, 74
事業提携戦略 ............................................ 184
事業で勝つ ........... 1, 20, 31, 104, 110, 159, 280
事業適合性判定 ......................................... 131
事業の先読み ............................... 21, 34, 202
事業の全サイクル ............................... 63, 120
事業の多角化 ................................ 39, 65, 137
事業の目利き ............................................... 2
事業のワンサイクル ..................................... 59
資金調達 ....................... 37, 128, 148, 152, 154
自己信託 ................................................. 154
実施技術 ......................................... 118, 125
実施料 ........ 101, 128, 133, 168, 171, 177, 201,
　　202, 207, 212, 214, 278, 294
シャープ ................................................... 66
社内使用は自由 ......................................... 196
周辺特許 ............................................ 72, 128
出願審査請求 .................................... 292, 305
出願明細書 ........................................ 85, 197
出資 ...................................................... 152
守秘義務 ................................................. 129
準拠法 ........................... 215, 216, 224, 297

ジョイント・ベンチャー....148, 153, 208, 229, 253
証言（公判での証言）..................241, 250, 255
証券化...........................................................155
常時の変化への対応............................... 4
商標権.................................22, 134, 137, 247
情報開示義務.........................................134
情報管理........................................194, 201
消耗品..................................73, 117, 121
職務発明........60, 94, 102, 154, 192, 283, 296, 303
新興国....................................................289, 304
人材育成................................................ 3, 256
垂直・水平混合型アライアンス...................185
垂直アライアンス..........................................185
垂直型共同開発............................................188
水平アライアンス..............................185, 189
水平型共同研究開発..........................189, 284
スマートフォン..................................161, 275
スリートラック.............................................291
成果の配分......37, 45, 152, 153, 190, 192, 296
税関...........................................................146
生産委託..................................................146
製品法務委員会...............................64, 267
設計変更........................................111, 219, 226
攻めの権利........27, 44, 76, 113, 123, 132, 140, 141, 202, 203, 204, 208, 236, 237, 238, 260
攻めの特許..........127, 143, 146, 147, 163, 227
ゼロックス.............................................40, 53, 250
善管義務...................................................196
先願主義...................................................291
先行技術......40, 62, 75, 86, 240, 244, 250, 290
全社戦略..................................19, 21, 209, 237
全社の最適化............................................204
先使用権.......................................77, 78, 82
先発明主義................................................291
早期審査........................................292, 306
相続...........................................................156
相対的知財力.......23, 112, 126, 128, 130, 140, 141, 202, 203, 204, 207, 209, 212, 217, 218, 219, 221, 222, 225, 237, 260
相当の対価.................................................297
訴訟対応............................................47, 226, 239
ソリスター.................................................250
損害賠償........51, 79, 127, 132, 156, 189, 210, 225, 239, 254, 261, 266, 288
損をしない妥協.....................20, 223, 237, 238

## た

第一顧客の立場............................................264
大学の知財本部............................................303
第三者への開示の禁止...................................194
第3世代携帯電話.................................164, 167
代替技術.................................44, 118, 120, 128
代理人.................................200, 263, 264, 265
台湾...........................................................263
知財価値評価.............................................128
知財交渉.............56, 217, 218, 219, 221, 222
知財人材の育成........................................... 61
知財信託......................................................154, 190
知財センス................... 39, 59, 61, 67, 83
知財担当者の評価.......................................... 60
知財の先読み.................................21, 64, 266
知財の目利き........................................... 2
知財部門の貢献.......................................... 57
知財部門の予算........................................ 30
知財マインド..... 39, 50, 52, 57, 59, 61, 67, 83
知的財産価値評価推進センター..................131
知的財産経営...17, 18, 23, 28, 34, 36, 50, 184, 206, 260, 274, 286
知的財産推進計画........................................292
知的財産戦略本部..............................283, 292
知的財産の本質................................... 22, 85
知財本部..................................................178, 267
知的財産立国..............................273, 282, 287, 292
知的資産.......................................... 18, 70
知財創造のワンサイクル...........................59
中国...33, 36, 93, 97, 105, 132, 134, 164, 167,

213, 239, 267, 292, 304
中国方式の国際標準 ........................................ 167
中小企業 ...... 2, 36, 52, 98, 126, 130, 149, 151, 154, 218, 238, 286, 293
（中・）長期的（な）戦略 ... 3, 28, 58, 60, 191, 218, 236
直接侵害 ............................................... 121, 225
著作権 .............................................. 22, 249, 263
陳腐化 .......................................................... 176
強み ........ 1, 20, 22, 23, 25, 29, 35, 36, 54, 56, 57, 59, 70, 86, 106, 110, 112, 141, 147, 151, 184, 201, 202, 205, 208, 218, 219, 220, 223, 227, 229, 236, 237, 253, 260, 261, 275, 290
強みを増し弱みを解消する ... 23, 112, 236, 237
提案 ................................................................ 200, 269
提出命令 ..................................................... 197, 240
ディスカバリー .... 75, 132, 240, 242, 248, 254, 265
定性評価 ....................................................... 128, 130
定量評価 ....................................................... 128, 130
テキサス .............................................................. 254
デジタルカメラ ........... 106, 107, 125, 149, 158, 160, 180, 277
デジュールスタンダード ............................. 165
デファクト標準 ........... 159, 165, 167, 170, 191, 262, 276, 279
デポジション ...................... 240, 241, 248, 253
デューデリジェンス ...................................... 129
電子ディスカバリー ....................................... 240
ドイツの実用新案 ............................................ 245
当然保護制度 ........................................... 189, 284
独占禁止法 .................... 121, 172, 214, 268, 276
独占の効果 ......................................................... 297
特許権の存続期間 .................................... 71, 116
特許の共有 ................................................. 92, 94
特許文献 ............................................................. 289
特許保険 ............................................................. 248
特許補償 ........................................... 209, 224, 233

特許マップ .......................................... 40, 87, 111
特許網の継続的形成 ........................................ 45
取引契約 .......................................... 224, 233, 261
トレードドレス ............................................... 263

## な

ナノ（NANO-PROPRIETARY INC）....... 254
日本知的財産仲裁センター .......................... 131
ニューヨーク ........................................... 256, 263
ノウハウライセンス ...................................... 215

## は

陪審員 ............................................ 241, 247, 255
陪審裁判 ............................................................. 255
排他権 ......... 1, 22, 23, 44, 72, 76, 87, 96, 114, 124, 134, 159, 201, 261, 275, 281, 297
破産 ........................................................... 207, 283
発明の新規性 ............................................. 24, 289
発明の進歩性 .................................................... 288
発明の対価 ............................................... 296, 301
パテント・トロール ...................................... 127
パテントプール ... 130, 133, 170, 177, 190, 277
パテントポリシー ....................... 168, 170, 177
ハブ機能 ................................................... 134, 305
ハブメイド権 ............................................. 96, 188
バリスター ......................................................... 249
反トラスト法 .................. 240, 247, 262, 266, 268
販売網 .............................................. 46, 145, 148, 231
光ディスク事件 ................................................ 296
非公知性 ............................................................... 80
ビジネスモデル ................................. 161, 274, 275
必須特許 .... 128, 131, 133, 170, 172, 174, 175, 177, 276
ビデオ撮影 ......................................................... 256
秘密管理性 .......................................................... 80
秘密情報 ...... 80, 98, 100, 193, 194, 197, 199, 269
秘密保持契約 ... 45, 81, 98, 100, 184, 192, 216, 233, 271

秘密保持の期間 ..................................198, 216
標準化戦略 ....33, 158, 164, 169, 178, 275, 287
標準（化）技術 ......33, 55, 104, 106, 131, 160, 162, 165, 168, 170, 172, 174, 175, 190
表彰制度 ...........................................60, 301
フォーラム（コンソーシアム）標準 ....33, 165, 167, 170, 178
不実施補償 ...................................101, 303
不争条項 .......................................209, 213
二つの条項（秘密保持契約における）....98, 193
富士フイルム .................................107, 181
部品メーカー ................39, 96, 147, 185, 209
ブランド力 ...........................................232
古い標準化技術 ....................................176
プレゼン専門業者 .................................247
ブレない仕事 .......................................... 31
プロセスカートリッジ .....42, 70, 72, 117, 120, 121, 249
プロテクティブ・オーダー ...................197
分散型の知財担当者 ............................... 20
分別管理 ...............................................216
ベンチャー ............2, 18, 36, 126, 131, 151, 153, 218, 238, 274, 291, 293
法学者 ...........................................274, 281, 288
包括クロスライセンス .......202, 204, 208, 211, 212, 217, 221, 222, 227, 298
報告義務 ..............................................168
法人格 ...........................................152, 153, 192
法令の除外 ...........................................197
ポラロイド ............................................. 51
香港 ...............................................137, 249, 263

## ま

マイクロソフト .............................165, 276
守りの権利 .........29, 44, 73, 75, 113, 123, 125, 132, 202, 203, 206, 209, 236, 238, 247, 249, 261, 275
守りの特許 .............................45, 146, 148
守りの特許群の形成 ................................ 45

無効審判 .......................................244, 288
模擬トライアル ....................................247
目的以外の使用の禁止 .............98, 193, 195
模倣品 ..........................................136, 146, 283

## や

有限責任事業組合 .........................36, 149, 151
有用性 .................................................... 80
輸出管理法 ...................................97, 200, 216
予見性 ...........................................201, 289, 298
横串で見る活動体制 ................................ 56
予防的観点 ...........................................289
弱み ........ 1, 20, 23, 25, 28, 31, 36, 38, 44, 54, 56, 57, 59, 71, 76, 86, 87, 103, 105, 110, 112, 123, 124, 126, 129, 140, 141, 143, 146, 147, 163, 184, 201, 202, 204, 208, 217, 219, 220, 223, 226, 229, 236, 237, 243, 260, 261, 275
弱みの解消 .......28, 31, 57, 105, 110, 123, 124, 140, 141, 146, 201, 204, 208, 226, 229, 236, 260, 275

## ら

ライセンシーの当然保護 .......................282
ライセンス・イン .................89, 147, 204, 208
ライセンス契約 ....46, 128, 145, 146, 202, 203, 205, 206, 221, 228, 232, 233, 239, 253, 276, 284
ライセンス交渉 ...........................46, 177, 217
ライセンス戦略 ...........................184, 201, 206
リスク・マネジメント .................209, 225, 260
類推適用 ..............................................297
レスポンド（Respond） ........................257
レメルソン ...........................................143
連邦巡回控訴裁判所 ..............................248
ローテーション .................................... 60
ロンドン ..............................................251

**321**

## アルファベット

- BRICs .................................................... 132
- CIFF 規格 ............................... 107, 180
- Exif/SEG 細則 ........................ 107, 181
- FRAND .................................................. 171
- H264 技術 ............................................ 276
- IEC（国際電気標準会議） ................. 165
- IEEE（米国電気電子学会） ............... 166
- IMT-2000 ............................................ 164
- ISO（国際標準化機構） ..................... 165
- ITC（国際貿易委員会） .............. 266, 268
- ITU（国際電気通信連合） .......... 164, 165
- LLP .............................. 36, 149, 151
- LOI ........................................................ 198
- M&A ...................................................... 208
- MOU ..................................................... 198
- NAP 条項 ............................................. 276
- OEM ............................... 143, 145, 150
- PCT ............................... 133, 170, 291
- RAND ............................. 168, 170, 176
- SED 社 ................................................. 254
- TBT 協定 ........ 33, 105, 163, 166, 167, 177
- VP8 ....................................................... 276
- WebM ................................................... 276
- WTO ................ 33, 105, 163, 167, 175

## 数字

- 3 倍賠償 ................ 90, 132, 173, 175, 243
- 2 社購買 ............................................... 145
- 2 条項 ............... 193, 194, 198, 200, 216, 233

322

[著者]

**丸島儀一**（まるしま・ぎいち）

　弁理士、金沢工業大学大学院知的創造システム専攻客員教授、日本工業大学専門職大学院技術経営専攻客員教授、産業構造審議会産業技術分科会委員、（財）知的財産研究所理事、日本知的財産仲裁センター運営委員、一般社団法人日本国際知的財産保護協会理事、（財）日本関税協会評議員、一般財団法人工業所有権協力センター理事、日本弁理士会「知財ビジネスアカデミー」丸島塾、（社）企業研究会「知財塾」長、知的財産管理技能検定 指定試験機関技能検定委員。

　1960年4月早稲田大学卒業、キヤノンカメラ株式会社（現キヤノン株式会社）に入社、特許課に配属、知的財産の面からグローバルな視点で事業を強くするための三位一体の知財戦略の構築と経営に資する知的財産の創造サイクルの全範囲にわたっての戦略的な実践活動に従事。1983年取締役特許法務本部長、製品法務委員会委員長、1989年常務取締役、経営者の立場から全社的な視点で事業戦略に適う知財戦略の構築と戦略的な実践活動に取り組む。1993年専務取締役 知的財産・製品法務担当、研究開発担当、新規事業育成本部長、国際標準担当、研究開発システム推進委員会委員長、2000年～2009年同社顧問。

　主な社外活動としては、業界団体の日本写真機工業会特許部会代表幹事、（社）日本事務機械工業会知的財産委員会委員長、特許協会（現知的財産協会）理事長、副会長、（社）日本経済団体連合会知的財産問題部会長として知的財産に関する諸問題に対応する活動を行った。

　行政庁の工業所有権審議会、産業構造審議会、文化審議会、（財）知的財産研究所の多くの委員会では技術立国、知的財産立国に向けての制度改革、法改正、運用の検討に参画。日本弁理士会副会長、（社）日本国際知的財産保護協会副会長、知的財産価値評価推進センター所長、日本知的財産仲裁センター副センター長、早稲田大学客員教授、東京理科大学専門職大学院知的財産戦略専攻客員教授、総合科学技術経営専攻客員教授、金沢工業大学大学院知的創造システム専攻教授を務めた。

　昭和42年（1967）3月弁理士登録（登録番号 第6987号）。平成5年（1993）4月特許庁工業所有権制度関係功労者表彰、通産大臣表彰受賞、平成15年（2003）5月黄綬褒章受賞。

　著書に『キヤノン特許部隊』（光文社新書、2002年）、『知財立国への道』（共著、内閣官房・知的財産戦略推進事務局編、ぎょうせい、2003年）、『知的財産を語る』（共著、レクシスネクシス・ジャパン、2005年）、『知財、この人にきくVol.1』（社団法人発明協会、2008年）、『21世紀の展望と技術経営』（MOTテキスト・シリーズ、桑原 裕／弘岡正明 責任編集、共著、丸善出版、2009年）。その他、雑誌、電子メディア投稿、シンポジウム、講演、対談録等多数。

## 知的財産戦略
――技術で事業を強くするために

2011年10月6日　第1刷発行
2014年2月27日　第6刷発行

著　者────丸島儀一
発行所────ダイヤモンド社
　　　　　　〒150-8409　東京都渋谷区神宮前6-12-17
　　　　　　http://www.diamond.co.jp/
　　　　　　電話／03・5778・7228（編集）　03・5778・7240（販売）
装丁──────デザインワークショップ・ジン
編集協力────岡田泰子
製作進行────ダイヤモンド・グラフィック社
印刷──────八光印刷（本文）・共栄メディア（カバー）
製本──────ブックアート
編集担当────木山政行／片桐嘉人

Ⓒ2011 Giichi Marushima
ISBN 978-4-478-01237-6

落丁・乱丁本はお手数ですが小社営業局宛にお送りください。送料小社負担にてお取替えいたします。但し、古書店で購入されたものについてはお取替えできません。
無断転載・複製を禁ず
Printed in Japan

◆ダイヤモンド社の本◆

# 技術だけで勝つ時代ではない

計画的に創られるイノベーションの競争モデル
勝利の方程式を解き明かす

## 技術力で勝る日本が、なぜ事業で負けるのか
―画期的な新製品が惨敗する理由

妹尾堅一郎［著］

●四六判・並製●定価(本体2400円＋税)

http://www.diamond.co.jp/

◆ダイヤモンド社の本◆

## 日本企業の新たなる強みとなる戦略、技術、領域とは

トップ戦略コンサルティング会社のテクノロジー・グループ元日本共同代表らが展望する。再起の鍵となるテクノロジー・サービス、それを生かした「逆転の」ビジネスモデル

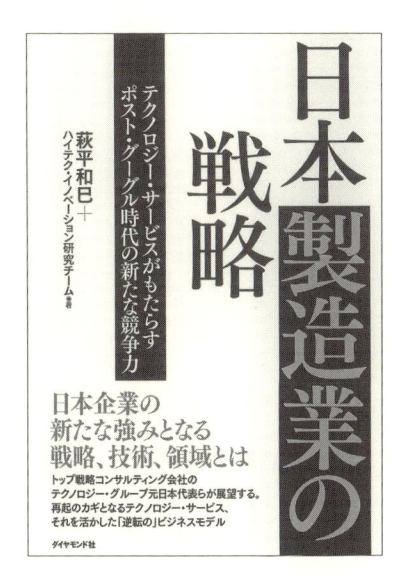

### 日本製造業の戦略
―テクノロジー・サービスがもたらすポスト・グーグル時代の新たな競争力

萩平和巳＋ハイテク・イノベーション研究チーム［著］

●四六判・上製●定価（本体2200円＋税）

http://www.diamond.co.jp/